中国女子労働者の
階級と消費空間

陳　蕭蕭

流通経済大学出版会

目　次

序　章 1
  第 1 節　中国人の消費体験と意識 1
  第 2 節　問題設定と先行研究 12
    1．第 1 の研究課題：価値生産と価値実現の空間　13
      （1）消費社会形成の契機：社会主義市場経済と消費観　13
      （2）生産空間と消費空間の並存　16
      （3）記号的消費による労働者の消費者化　18
    2．第 2 の研究課題：階級的消費と記号消費空間　20
      （1）階級的消費への着目　21
      （2）階級的消費の諸理論　23
      （3）大連開発区の階級区分　26
      （4）商業施設の二類型と記号的消費空間　30
    3．第 3 の研究課題：ユーザーの体験空間　32
      （1）労働疎外とそれを癒す消費空間　33
      （2）文化抑圧と祝祭空間としての娯楽空間　34
      （3）抵抗の空間としての消費空間　37
  第 3 節　本研究構成と調査データ 42
    1．研究構成　42
    2．調査データ　43

第Ⅰ部　価値実現空間の生産と消費者化

第 1 章　消費観の変化──否定から肯定，さらに推奨へ 49
  第 1 節　『人民日報』に見る消費記事件数の推移 50

第2節　消費記事内容の分析 53
　　1．第Ⅰ期（1948～1982年）：消費の否定期 53
　　2．第Ⅱ期（1983～2010年）：消費の肯定期・促進期 61
　　　（1）消費の肯定期（1983～1998年）　61
　　　（2）消費の促進期（1999～2010年）　67

第2章　価値生産空間 73
　第1節　計画された大連開発区 74
　第2節　建成区と拡大エリア 78
　第3節　生産空間 82
　　1．道路と工業生産開発区 82
　　　（1）道路　82
　　　（2）工業生産開発区と外資工場　83
　　2．工業生産確保のための諸施設 91
　　　（1）労働者宿舎　91
　　　（2）民間学校と労働者人材市場　94

第3章　価値実現空間と消費者化 99
　第1節　商業・観光施設 99
　第2節　集合的消費施設 105
　　1．居住施設 106
　　2．教育施設 109
　　3．医療施設 110
　　4．文化施設 112
　第3節　生産空間と消費空間と消費者化 115

第Ⅱ部　利用者の社会階級と二類型の商業施設

第4章　OLと女工の階級分化 123
　第1節　OL階級と女工階級 124
　第2節　地域移動と社会階級の分化 126

1．地域移動0～1回の者の事例……………………………………………127
　　2．地域移動2回の者の事例…………………………………………………130
　　3．地域移動3回の者の事例…………………………………………………131
　　4．地域移動4回の者の事例…………………………………………………133
　第3節　戸籍と社会階級分化……………………………………………………134
　　1．戸籍変更できない女工階級………………………………………………135
　　2．女工階級の大連開発区都市戸籍の獲得…………………………………135
　　（1）婚姻による都市戸籍の獲得　　135
　　（2）政府政策による都市戸籍の獲得　　136
　　3．都市戸籍を獲得するOL階級……………………………………………137

第5章　OL階級と女工階級の消費空間……………………………………139
　第1節　商場型商業施設…………………………………………………………141
　第2節　複合型商業施設…………………………………………………………144
　第3節　二類型の商業施設………………………………………………………147

第6章　社会階級と消費空間………………………………………………………149
　第1節　『大連晩報』に見る社会階級，記号消費，商業施設…………………149
　　1．日常消費から女性美消費へ………………………………………………150
　　2．OL型消費スタイルとしての衣服・美容消費……………………………156
　　3．『大連晩報』に見るOL像と商業施設の社会階級性………………………167
　第2節　社会階級と商業施設の選択……………………………………………169
　　1．女工階級の商場型商業施設選択…………………………………………169
　　2．OL階級の複合型商業施設選択…………………………………………175
　第3節　見えない階級間の障壁としての気後れ………………………………177

第Ⅲ部　女工の体験空間

第7章　「幸福な消費生活」空間……………………………………………………183
　第1節　OL階級の「幸福な消費生活」……………………………………………183

v

第 2 節　女工階級の「幸福な消費生活」 ································ 187

第 8 章　女工階級の癒し空間 ·· 191
　　第 1 節　労働力再生産のための商業施設 ································ 191
　　第 2 節　抑圧から解放されるための娯楽施設 ··························· 193

第 9 章　ユーザーによって生きられる空間 ································ 197
　　第 1 節　「無」の消費と「存在」の消費から見る二類型商業施設 ····· 197
　　第 2 節　OL 階級と女工階級の消費行動 ································· 199
　　　1．OL 階級の消費行動 ·· 199
　　　2．女工階級の消費行動 ·· 200
　　　3．「無」の世界と「存在」の世界 ······································· 203
　　第 3 節　OL と女工，どちらが本当のユーザーか ····················· 204
　　第 4 節　抵抗の空間としての商場型商業施設 ·························· 206

終　　章 ·· 207

あとがき ·· 213

　　参考文献 ··· 217
　　索　　引 ··· 229
　　付　　録 ··· 231

序章

　本書は，大連技術開発区（大連開発区とする）における女子労働者の消費，社会階級，空間の研究を通して，現代中国の消費社会化とその社会の特徴を明らかにするものである。現代中国が社会主義計画経済社会から社会主義市場経済社会へと転換する際に新たに建設された工業都市とは，外資企業，工場を誘致させ，中国経済発展をけん引してきた経済特区と経済技術開発区である。そのうち，特に香港に隣接する深圳開発区は「中国の特色をもった社会主義市場経済」を具体化した空間で，「四つの現代化」の試験田であるとして注目されてきた。本研究で扱う大連開発区は，人民公社生産大隊時代には農村地区であったところを更地にし，1985年から工業都市として建設されたが，20年も経たないうちに，消費都市としても発展してきた。その新興工業都市大連開発区は，人々をいかにして消費者化させたかについて研究することを，本研究の目的とする。

第1節　中国人の消費体験と意識

　社会主義計画経済時期から社会主義市場経済時期への変化の過程で，さまざまな相違があるものの，中国人誰もが通過してきた体験の一例として，私と私の家族の消費をめぐる体験を述べよう。

　私は16歳まで祖父，父，母と一緒に黒竜江省チチハル市にあるチチハル車両工場団地で生活していた。そこを出てみたいと思うようになったのは，祖父や父とは異なる生活を送ってみたかったからであった。その思いは両親からの影響が大きい。

祖父と父が働いていたチチハル車両工場は，植民地時代の1935年2月，日本の南満州鉄道株式会社によって設立されたチチハル駅に隣接したチチハル鉄道工場がその前身で，主に客車・貨物列車などの設備の製造と修理を行なっていた。1939年チチハル駅の北東2.5キロ離れたところに「北工場」が増設され，元の工場は「南工場」となり，1942年には「北工場」が「南工場」を吸収した。1945年8月，ソ連軍が日本に宣戦，日本の敗戦となり工場の生産は一時中断されたが，1949年中華人民共和国成立後に再開された。1950年当時，695人の工人（労働者）がいた南満州鉄道株式会社チチハル鉄道工場は，1957年チチハル車両工場と改名され，1958年国営企業鉄道部の所属となった。1955年から工場のさらなる拡張が始まり，1960年になると工場の規模は2倍になり，工人は9042人に増員された[1]。この拡張は，毛沢東の「アメリカに追いつきイギリスを追い越せ」という「趕美超英」の政治スローガンに呼応したものである。すなわち，チチハル車両工場も工業生産至上主義により，すばやく拡大され，大量の退役軍人[2]の復原（社会復帰）[3]のための働き口となったのである。

　日中戦争中および新中国の成立後，朝鮮戦争に従軍した経験をもち，司令官であった祖父は，退官軍人としてチチハル車両工場鋳鋼部の主任に復原したが，1982年60歳の時に早期退職した。早期退職の理由は，復原と同時に，いきなり工場の主任に抜擢されたからである。軍人だった祖父は軍隊の絶対的な権限には慣れていたが，工場の仕事にも人間関係にも慣れていなかったので，工場の主任という職務は重荷であった。祖父の退職とともに同社に就職した父は，管理職ではなく，一般の生産労働者として入社し，退職するまで給料は上がったが，昇進することはなかった。その理由は，真面目に肉体労働に従事せず，上司との関係もよくなかったからだと父は言う。

　私の外祖母（母方の母）は，チチハル市趙東県平和郷出身で，16歳の時，農業をしていた外祖父（母方の父）が突然病死し，生計を立てるため生後間もない母をつれてチチハル市にやってきた。1960年のことであった。チチハ

1）チチハル車両工場ホームページ http://www.qrrs.chinacnr.com45-1041-m.aspx，2012年6月5日検索。
2）現役を退いた軍人のこと。なお，退役軍人のうち士官以上は退官軍人とされる。
3）退役軍人が国家から仕事を分配され，社会に「復原」するということ。

ル市ではようやく公私合弁の商店での仕事に就いたが，その仕事の賃金では生計を立てるのが難しかった。そのため同じ商店に勤務する男性と再婚することになり，平屋の住居を70元で購入した。その住居は8畳ほどの寝室が2部屋で，小さな厨房がある。母は異父兄弟3人と1つの寝室を共有していた。そのような環境で育てられた母は市立の小，中，高校に通い，1976年17歳になると「上山下郷[4]」をした。彼女は黒竜江省のK国家農場に送られ，農作業をさせられた。冬の寒い朝5時に起床し，春の耕作に必要とされる糞便を集める作業，春の種まき，雑草の処理などをした。農作業に不慣れな都会育ちの母は，地元農民の苛めや軽蔑，また農作業以外にすることがない農村生活が精神的苦痛となっていた。母の同期生の中にはそこで結婚し，子を作り，根を下ろした者もいたが，母は3年も経たないうちに仮病を装い，チチハル市に戻ってきた。都市に戻ってきて，すぐ天津の南開大学受験を試みたが，農村生活の中で高校で勉強したことの大半を忘れており，合格することはできなかった。1977年に10年ぶりの大学受験制度の復活により，「上山下郷」していた知識青年の他に，軍人・幹部・新高卒など，全国の優秀な人材が集中的に大学受験に参加していたことも重なった。その上，党政府は「上山下郷」した若者のためにわずかながら就職口を用意していたので，母はチチハル車両工場附属の商店で働くことになった。

　1979年，父と母は見合い結婚をした。父は共産党員の家系で，母が結婚相手の「政治身分（共産党員）」や職業を慎重に選んだのは，外祖母が農村出身で，市内に来てから大変な苦労をしてきた思いがあるからであった。母の実家の東側，道路1つ隔てたチチハル車両工場社宅の団地に住んでいた。母は父に気に入られ，仲人を通して結婚することになった。

　しかし，1990年に私の家に大きな変化が訪れた。私が小学1年生の時，母は，勤めていた商店が実質上倒産して，「停薪留職[5]」という無給職員にな

---

4) 都市の知識青年（初級・高級中学生）が，農山村に赴きまたは定住して農業生産に従事する。もとは1957年の整風運動という名の政党内の乱れを変え改める運動の後，江西省で幹部の「上山下郷」が行なわれたが，1960年初期には知識青年の大規模な運動になった。
5) 無給で職業のポストは保証するという意味。80年代初期「労働人事部，国家経済委員会企業職工の〈停薪留職〉に関する問題の通知」の中で，国家単位の職員は職業のポストを2年以内保留し，政策上，許された個体戸に就職できると言う政策。

ってしまったのである。母の話によると，1985年頃には商店の中での平等のシステムがすでに歪んでいた。寒空の下の露天市場で野菜を売るつらい仕事と，あまり客が買い求めることのない電気用品を扱う室内の楽な仕事が暗黙のうちに分類され，管理者に賄賂を渡した者は楽な仕事に就くことができた。一方，賄賂を渡したくない者や，2人目の子供を産みたい者は，相次いで仕事を辞めていった。管理者が仕入れてきた会社の品物を売るために，きわめて安価で店員個人に押しつけ，店員個人の商品として一種の私営化を図ったが，店員は商店の品物を持ち出して，こっそりと転売し，売れた代金を着服して給料に充てた。それと同時に無職人口の増加を抑えるために，政府は行商や自営業を奨励し，簡単に商売の許可書を発行したことにより個体戸（個人経営者）が続出し，市場の需要に応じて商売する経営が活気を見せ，結果的に既存商店の客を奪い取った。商店は経営不況が長く続き，閉店に追い込まれた。90年代末，企業が国営から私営に代わると，元従業員が倒産寸前の商店を低価格で買い取ることもあった。外祖母が30年間程勤めていた商店は，母の商店より早く倒産した。まだ40代であった外祖母は，生計を立てるために10年間程野菜，日常雑貨，食品の行商をしていた。

　1990年に下崗[6]（失職）した母は，国営企業や公営企業で働き口がなかったので，1年間ほど専業主婦として過ごした。暇な時は社宅の公園でセーターを編みながら近所の人とおしゃべりして過ごしていたが，なかなかその輪にはなじめなかった。1992年に，母は個体戸許可を得て，外祖母の経験に学び，野菜やホオズキなどを担いで商売を始めた。龍江県の農村でホウズキを安く仕入れ，チチハル市で三輪車を用いて行商した。交通が不便でホウズキの商売は苦労はしたが，安価で仕入れたものが高値で売れたので，2〜3年の後，商場（しょうじょう）の中にテナントを賃借し，衣料品販売の商売を始める資金が得られた。

　私が小学5年生（1995年）の時，両親は家からバスで40分離れたチチハル市の中心街で衣料販売店の自営業を始めた。衣料品の仕入れ先は遼寧省海城市西柳鎮の町工場や，同省瀋陽市の「五愛市場」，広東省広州市の「服装量販市場」などであった。それらは，いずれも農村にあったが，改革開放後，服装

6）国有企業の従業員が職を失うことを「下崗」という。

加工業が盛んになった。西柳の衣料品は大衆的で，広州の衣料品は値段が高かったが，ファッショナブルであった。母はわずか1年あまりで衣料品の商売に成功した。同じ商品を大量に仕入れさえすれば，すぐ売れなくても2～3年の間は同じ商品が売れるので，衣料品の商売はうまくいった。

その一方，父の働いているチチハル車両工場も大きな転換期を迎えていた。1998年10月に63年間の単位制度[7]が終り，「有限責任公司」[8]に転換された。父もある程度の株を買わされ，株式の所有者となったこともあった。

国営工場の環境で育てられた私は中学を卒業した後，遼寧省大連市金州区の日本語学校に進学した。2000年頃，大連市では留学の風潮が広がり，「留学夢」を追う若者がたくさん出現していた。私も留学について，学歴上昇と結びつけ，卒業して帰国すれば，大連市だけでなく他の大都市でも給料が高い仕事を探せると考え，2002年に日本留学を決意した。

私は国営工場労働者の子として，中小地方都市出身者から脱出し，大都市の外資企業に就職することによって社会階級の上昇を強く望んでいた。当時，東北三省で外資企業が進出していたのは大連開発区だけで，20年間に急成長し，人気の高い就職先になっていた。外資企業は，リストラのリスクが高く，終身雇用のような制度がないものの，その代わりに能力が高い者だけが集まり，収入も社会的地位も高かった。国営工場に長年勤めていた祖父・父，公私合弁の商店に勤めていた外祖母，商店を辞めたのち個体戸をしていた母の人生とは異なる人生を選択したかった。

1960年代は，国営工場やそれに附属する商店，公私合弁商店で働くことが「鉄飯碗[9]」であったが，1980年代から1990年代になるとそれは崩れた。改革開放が実施される前までは，政治的社会的地位に重点が置かれたが，改革開放政策の実施後，政治的社会階級より経済力・個人能力の社会階級のほうが重要視されたためである。外祖母はずっと信頼していた「鉄飯碗」に裏切

---

[7] 1980年代までの中国都市における，国家によって単位（就職の場）を基本として生産管理や社会管理をする制度。
[8] チチハル車両工場ホームページ http://www.qrrs.chinacnr.com45-1041-m.aspx，2012年6月5日検索。
[9] 割れない鉄で作ったお碗のように安定している，政府などの公共機構に保護されている職業。

られ，半生涯，国家や他人のために働いたにも関わらず，最終的には生計を立てるために，社会階級が低いと考えられていた商人にならざるを得なかった。母は商店をやめて，個体戸として衣料品の商売に成功した90年代でも，社宅の中での社会的地位は低かった。「単位」観念の強い周囲の人たちからは物の生産もできず，正式な仕事も持っていない者と見られていたこともあったからである。父は祖父の仕事を継いだものの，国営工場での仕事が好きになれず，母と一緒にかけ持ちで商売をしていた。そのため正式な仕事を誠実にすることができずお金に目が眩んだと思われたことさえもあった。個人経営のような職業は金銭を獲得することができるが，社会的地位が高いとは言えなかった。私は祖父，外祖母，両親の人生体験および社会階級により，経済的・社会的地位がある社会階級へと上昇したいと思うようになった。

　軍出身の祖父のおかげで，私の家族は周囲の人たちよりも早く都市的な生活を享受した。私が2〜3歳の頃にはカラーテレビ，アイロン，ミシンが周りの家庭より早い段階で揃っていた。4歳（1986年）の時，平屋の社宅から新しく建設された7階建ての団地型社宅に引っ越した。そこへ引っ越すには順番があった。まず退官軍人が最優先で，次に役職や勤続年数などの条件で入居の順番が決まった。同じ社宅に住んでいた家族は，すべて元軍人や車両工場の管理者であった。私の家は一番乗りで7階建ての社宅に引っ越した。そこは，寝室，子供部屋，食事室，台所，トイレがあり，電気はもちろん水道やガスの設備も完備していた。

　しかし，1990年代後半，チチハル車両工場の私営化によって私の家への大きな影響があった。無料で使用していた社宅が「使用権制」[10]になり，それを購入しなければならなかった。当時，母が商売していて蓄えがあったので，使用権を現金で買うことができたが，それができない家族は，分割払いや借

---

10) 中国は，法律上土地の私的所有権が認められていないために，土地の購入ではなく土地使用権を購入することになるが，その使用用途により借りられる期間が異なる。例えば，オフィス用だと50年，マンション用だと70年になる。使用期間が満了すれば借主は建物を取り壊し，更地にして返還することになるが，土地使用権の期間満了の1年前までに延長の申請をし，土地使用権払下げ金を支払えば，公共の利益上その土地を返還してもらう必要がある場合を除き，土地使用権の延長を認めなければならないとされている。

金の形を取らざるを得なかった。一方，2000年以降になると私営化はさらに進展し，社宅は中古物件として，転売されるような動きも激しくなった。住宅の私有化によって単位の従業員でなくても社宅を購入し，居住するケースも増え，顔見知りではない住民が増えた。

　祖父は社宅での生活がとても気に入っていた。退職者のための囲碁やトランプをすることができる娯楽室，無料で診察してもらえる病院，孫を無料で通わせられる幼稚園や学校，日常用品を扱う商店などがあるので，安定した幸福な老後生活を送ることができたからである。社宅が売買されると，外祖母は社宅の一室を買い，そこで老後生活を送ることにした。外祖母は，祖父の老後生活に憧れ，国営企業単位の社宅にやってきた。ところが社宅の私営化にともない，周辺の諸施設は大きく変化した。退職者のための娯楽施設は撤去され，新たにマンションが建てられ，幼稚園が閉園になり，小学校が技術専門学校になり，病院が有料になり，国営商店も若者がよく利用するインターネットカフェやビリヤード室になった。両親は社宅を購入後しばらくして売却し，チチハル市内に新築のマンションを買った。さらに，2006年に，両親は海の近くで気候がよい大連市開発区で新築の高層マンションを購入し，老後生活を送ろうとしている。

　私は，高校生（1998年）になるまでに「チチハル車両工場の商店」で日常商品を購入し，「チチハル車両工場人民文化宮」で遊び，「チチハル車両工場病院」で病気を治し，チチハル車両工場に附属する第四幼稚園・第三小学校・第三中学校に通っていた。私の友達の親は，当然みなチチハル車両工場で働いていた。チチハル車両工場社宅の出身者は，単位外の高校に進むことなく，技術専門学校で学んでチチハル車両工場に就職した。一方，私は社宅から離れて，大連市金州区，さらに日本の茨城県へ移動していった。それらの移動していた地域での生活は，私にこれまでにない消費体験をもたらした。

　私は，出身地にいた頃，年に1〜2回，春節の前にだけバスで40分離れているチチハル市の中心地の国営百貨店で商場，市場でショッピングをした。私の住んでいた社宅付近には，日常用品を扱う商店はあるものの，ショッピングするところがなかった。春節に新しい服を着ると縁起が良く，年神様を迎えるという意味が込められているので，老若男女がそろって服を新調した。

その慣習は90年代半ばになるとだんだん変化し，春節の時期に限らず新しい服がほしくなるのであった。私は祖父と一緒に初めての消費体験をした思い出が頭に焼き付いている。「第二百貨店」に出かけ，数少ない子供衣料品の売り場で100元ほどのワンピースを買ってもらった。当時の100元は祖父の給料の半月分くらいであった。そのワンピースはベストが付いた秋用のもので，上質な素材で作られ，西洋のお嬢さん風のフリルで装飾されていた。当時，私のクラスメートが着ている衣服は，ほとんど親の手作りか学校の制服であったが，祖父が買ってくれたワンピースは別格であった。

　中学生の時（1996年），母は仕入れのため中国南方へ出張して，とても涼しそうな白いワンピースを買ってきてくれた。そのワンピースの生地は薄い紗で，何段にも重ねて裾にフリルが付いていた。友達の何十元の布の服と比べて，百何元のプリンセス風のワンピースは明らかに格が違っていた。その当時，何を着ていたかについて振り返ってみると，春節だけ新しい服を着て，それ以外は，母の手作りのものが多かった。周りの大人達も年2～3回市内で買い物をするが，大体同じような服を着ていた。私はこの頃，初めて個人経営が集まる市場に行き，ジーンズを買ったことがある。その時ジーンズは大流行していた。街でジーンズを着ている人を見て，無性に同じものを買いたいと思った。あまり服を買うことに慣れておらず，値引き交渉に失敗したと言うにがい体験はいまだに覚えている。国営百貨店は品揃えが悪く，値段が高いため，集客が悪くなる一方だったが，商場や市場の方は盛んであった。

　そのような出身地での商業施設利用体験と異なる体験をし始めたのは，大連市への地域移動後である。1998年，高校生になった私は，遼寧省大連市金州区に進学目的で移動した。そこで初めて全国チェーンの香港系の専門店で買い物をした。その専門店では若者が好む音楽が流され，香港の有名な歌手が大きなポスターの中で身に纏った物が置かれていた。また，店内の商品の種類はそれほど多くないが，シーズンごとに異なる商品となり，いつも新発売の物が並んでいた。また，ほかの5時閉店の商場より3時間も遅く，夜8時まで営業していた。土日の休日にはもちろん，平日の放課後，友達と一緒にぶらぶらした。そのような専門店で買い物をする時は，とてもわくわくした。

　大連市駅周辺の地下街へも足を運んでいた。初めて行った際には今まで見

たことがない光景に驚き，歓びや恐れが入り混じった妙な感情に捕われた。大連市金州区から40～50分かかって，大連市駅に辿り着いてから，ロータリーの向こう側の地下街の入口があまり目立たないため，たどり着くまでが一苦労であった。ようやく迷路のような地下3階まである地下街に入り，ぶらぶらと歩いてみると，ファッションや雑貨，小物，化粧品，骨董品，古本，ロシア製品，韓国製品，大連物産，お土産品など，たくさんの物がごちゃまぜになり，次から次へと何が出てくるのか「冒険」しながら楽しんでいた。へとへとに疲れるくらい歩かないとなかなか地上への出口に辿りつかないような気もした。地下街の大きさもあったし，あまりにも楽しいからそこから出たくない気持ちもあった。そこから出ると，異なる雰囲気が漂っていた。3階建てで，ロシア様式建築の形をしている商場が歩行者道路の両側に立ち並んでいた。歩行者通りにはベンチが設置され，そこに座り，疲れを取りながら，歓びに溢れた，賑やかな雰囲気を感じることが好きであった。商場の外側にはディスプレイなどはないものの，大きなモデルの写真や商品の広告が飾られたりしていた。「愛は永遠だけれど，宝石こそその証である」というキャッチコピーに心が打たれ，好きな人に出会ったら，必ずこの店に来て宝石を買ってもらおうと思ったりもした。

　2002年，私は日本の茨城県へ留学し，イオンモール成田店でショッピングする体験を持つことになった。そこは何という別世界だろう。専門店でショッピングをして，本屋さんで本を買って，レストランで食事をして，ゲームセンターでゲームをして，映画館で映画を見ることが好きになった。ショッピングすることはなんと楽しいことであろうか。また，そこにブランドを扱う専門店があり，ラグジュアリーブランド[11]という物を初めて知った。中で

---

11) ラグジュアリーブランドは奢侈的なブランドで，本研究ではbrandというブランド，銘柄と訳されてきた用語と区別する目的で使用している。竹村によるとブランド（brand）の語源は，burnにあるが，その単語には焼き印という意味が含まれる。焼き印は牧場に放された牛を認識するために行なわれた。本来は商品を識別するために用いられる概念であるが（竹村和及，2000，『消費行動の社会心理学』北大路書房，21ページ），本研究では堺屋のブランドの定義を参考にし（堺屋太一，2004，『どうして売れるルイ・ヴィトン』講談社，13-16ページ），ラグジュアリーブランドを非大量生産で，家系や集団，地域など長い伝統から受け継がれた名称（商標），そのうえ特殊なデザインや品質，イメージを醸し出し，社会的に高級な定評を確立し，特別に高価な価値をもっている消費財を指す。

もルイ・ヴィトンに惹かれ，憧れるようになった。その店は1階の衣料品コーナーとフードコーナーの間で，フードコーナーよりに位置している。衣料品コーナーで歩き疲れて，お腹が空くとそのブランド専門店を通ってからフードコーナーに向かえるのである。目が眩むほどたくさんある衣料品の売り場から，突然落ち着いた高級感に溢れる店に入ると，目線が自然に大きなウインドウディスプレイに引き寄せられた。一つのウインドウディスプレイには上から流水のようにピアス，ネックレス，指輪が輝き，もう一つには柔らかい光で照らされたパーティー用のバッグが2〜3個飾られていた。時に店内は，秋模様の紅葉を背景に，ブランドのスカーフや手袋，旅行用の大きめなバッグが飾られていた。大人で上品な女性がパーティーに参加しても，旅行に出かけても，こういう物を身に纏うのだと思い，そのような女性はどれほど美しく，輝いて，幸せな者であろうと強く憧れた。その専門店をゆっくり通り抜けて，長く行列が続くレストランの待ち時間には，いつもそのウインドウディスプレイを眺めながら，いつか自分もそのような女性になりたいと思ったりもしていた。その思いがあったからなのか，その時，私が住んでいた茨城県からその商業施設までは，車で50分も距離があるにもかかわらず，イオンモールでショッピングがしたくてたまらなくて頻繁に利用していた。

　地域移動にともない商業施設の利用体験から，私は祖父，外祖母，両親とは異なる消費意識を持つようになっていた。1994年に，72歳で他界した祖父はチチハル車両工場の社宅での生活がとても気に入っていた。そこでの生活で満足したのかショッピングをする習慣がなかった。彼はいつも同じような格好をしていて，一番のお気に入りは「中山装」（孫文の提唱によって作られた人民服の一種）と白いワイシャツであった。2〜3年に1回くらい「中山装」を新調するが，いつも決まっているところで布を買い，裁縫屋で作ってもらっていた。私をつれて商業施設を利用するものの，子供用品売り場だけ回るのであった。

　今年70歳の外祖母は，念願の社宅に入居することができた。彼女もショッピングをする習慣がなく，暇な時に街をぶらぶらして運動をしたり，友達と公園でおしゃべりしたりするのが好きである。彼女は，これまで年2〜3回くらい日常必需品のために商業施設を利用したりするが，それ以外の消費に関心を持たず，いつも節約に気を使い，子供や孫たちの無駄遣いを惜しんで

のあまり，叱ったりすることもあった。

　祖父と外祖母と違い，50代の母は消費意識が強い。チチハル車両工場の社宅に未練はなかった。彼女はチチハル市街の新築マンションと大連市の高層マンションを購入し，社宅から抜け出した。改革開放政策時期にちょうど20代だったので，消費を通して幸福を感じるように育てられた。テレビやミシン，腕時計，冷蔵庫，電子レンジに関心をもち，貯金を崩してまで購入したようだ。またファッションや化粧品，美容機器などのヒット商品，株，新築マンションに対してどれも魅力を感じている。そして，衣料品販売の職業をしているため，流行商品に対して人一倍敏感であった。瀋陽や広州，鞍山などの衣料品生産地で仕入れをするために業者専用市場はもちろん，チチハル市より発展していた百貨店，専門店，ショッピングセンターを利用する体験を持っている。2000年以降になると彼女は銘柄品に夢中になり，身に纏うようになった。自分の商品にヒントを得られる利点もあるが，有名な銘柄品の流行を見ながら，商業施設を利用すると気晴らしになり，気持ちがよくなるという。

　そのような母であっても私が購入するルイ・ヴィトンを見ても理解してもらえなかった。何万円のバッグはどこがいいのかわからないらしい。銘柄品はデザインがよく，品質がよく，認知度が高いことで理解はしていたが，ルイ・ヴィトンのような本革でもないモノの価値がどこにあるのかは分からないのだ。

　1922年生まれの祖父，1944年生まれの外祖母は消費に魅力を感じなかった。1957年生まれの母より私のほうがより消費者化されていた。それは中国の時代背景や，祖父・外祖母・母との生まれた年代の相違のほかに，母と私の地域移動体験に相違があった。母は瀋陽や広州，鞍山へ頻繁に行っているが，私は大連市で生活した体験がある。それらの体験に相違がないとしても，私は日本での生活体験を持っている。商業施設の中のラグジュアリーブランド専門店，ファッション雑誌，テレビの宣伝，周りの多くの日本人が身に纏っているモノを知っていた。

　祖父，外祖母は戦争，内戦を体験し，社会主義社会建設に尽力した世代であった。父母は社会主義計画経済社会の中で育ち，働き，改革開放の中で，

新たな社会経済発展に貢献した。そして私は，その空気をわずかに知っているだけで改革開放の波に巻き込まれ，祖父・外祖母・父母とはまったく異なる体験をしながら，自分自身の夢を追ってきた。祖父の時代には労働が美徳とされ，消費は抑制されてきた。人々の生活に必要な物資の生産，使用価値の生産によって豊かな生活を創出していくことこそが大切であった。他方，生活必需品以外の贅沢品の生産，流通は抑えられていた。労働と消費という視点からみれば，労働に高い価値をおいていた。その社会で生活していた祖父・祖母は消費には消極的であった。

労働現場の不公平に疑問を感じていた父母が，改革開放の号令と同時に新たに求めた職は衣料品販売であって，人々の掻き立てられた消費意欲のゆえに事業に成功したのであり，自らも消費に対して積極的になっていた。私は，改革開放時代の同世代にとって花形の職場となった外資企業で働くことを目指して，日本語を学び，日本に留学する道を選んだが，その体験の中ですっかりラグジュアリーブランド品に憧れる消費者になっていた。

私と私の家族の体験は，中国政府の政策が大きく変化することにより，都市や農村の姿が大きく変わり，生活や考え方も変化した中で，中国人が体験した一例である。「労働こそ価値がある」という社会を経て，「消費する豊かな生活にこそ価値がある」という社会が到来したということも言える。また自分自身も地域移動にともなうさまざまな消費施設での体験を通して消費に魅了されていた。私の消費者になる過程を考えてみれば，現在も中国人が多かれ少なかれ，同様な体験をしているのではないかと考えるようになった。社会学を専攻した私は，こうした問題意識を持ち，消費社会と空間を研究課題として取り組むことになった。

第2節　問題設定と先行研究

本研究は，現代中国の消費社会化とその社会特徴を中心的な問題として，その下に3つの研究課題を提起する。すなわち，第1の研究課題は中国人はどのように消費者化したかであり，第2の研究課題はOL階級と女工階級は，なぜ分化した二類型の商業施設を利用するのか，第3の研究課題は女工階級

序　章

はOL階級の消費空間から排除されているにも関わらず，なぜ大連開発区から離脱しないのかである。

1．第1の研究課題：価値生産と価値実現の空間

　私自身が消費者になっていく過程には，移動し生活した地域でそれぞれ異なる商業施設体験があった。出身地チチハル市チチハル車両工場単位内の売店，チチハル市内の国営百貨店，大連市や金州区の専門店，地下商場，日本でのイオンモールと言った商業施設でのショッピング体験やさまざまなサービス体験を通して，次第に商品やサービスの魅力に捉われ，それらを消費する楽しさを知るようになっていった。社会主義計画経済時期には，祖父・外祖母・父母もあまり感じることもなかった商品への誘惑を，改革開放の時期に青春を送った私は特別に意識することはなかったが，自然とショッピングや諸サービスを享受するようになってきたのである。どのような仕掛けによって人々は消費者になっていくのかが最初の課題である。

　第1の研究課題は，消費者化の過程に関するもので，「人々は，消費空間を体験する中で，消費者になる」という仮説に沿って論ずる。そのために，まず，なぜどのように社会主義社会である中国に消費空間ができたかについて検討する。次にどんな消費空間が生産されたか，さらに人々はどのような消費者になったかという問いについて考察する。

(1) 消費社会形成の契機：社会主義市場経済と消費観

　中国においては1978年の改革開放政策の実施にともない，抑制されてきた消費が是とされ，李海峰は90年代から2000年頃に「大衆消費社会[12]」に入ったと結論づけている。また，中国の消費社会の研究に注目すると，改革開放以後に消費社会に入ったとする議論が多い。程箐と呂鵬は，都市小説とテレビドラマの分析を通して，現代女性の消費社会における変遷を研究した。程は，物神崇拝的な消費のイデオロギーに支配されていく現代女性の消費者化[13]を分

12）李海峰，2004，『中国の大衆消費社会——市場経済化と消費者行動』ミネルヴァ書房。
13）程箐，2008，『消費鏡像——20世紀90年代女性都市小説与消費主義文化研究』中国社会科学出版社。

析し，呂鵬は，消費されて複雑化・多様化された「父権的な男性像」の変遷[14]を分析した。徐新は，欧米先進消費社会から生み出された問題，すなわち自然と人間の共存問題，社会的不平等問題，私的消費重視から生み出された公的社会の責任感の欠如問題は，中国に古くから存在している儒家，墨家，道家および『管子』の倫理により解決できると主張している[15]。以上の研究は，消費社会に入った視点において論じられたが，消費社会化の過程については言及していなかった。

どのようにして中国が消費社会に入ったかについて分析した王寧は，労働価値重視の観念から，消費価値重視の観念への転換，特に，社会主義計画経済社会から社会主義市場経済社会への制度転換に原因を求め，国家のための「神聖化された労働」の奨励政策から消費の奨励政策への移行の分析を行った[16]。中国では消費社会は，1949年の建国から改革開放政策を実施する1979年前まで，発展せず，停滞していた。国の政策制度が転換したことが，人々の消費観念に影響を与えたことについては否定しないが，だからと言って西欧，アメリカ，日本などの先進諸国において1世紀の時間をかけて進んだ労働者の消費者化の過程が，中国では改革開放の実施から2000年頃までの20年間という短時間に完成したことは，単なる政策制度の転換によるものとは言えない。

2000年頃，中国の消費社会は形成されたが，その契機について見てみよう。それは言うまでもなく，改革開放政策の実施による社会主義計画経済社会から社会主義市場経済社会への転換である。両社会の区別について経済構造を生産と流通の両側面から見る駒井の議論が参考になる。駒井は「統合ないしは流通・交通などとして表現される過程を，生産様式と対比する意味で，流

---

14) 呂鵬，2011，『性属，媒介与権力再生産——消費社会背景下電視対男性気質的表徴研究（Gender, Media and Reproduction of Power: A Study on the Representation of Masculinities on TV in the Context of Consumer Society）』北京理工大学出版社．
15) 徐新，2009，『現代社会的消費倫理』人民出版社．
16) 王寧，2009，『従苦者社会到消費者社会——中国都市消費制度，労働激励与主体結構転型（From the Ascetic Society to the Consumer Society: Transformations of the Institutions of Consumption, Incentives to Labor and the Structures of Subjectivity in Urban China）』中山大学社会学文庫．

通様式と呼ぶ」[17]。駒井は，S・アミンの生産様式とK・ポランニーの流通様式の理論を援用し，こう述べている。生産様式は，アミンの議論によれば，「共同体的生産様式」，「貢納制的生産様式」，「資本主義的生産様式」，「国営的生産様式」[18]の類型がある。流通様式としてはポランニーの議論を参考にし，「交換，互酬，再分配の三類型の存在を想定する」[19]。歴史的に現れた経済構造は，共同体的生産様式と互酬的流通様式，貢納制的生産様式と再分配的流通様式，資本主義的生産様式と交換の流通様式，国営的生産様式と再分配的流通様式の間に主要な接合関係が見られる[20]。社会主義計画経済社会は，国営的生産様式と再分配的流通様式が接合した経済であるが，1980年代，中国が提起した社会主義市場経済社会は，資本主義的生産様式と交換の流通様式の接合であると言える。すなわち，社会主義市場経済では交換に基づく市場，各種商業施設や消費施設の存在が当然であるばかりでなく，経済的に重要性をもつことになる。社会主義計画経済では，計画的に生産し，生産物は計画に従って分配されるのであり，市場や商業施設における価値の実現や競争は，二次的な重要性にとどまる。市場経済では，市場における交換，換金による価値の実現は，生産と並ぶ重要な経済活動となる。

　改革開放は，社会主義計画経済を原理とする社会から，社会主義市場経済社会への方向転換を意味するが，そのもっとも基本的な基礎となるのは，「消費」に関する評価の在り方である。「再分配」では消費に重きを置くことはないが，「交換」では消費が重要となるからである。社会主義計画経済時期には，消費に対して否定的であり，市場経済時期には，肯定的，さらに推奨的な評価になると考えられる。共産党独裁の中国では，こうした基本的な方針の変化は，中国共産党（中共）機関紙である『人民日報』によく表現される。本研究では『人民日報』に現れた「消費」に対する評価の変遷と方向性に着目して，その記事について分析する。

---

17) 駒井洋，1989，『国際社会学研究』日本評論社，57ページ。
18) 駒井，1989，前掲書，53ページ。
19) 駒井，1989，前掲書，59ページ。
20) 駒井，1989，前掲書，59ページ。

（2）生産空間と消費空間の並存

　全国各地の都市では「交換」に基づく市場，各種商業施設や消費施設の建設が肯定され，増強されるようになる。そのような施設によって消費空間が形成されるが，中国ではどんな消費空間が生産されたか議論する。

　J・ボードリヤールによれば，西欧社会において「カースト社会，封建社会，古代社会」から，「ルネッサンスから産業革命」の時代，「産業革命」[21]の時代を経て消費社会に入った。同様の論調ではあるが，G・リッツアは現代アメリカ社会についてこう述べている。「近年では，生産と消費を明確に分別できないほど，生産は次第に重要ではなくなっている（たとえば，物品の生産に関与する労働者は減っている）。消費の重みが増している米国では，特にそうである。このような社会では，生産手段から消費手段に焦点を移行させるべきである」[22]。言い換えると，消費社会に入る以前が工業社会であり，工業社会を脱してから，消費社会に移行した。あるいは工業生産の諸施設により形成された生産空間は空洞化し，商業施設や消費施設によって形成された消費手段，消費空間が拡大し，脱工業サービス社会，消費社会に入ったというのである。

　J・アーリは「この命題はせいぜい西欧諸国に当てはまるものであろうが……人を誤らせるところがある」[23]。「一般的に，社会は経済の三段階を通して発展するといわれている。つまり，最初に第一次産業，ついで第二次産業，そして最後は第三次産業であり，それぞれ順番に最も大きく，最もダイナミックな部門となるというものだ（普通，フィッシャー・クラーク・テーゼと呼ばれる）」[24]。西欧諸国などの先進諸国では「研究開発と管理の機能は……残したまま，ルーティン的な製造業雇用の大部分が……世界へとシフト

---

21) Baudrillard, Jean, 1976, *L'Échange Symbolique et La Mort*, Editions Gallimard.（＝1992，今村仁司・塚原史訳，『象徴交換と死』筑摩書房），118-202ページ。
22) Ritzer, George, 2005, *Enchanting a disenchanted world: revolutionizing the means of consumption*, Pine Forge Press.（＝2009，山本徹夫・坂田恵美訳，『消費社会の魔術的体系——ディズニーワールドからサイバーモールまで』明石書店），102ページ。
23) Urry, John, 1995, *Consuming Places*, Routledge.（＝2003，吉原直樹・大澤善信訳，『場所を消費する』法政大学出版局），194ページ。
24) Urry, 1995, 前掲書，194ページ。

する……製造雇用の大規模な崩壊，すなわち産業空洞化」[25]がもたらされたが，「世界都市は世界的に主要な製造業企業やサービス業企業の本社の立地を提供することに由来する支配力と影響力を有する」のであり，「世界都市は，製造業企業の立地選定に実質的に依拠しており，単純に脱工業サービス都市とみなされるべきではない」[26]。西欧，アメリカ，日本などの先進諸国の脱工業サービス都市は，スペイン，ポルトガル，イスラエル，韓国，台湾，香港，シンガポール，ブラジル，メキシコ，ユーゴスラビア，ポーランド，北朝鮮，タイ，マレーシア，フィリピン，インドネシア[27]などに移転した工業生産に依拠している。

　西欧，アメリカ，日本などの先進諸国は，新興工業諸国へ工業移転し，脱工業化にともなう消費社会化の過程を見せたが，新興工業諸国といった従属諸国はどうなっているのかについては，A・ネグリとM・ハートの研究がある。「支配諸国において情報サーヴィス経済が，最初の従属諸国において工業経済がさらなる従属諸国においては農業経済が主流で，……今日では，あらゆる経済活動が情報経済の支配下に入り，それによって質的変容させられる傾向にある」[28]。従属的地域は「すべてのレヴェルの生産のプロセスを同時に支えることができる。すなわち情報にもとづくサーヴィスの生産，近代的工業による財の生産，そして伝統的な手工芸，農業，鉱業生産といったものである。……それらはむしろ，混合し共存している。これらはすべての生産の形態が，世界市場のネットワークの内部で，さまざまなサーヴィスの情報的生産の支配のもとに存在している」[29]。

　ネグリとハートの理論に従えば，西欧，アメリカ，日本などの先進諸国は，工場の生産を新興工業諸国へ移転させただけでなく，金融，サービス，商業などの第三次産業の転換も行なわれている。改革開放政策を実施した

---

25) Urry, 1995, 前掲書, 26ページ。
26) Urry, 1995, 前掲書, 195ページ。
27) 金泳鎬, 1988, 『東アジア工業化と世界資本主義』東洋経済新報社, 11ページ。
28) Negri & Hardt, 2000, *Empire*, President and Fellows of Harvard College.（＝2003, 水嶋一憲他訳, 『帝国―グローバル化の世界秩序とマルチチュードの可能性』以文社), 371-372ページ。
29) Negri & Hardt, 2000, 前掲書, 372ページ。

中国は，20年の短期間に，先進諸国の工業生産を受け入れながら，それと同時に先進諸国の商品やサービス，消費スタイルなどの第三次産業と深く関わるものを受け入れてきた。それは中国の消費社会化に強い影響を与えている。

（3）記号的消費による労働者の消費者化

次に形成された消費空間の中で人々はどのように消費者化したかであるが，これについてはボードリヤールの「記号的消費による労働者の消費者化」論がある。その際にまず消費社会における記号消費の必要性，次に記号消費による労働者の消費者化について論じられる。

消費社会ではどうしてモノの機能的消費ではなく，記号的消費が必要であるかについて，ボードリヤールは脱工業化社会の過程において生産過剰により生産されたモノの破壊の必要性を論じた。

　　消費社会が存在するためにはモノが必要である。もっと正確にいえば，モノの破壊が必要である。モノの「使用」はその緩慢な消耗を招くだけだが，急激な消耗において創造された価値ははるかに大きなものとなる。それゆえ破壊は根本的に生産の対極であって，消費は両者の中間項でしかない。消費は自ら乗り越えて破壊に変容しようとする強い傾向をもっている。そしてこの点においてこそ，消費は意味あるものとなるのである。……モノは破壊においてのみ真にあり余るほど存在し，姿を消すことによって富の証拠となる。いずれにしても，暴力的な象徴的な形態（個人的あるいは集団的ハプニング，ポトラッチ，破壊的行為）にせよ，系統的で制度的な形態にせよ，破壊は脱工業化社会の支配的機能のひとつになるべく定めている[30]。

言い換えれば，過剰生産されたモノは，機能的に使用，消費しても，破

---

30) Baudrillard, Jean, 1970, *la Société de Consommation: Ses Mythes, Ses Structures*, Editions Gallimard.（＝1979，今村仁司・塚原史訳，『消費社会の神話と構造』紀伊国屋書店），46ページ。

序　章

壊や消費し切れないので,「物が記号として物化」[31]されることにより,消滅,消尽するサイクルを短縮させる必要がある。「物が記号として物化」されることは「モデルにつながることだけが意味をもち,すべてのものはその固有の目的に従ってではなく,〈準拠枠としての記号表現〉としてのモデル……から生じることになる。……〈差異の〉各項の置き換え」[32]ることができるから,モノの機能上の消費,消尽ではなく,モノに付随している記号を置き換えることによって最短時間内に浪費され,破壊され,消尽できるようになっている。

　このような記号的消費社会では人々はどのように消費者化されたかについて,ボードリヤールは記号的消費による内面的管理を提起する。「巨大な商品広告パネルでさえ,あなたをきわめて冷静に,リラックスさせて物を選ばせてしまう。こんな広告パネルの実体は《警察》テレビと同じくらい綿密に,あるいは同じくらい少々,あなたを待ち伏せし,監視している。そのテレビはあなたを見つめ,あなたは他人とまじった自分をその中に見出す」[33]。具体的にボードリヤールは,ルシクラージュ（再教育,再学習）の概念を通じて,大衆消費者の社会的訓練を強調した。

　　「ルシクラージュ」という言葉からはいくつかの異なる意味が思い浮かぶ。この言葉はどうしても流行の「周期(シクル)」を想い起こさせるが,流行の場合にも各人は「最新の情報をキャッチし」,毎月毎年あるいは季節ごとに服装やモノや自動車を取りかえるように義務づけられている。そうしなければ,その人は消費社会の本ものの市民ではないのだ。もっとも,この場合にはいうまでもなく絶えざる進歩は問題とならない。流行というものは気紛れで移ろいやすく周期的であって,個人の内在的資

---

31) Baudrillard, Jean, 1972, *Pour une Critique de l'Economie Politique du signe*, Editions Gallimard.（=1982,今村仁司・宇波彰・桜井哲夫訳,『記号の経済学批判』法政大学出局),57ページ。
32) Baudrillard, Jean, 1976, *L'Échange Symbolique et La Mort*, Editions Gallimard.（=1992,今村仁司・塚原史訳,『象徴交換と死』筑摩書房),133-134ページ。
33) Baudrillard, Jean, 1981, *Simulacres et Simulation*, Editions Galilée.（=竹原あきこ訳,1984,『シミュラークルとシミュレーション』法政大学出版局)98ページ。

質には何ひとつプラスにならないとはいえ，無視できない強制力を持ち，それに従う者は社会的成功をもたらし，逆らう者は社会から追放する[34]。

ルシクラージュによる記号的消費訓練は，常に最新の記号消費を勉強し，さらに自ら消費しないと，「消費者社会の本物の市民」から排除されるという思いから，記号による内面的な消費者化がなされる。

生産空間と消費空間が並存している大連開発区で，農村出身女子労働者は，規律化された生産空間の中では，「生産者としての労働者」[35]として，労働以外の時間は，内面的な管理の消費空間の中で，「商品の消費者としての労働者」[36]として訓練されるようになった。

労働者は商業施設を利用するうちに，記号的消費に魅了され，記号的な消費をしないと「消費社会の本物の市民」から排除されるという思いから，自ら消費者になっていく。

2．第2の研究課題：階級的消費と記号消費空間

第2の研究課題は，中国の新興工業都市において，どのような消費，消費社会が形成されたかについて検討する。まず，注目したのは，大連開発区の女子労働者たちの消費が階級的に二分化しているという点である。日本での消費体験や調査研究からは消費の階級性を感じることはなかった[37]が，大連開発区での見聞では，それを強く感じたのである。階級的な消費に関する先行研究を整理し，中国における階級区分とそれぞれの階級の消費の特徴を明らかにするのが，第2の研究課題ということになる。

---

34) Baudrillard, 1970, 前掲書, 135ページ。
35) Negri & Hardt, 2000, 前掲書, 290ページ。
36) Negri & Hardt, 2000, 前掲書, 290ページ。
37) 日本における消費社会学の研究では，消費行動に対して「消費意識」が強く影響しており，階級・階層とは強い関係が認められない。消費意識については，間々田孝夫, 2000, 『消費社会論』有斐閣, などがある。私が参加した調査「多様化する消費生活に関する調査」（代表：間々田孝夫）においても同様な結果であった。陳蕭蕭, 2013,「現代日本における商店街の利用者に関する研究：多様化する消費生活に関する調査を通して」『経済社会学会年報XXXV』97-105ページ。

（1）階級的消費への着目

　私が中国における消費の階級性について注目するようになったのは，来日して出会ったラグジュアリーブランドを通してであった。日本の消費者は当然のことながら，本物のブランド品を持っており，偽物には後ろめたさがあった。しかし，大連開発区で接した女子労働者のうちには，ごく当たり前に偽物や類似品を身につけている者もいれば，無関心を装う者もいた。こうした観察から消費には階級が影響しているのではないかと考えるようになったのである。

　私を魅了したルイ・ヴィトンを通してみると，2000年頃には黒竜江省チチハル市にも，遼寧省大連市にも，ラグジュアリーブランドのストアはなく，ブランドについて知る人も少なかったが，北京，上海，広州などの大都市にはすでに進出しており，それらの商品が一気に流行していた。その現象に注目して，私は「なぜ西欧の王侯貴族のためのラグジュアリーブランドが中国で消費されるのか」と問題を設定し，その原因をルイ・ヴィトンを事例として考察した[38]。

　ラグジュアリーブランドの一つであるルイ・ヴィトンブランドは，ルイ・ヴィトン氏の一族により1854年に王侯貴族の女性の豪華なドレスを収めるためのトランクが作られたことから始まる。ちょうど，ナポレオン三世のフランス第二帝政期で，平和を享受しつつ，国内産業，特に「帝国の祝宴」と言われる政治的な意図を持つ宴会が行なわれ，その名の下に奢侈品産業が育成され，劇的な経済的繁栄を遂げた時代であった。ルイ・ヴィトンブランドのトランクは「帝国の祝宴」へ参加する王侯貴族の女性が身に纏う豪華な宴会ドレスを入れるための特注衣装箱であった。そのトランクには王侯貴族の氏名が一目瞭然に刻まれたので，王侯貴族のための専用品として名が高くなった[39]。しかし1871年に第二帝政が崩壊し，第三共和政に変わったことにより，これまで王侯貴族のためにルイ・ヴィトンブランドのトランクを作った専門職人，ルイ氏の一族は宮廷外の街の中に店舗をかまえ，ブルジョワ，エリー

38）陳蕭蕭，2008，「日中消費の比較社会論：ブランドにおける消費文化について」『流通経済大学大学院社会学研究科論集第15号』25-26ページ。
39）山田登世子，2006，『ブランドの条件』岩波書店，35-41ページ。

ト，大衆などの旅行用品を運ぶためのカバンを作るようになった[40]。1889年，パリ万博でルイ・ヴィトンがグランプリを獲得したことにより，その名声は世界中に轟いた。その頃，アメリカの富豪たちのために，当地の高級旅行用品店と契約し，海外進出も果たした。2度の世界大戦中には何度も経営破たんにまで追い込まれたが，トランクやカバンの技術を受け継ぎ，1950年代からルイ・ヴィトン会社としてビジネス界や政界の著名人のレジャーなどの需要に応じて生産を回復した後，長期的には大衆消費社会が発展している欧米を拠点にして成熟してきた[41]。90年代後半になるとアジアの大衆階級を取り入れるために，1978年に東京，1989年に香港，1992年に北京に店舗を構えるようになる。世界に分布するルイ・ヴィトンは，1989年の130店舗から2009年の433店舗まで増やし，事業を拡大させた。

　ルイ・ヴィトンの店舗数の拡大には，フランスの第二帝政期の奢侈品産業の繁栄と崩壊の後に，王侯貴族のための専用品として商品化され，長い転換期を経て欧米・日本・中国の大衆消費社会の形成と共に大衆消費のレールに乗り，グローバルな事業拡大にともなう空間的な展開という背景があった。ルイ・ヴィトン会社は，1954年に石油化学系の物質から特殊なコーティング技術を開発することに成功し，1959年から木製のトランクからソフトバッグに事業を展開した。1984年にパリ証券取引所およびニューヨーク証券取引所に株式を上場し，一大企業としての地位を確立した。1987年にモエ・ヘネシー（ワイン・スピリッツ中心の高級ブランド企業）とルイ・ヴィトン会社が合資し，LVMHモエヘネシー・ルイヴィトンの国際企業が誕生した。巨大なコングロマリット（複合企業）LVMHの傘下にある企業の分野は，酒類の外，カバン，ファッション，香水，化粧品，時計，宝飾品など多岐にわたり，ラグジュアリーブランド・ビジネスを網羅している[42]。

　拙稿では，中国ではルイ・ヴィトン店舗を利用するのは所得・社会地位が高く，外国文化や高級品の記号消費に関心を持つ上・中層階級であり，ラグジュアリーブランドという奢侈消費財は，所得が低く，学歴が低い下層階級

40）堺屋太一，2004，『どうして売れるルイ・ヴィトン』講談社，38ページ。
41）堺屋，2004，前掲書，46-47ページ。
42）堺屋，2004，前掲書，48ページ。

とは無関係であると考えた。中国へ進出してきたルイ・ヴィトン店舗のような施設は上・中層階級に奢侈品を消費するように欲望を掻き立たせたのであれば、どのようにして下層階級がその消費者になったかという問題を研究することにした。

　中国における消費社会化の進展について消費と社会階級の関係に焦点を当て，利用商業施設の体験から人々の消費者化を明らかにすることを目的として，2010年9月から2012年12月の期間，大連開発区で「日常生活消費における利用商業施設に関する調査」のインタビューを実施した。調査は，スノーボールサンプリング法により，女子労働者23人を対象に面接を行なった。インタビュー調査は自記式であるが，その聞き取り手法を2通りに使用した。一つはインタビュー・シートを使用したフォーマルインタビューであり，もう一つはインフォーマルインタビューである。大連開発区の日系KO工場の会議室と接客室で調査を実施し，そこで働く調査対象者に，他工場で働く友達を紹介してもらい，アメリカ系S工場，日中合弁D工場，日系KA工場の女子労働者をインタビューした。KO工場でのインタビューはフォーマルインタビューであり，他工場の者はインフォーマルインタビューであった。インタビュー・シートのすべての項目を質問するにはおよそ40分〜1時間程度かかった。その過程は対象者から許可を得てすべて録音し，後に文字化し記録した。調査項目は，調査対象者の出身地・生年・家族構成・学歴・職歴などの基本属性のほか，小学生の時から現在まで地域移動体験の有無およびその目的，移動していた地区・生活していた地域での商業施設の利用状況，商業施設に対する意識，消費意識および労働意識，さらに戸籍の変更状況について聞いた。

（2）階級的消費の諸理論

　消費について階級との関わりから研究した業績は多い。例えば，T・ヴェブレンの有閑階級の顕示的消費，アーリのサービス階級のロマン主義的なまなざし，M・カステルの集合的消費をめぐる社会的不平等の研究がある。

　階級と消費についてヴェブレンは，アメリカの資本主義社会初期に新興産業の興隆にともない金銭の指標が示される「有閑階層」について論じた。有

閑階層は節約を回避せず，勤勉にならず生産活動を行なわない有閑的であること顕示するために，ポトラッチの意味を含む「浪費」的な顕示的消費財を消費するのである[43]。顕示的閑暇の原理が働く顕示的消費財と言えば，優雅なドレス，フレンチヒール，スカート，髪の毛を長くたらすこと，コルセットの衣装などの例が挙げられた。そのような顕示的消費財は，その着用者がどの種類の生産的労働にも従事していないことを他者にわかるようにしているのである[44]。

階級と消費の関係は空間に現れている。アーリは社会階級によって観光（場所の消費）に対するロマン主義的なまなざしと集合的なまなざしの2つの特徴的な形態を区分している。「自然さとほんものらしさこそが本質的な要素であるとする，サービス階級の〈ロマン主義的まなざし〉」，これとは対照的に「集まること自体が重要となる，集合的な観光のまなざしに熱中している」[45]のは大衆階級である。「サービス階級の嗜好」は「〈自然〉あるいは〈自然の要求〉を形成する」ので，「まさに〈文化〉が重大な位置を占めているという意味あいをなかに含んでいるのである」[46]。他方，大衆階級ではそういった文化の要素は現れない。

社会階級による都市空間，つまり社会サービス（集合的消費）には不平等が潜んでいる。「住宅，教育，衛生，文化，商業，輸送」[47]などの集合的消費手段に現れる社会的不平等についてカステルはこう描写している。

　　ヨーロッパの大都市では（合衆国の大都市においてもそうであるが），巨大都市の中心部で主要なエリートの権利が確保されている疑似村落共同

---

43) Veblen, Thorstein, 1899. *The Theory of Leisure Class: An Economic Study in the Evolution of Institutions*, Modern Library. (=1993, 高哲男訳,『有閑階級の理論』筑摩書房）115-116ページ。
44) Veblen, 1899, 前掲書，191-193ページ。
45) Urry, 1995, 前掲書，230ページ。
46) Urry, John, 1990. *The Tourist Gaze: Leisure and Travel in Contemporary Societies*, SAGE Pubilications Ltd. (=1995, 加太宏邦訳,『観光のまなざし――現代社会におけるレジャーと旅行』法政大学出版局), 168ページ。
47) Castells, Manuel, 1972, *City, Class and Power*, The Macmillan Press. (=1989, 石川淳志監訳,『都市・階級・権力』法政大学出版局), 4ページ。

体モデルに取って替わられつつある。……エリートは，中心都市に（しかも多くの場合都市再開発区計画で）建てられた新しい現代の超豪華な，設備の完備した建物に住み，地位の確立した大会社の本社で働き，中心都市に集中した余暇活動や文化的機会を独占している。……他方，大多数の賃金労働者にとって，諸活動の空間的分散傾向が強まり，居住，仕事，余暇，買物などの分離傾向はいっそう明らかとなる[48]。

カステルによれば，集合的消費手段の空間的配置は，エリートの利用に便利になっており，賃労働者の諸活動は空間的に分散する。

さらに利用商業施設にも社会階層が反映している。リッツアによれば「ショッピングモールも階級に基づいて階層化される傾向がある。……高級モールには，より上品な店舗，……よりしゃれたレストラン，より手の込んだ造園，より豊富な設備がある傾向が強い。……高級モールは特定の社会階級の人々を標的にしている……。ショッピングモールの一部も内部的に階層化されている……。高級品店には割引商品があるが，ほとんどの消費者の手には届かない」[49]。

これらの研究の発見と同様に，中国の消費社会にも階級性は影響しており，本研究も階級に注目して進める。近年中国では，流動人口の出稼ぎ労働者の社会階級と都市空間に現れた社会的不平等についていくつかの研究がある。姚華松は，広州における流動人口と都市内の辺境化について論じた[50]。また出稼ぎ労働者が，都市における空間的制限と排除の中にあり，自らの居場所を探し，いかにして都市住民の生活空間に溶け込んでいくかについて分析した[51]。そして鄭杭生は北京の下層社会階級である流動人口が北京の都市空間の中で社会的地位を獲得する過程を分析した[52]。そういった研究は，「社会

---

48) Castells, 1972, 前掲書, 40ページ。
49) Ritzer, 2005, 前掲書, 354-356ページ。
50) 姚華松, 2012, 『流動人口的空間透視』中央編訳出版社。
51) 羅遐, 2011, 『流動与定居──定居農民工都市適応研究（*Mobility and Settlement: An Empirical Research on the Adaptability of the City-settled off-Farm Wofkers*）』社会科学文献出版社。
52) 鄭杭生, 2011, 『漂白与尋根──流動人口的社会認同研究（*Drifting and Seeking Roots: Study on Transient Population's Social Identity*）』中国人民大学出版社。

階級と空間」の視点から議論しているが，まだ「消費と空間」についての研究は管見の限り見当たらない。

(3) 大連開発区の階級区分

インタビュー調査によれば，大連開発区の女子労働者は，OL階級と女工階級に区分できる。すなわち事務的・管理的・サービス的職業に従事するOLとライン生産的職業に従事する女工である。

本研究で言うOLと女工と名付けたタームについて整理しておこう。大連都市新聞『大連晩報』において，1989年からしばらくの間「女性事務員」や「オフィスガール（办公室工作的女性）」，「職業女性」と言った単語が用いられたが，2000年以後「白襟（ホワイトカラー）」，「OL（Office Lady）」などが使われるようになった。「外来語」であるが，王建平は中国での中外合資経営企業，中外合作経営企業と外資企業の「〈三資企業〉で働く者」だけを「白襟」[53]と呼んだ。

それに対して，女工は女性の出稼ぎ労働者のことを指すが，1991年中国中央テレビで放送されたドラマ『外来妹(ワイライマイ)』において農村から広州に出稼ぎする女性のことを「打工妹(ダアゴンマイ)」と呼び，1996年にドラマ『女工情話』やノンフィクション『現代中国女工哀史』[54]などから，「女工」と呼んでいる。

本研究で言うOL階級は高い文化資本を駆使し，「情報化されてコミュニケーション・テクノロジーを組むような工業生産，非物質的労働で創造的知的な操作，情動の生産と操作を含む人間的接触，身体的様式における労働」[55]という管理的，事務的，サービス的な労働に従事しており，ほとんどが第三次産業か，あるいは第二次産業の体制の中で，非物資的で，ルーティン化されていないサービスセクションで働いている。そのような職業は西欧，アメリカなどの先進諸国から移転してきた外資企業の中に多く分布している。

---

53) 王建平，2007，『中国城市中间阶层消费行为』中国大百科全书出版社，35ページ。
54) Chang, T. Leslie, 2008, *Factory Girls: From Village to City in a Changing China*, Srerling Lord Literisticm（=2010，栗原泉訳，『現代中国女工哀史』白水社／=2013，张坤，吴怡瑶訳，《工厂女工：在变迁的中国，从农村走向城市》上海译文出版社）。
55) Negri & Hardt, 2000，前掲書，378ページ。

それに対して女工階級は第二次産業の体制に属し，ルーティン化されたライン生産労働に従事している女子労働者で，低学歴，低収入であるといった特徴があった。さらにいうと両者のほとんどは，東北三省と内モンゴル東部の農村出身の者であるが，OL階級は，大連開発区戸籍を獲得し，他方，女工階級の多くは，出身戸籍である農村戸籍のままで，「都市の暫住者」と分類されている。

両者の相違についてまず社会階級形成の過程を見ておこう。中国における社会階級の形成は，社会主義計画経済社会以来の地域格差と戸籍制度に関連している。地域格差の発生と拡大は，計画経済システムに遡る。それは，社会主義計画経済の毛沢東時代に，工業・農業間，都市・農村間，精神労働・肉体労働間に存在する格差を人為的に消滅させ，平等社会を築き上げることを社会主義の目指すべき目標とした[56]。そのために1953年に第一次五カ年計画が開始されると，農業の集団化運動，商工業の社会主義的改造運動が行なわれ，1956年から生産手段の公有制（集団所有制，国有制），農村部の人民公社，都市部の国営企業が計画経済体制の土台となった。その上に1953年「農産物の統一買付・統一販売」，1956年「等級賃金制度」，1958年「戸籍登記条例」が実施されたことにより計画経済体制が機能するための制度装置が整備され，モノ，カネ，ヒトという生産要素の使用も計画システムに収められた[57]。しかしながら，そのような計画システムは平等をもたらさず，結果的に都市と農村の地域格差が拡大した。「社会主義計画経済社会時期の中国では，典型的な輸入代替型の重工業化戦略がとられた。外資利用が困難な時代背景の下で自力による資金調達が必要であった。工業化の原資は，農産物や工業製品の価格に対する国の計画的管理による農業部門からの所得移転と，都市部門の労働者に対する低賃金対策による搾取によって調達された。それにより農業を中心とする農村では都市より工業，商業が遅れ，地域格差が形

---

56) 厳善平，2003，「中国における経済格差の実態と要因」，『桃山学院大学経済経営論集』，第44巻第4号，27ページ。
57) 座間紘一，1984，「中国における農村過剰人口の流出と戸籍管理」，『山口経済雑誌』第37巻，第5・6号。／——，2010，「20世紀中国における地域間人口移動」，中兼津次，『歴史的視野からみた現代中国経済』，ミネルヴァ書房，88ページ。

成されたのである。また計画システムを維持するために農村から都市への人口移動は戸籍制度などによって厳しく制限されていた。その二重の社会構造が人為的に作り上げられた」のである[58]。

それにより，女工階級は農村地区に生まれたというだけで，戸籍制度により出身地の農村地区に縛られていた。その状況を変えるために地域移動を行なうようになったのは改革開放以後である。社会主義計画経済社会時期に形成された地域格差と戸籍制度の二重の社会構造の問題が解決されないまま，社会主義計画経済社会から社会主義市場経済社会へと転換した。「農村においては集団が所有する農地を世帯と労働力に応じて分割して請負，あらかじめ結ばれた請負契約に基づいて，国家への上納と集団への保留を除いた余剰をすべて農家が自分のものとすることができた」[59]。その制度の導入によって「按労分配（働きに応じて分配が行なわれる）」という所得分配の原則が具体化されたものの，農業労働力の過剰問題が発生し，顕在化した」[60]。その問題を一時的に緩和したのは「同一地区内の郷鎮企業であり」，80年代末まで農業労働力の非農業部門への移動方式は「離土不離郷（離村せずに離農する）」と呼ばれた。しかし「80年代の後半になると郷鎮企業は経済不況により農村余剰力の受け皿として役割を果たせなくなり，農村労働力は新たな働き口を求めるようになった。同時期に出身戸籍に縛られた地域から転出する制限およびそれを支えてきた諸制度が緩和され，農村労働力の地域移動が可能となった。また都市経済の発展にともない，低賃金労働力の需要が高まり，都市における農民の就職機会が増えた」[61]。南・牧野は「近代的出稼ぎ労働者」の特徴は，季節労働で短期的な期間で働く「伝統的出稼ぎ労働者」と異なり，より長時間働く安定した職業に従事している傾向があった[62]という。農民労働力の都市への出稼ぎ方式は「離土又離郷（離村をともなう離農）」と

---

58) 厳，前掲論文，28ページ。
59) 加藤弘之，1997，『中国の経済発展と市場化』名古屋大学出版社，17ページ。
60) 曾寅初，2002，『中国農村経済の改革と経済成長』財団法人農業統計協会，19-22ページ。
61) 石暁紅，2003，「中国における農民出稼ぎ労働者の社会・経済背景と出稼ぎ労働者の構造的特徴」，『現代社会文化研究 No.28』125-126ページ。
62) 南進亮・牧野文夫，1999，『流れてゆく大河：中国農村労働の移動』日本評論社。

なったのである。つまり、農業生産責任制の実行により、農業労働力の余剰は、農村から都市へ出稼ぎ労働者を送りだすプッシュ要因であり、都市の経済発展による労働力不足は、農村労働力を都市が受け入れるプル要因であった。

ここでは大連開発区に移動してきた女子労働者の社会階級、つまり、女子労働者のうち、OL階級と女工階級の二分化を見ておこう。

OL社会階級は、アーリの〈サービス階級〉と類似する点がある。アーリは〈サービス階級〉を次の視点から論じた。彼はポストモダン社会の現象に合わせて「〈サービス階級〉というもの（もっと一般的には、ピエール・ブルデュが「新興プチブル」と名づけたもの）が規模において、相当に拡大してきた」と言う。しかし「この階級は比較的中心のない〈ハビトゥス〉の所有者であることを示したい。すなわち、類別（＝階級）化構造が弱く、自分と他の階級との境界がかなり不明確なのである」[63]。そのためアーリは〈サービス階級〉についてこう述べている。

> その構成員は、(1)資本あるいは土地をどの程度であれ所有していない、(2)一連の絡み合った社会制度全体で資本を「サービス業化」している、そういう体制のなかに位置している、(3)一般に、組織内での、あるいは組織間の然るべく認められた経歴のおかげで、優位な労働と優位なマーケット上の立場を享受している、(4)他人と差がつけられる学歴を効かせて社会参入ができる[64]。

これらの一連のことが、〈サービス階級〉である指標になるが、これらの指標のうち、特に(2)、(3)、(4)は、中国のOL階級の指標でもあると考えられる。本研究の中の農村出身の女子労働者は、就学や就職のために地域移動し、大連開発区で職を得るまでの過程における相違が階級分化を決定づけており、OL階級は地域移動にともない、高学歴を獲得し、都市戸籍を獲得し、サー

---

63) Urry, 1990, 前掲書, 157ページ。
64) Urry, 1990, 前掲書, 158-159ページ。

ビス業化している体制の中で事務的・管理的・サービス的な労働に従事することができた。それに対して，女工は最底辺労働者で，農村戸籍のままの「都市の暫定住者」であり，その政策から脱出することができなかった。

（4）商業施設の二類型と記号的消費空間

大連開発区には開発区商場，金瑪商場，大商商場，友誼商場，安盛ショッピングセンター開発区店，麦凱楽（マイカル）デパート開発区店があるが，それらは二類型に分けられ，それぞれはOL階級と女工階級によって利用されている。二類型の商業施設の分化は，リッツァの「消費手段」の理論を参照して考えてみよう。

リッツァは，M・ウェーバーとC・キャンベルとに依拠して，消費の殿堂を合理化され脱魔術化されているとともに再魔術化されているものとして概念化した。

ウェーバーによれば，「資本主義と官僚制を範例とする西欧の近代合理化過程は，かつて魔術化された（魅惑的で，不思議で，神秘的な）世界であったものを弱体化させる役割を果たした」。「合理的制度は魔術化を体系的に根絶するので，魔法や神秘を概して欠いている」[65]。ウェーバーの議論によれば「生産は合理的資本主義でもっとも重要である」が，キャンベルは「ロマン主義的資本主義において，……最も重要なのは消費である」[66]と述べ，消費者の「個人主義的であり，錯覚，白昼夢，空想」，特に消費しても満たされない「個人の空想」[67]と言った，近代消費主義の精神の特徴を重視した。

リッツァは，まず消費社会における合理化について「マクドナルド化」する社会の特徴を「五つの基本的な要素がある。つまり効率性，計算可能性，予測可能性，人間的技術から非人間的技術への置換による管理，合理性の不合理である」[68]と整理した。消費社会において，合理化された制度が様々な方法によって脱魔術化をもたらすことに疑いの余地はない。しかし，逆説的

---

65) Ritzer, 2005, 前掲書, 110ページ。
66) Ritzer, 2005, 前掲書, 120ページ。
67) Ritzer, 2005, 前掲書, 119ページ。
68) Ritzer, 2005, 前掲書, 139-163ページ。

ではあるが，それと同時に独特な魔術を創出する役割も果たしている。再魔術化が起こる仕組みのいくつかは劇的陳列として定義されているが，それは「スペクタクル」が鍵である。

　　　時間的および空間的境界の内破はスペクタクルの主な起源である。……時間の制約を無視したり，無限空間の感覚を創り出したりすることができるように見える。内破および時間と空間の並はずれた使用を含むスペクタクルは消費の殿堂を再魔術化する役割を果たしている。……内破とは，以前は区別されていた複数の統一体の相互崩壊につながる境界の溶解または消失を指す用語である[69]。

　新しい消費手段によるスペクタクルの創出はそのこと自体が目的ではなく，多数の人々に商品やサービスをより多く買わせることを目的にしている。内破により，スペクタクルが創出され，再魔術化される消費手段の例がある。例えば「肉屋，パン屋，八百屋などの個別店舗がほぼ消滅してスーパーマーケットになり，スーパーマーケットやディスカウントショップが内破してスーパーセンターになったのである」[70]。
　スペクタクルを創出するために消費手段が採用しているもう一つの方法は，巨大な物理的空間を使うことである。

　　　ショッピングモールのスペクタクルは，……より広大な環境の創出とさらにスペクタクル的な空間利用とを目的とするメガモールを生み出す

---

69) Ritzer, 2005, 前掲書, 213-214ページ。スペクタクルという概念はフランスの社会思想家ギー・ドゥボールの思想と彼の影響力のある著作『スペクタクルの社会』の核心をなしている。ドゥボールによれば「スペクタクルは現代社会の主産物である」。この著作の中心的にドゥボールはスペクタクルの機能の一つが「システムの合理性」を覆い隠すことであると述べている。スペクタクルは高度に合理化されたシステムに付随する短所，とりわけ脱魔術化を克服するために用いられる。ドゥボールは商品に関するスペクタクルは社会のほんとうの動きを隠蔽する一種の阿片であると強調している。
70) Ritzer, 2005, 前掲書, 216ページ。

ことになる。……訪問客を引き寄せているのは場所の規模そのものと，場所が非常に多くのものを包含している事実である。人々は商品とサービスの壮大な宝庫と客が見なしているもの，つまり幻影に引き寄せられている[71]。

こうした再魔術化された消費手段は人々にさらなる消費を強要するよう構造化されているが，リッツアに従えば，大連開発区の商業施設のうち，再魔術化されたのは安盛ショッピングセンター，麦凱楽デパートである。複合型商業施設は，内破や巨大化によりスペクタクル化された特徴がある。

第2の課題に関して大連開発区では商業施設に階級性が現れていて，複合型商業施設は高度に記号化されたモノやサービスを提供し，OL階級の欲求を満たしている。例えばロゴ化されたモノ，つまりブランド化されたモノを中心とするブランドショップが並び，また女性美のためにフィットネスクラブ，エステ・サロン，ヘアサロンなどの施設がある。それらはどれも現代的な女性に「OL型消費スタイル」の記号を提供し，消費させている。

本研究では大連開発区における商業施設利用者の二重構造だけでなく，利用商業施設の相違の背後に潜んでいる「幸福な消費生活」を享受できる者とできない者の分化に注目する。大連開発区では複合商業施設を利用するOL階級は「幸福的な消費生活」空間，つまり記号的消費空間を享受しているが，商場型商業施設を利用する女工階級は，工場周辺に分布している娯楽施設を利用しているだけで，「幸福な消費生活」空間から排除されている。

3．第3の研究課題：ユーザーの体験空間

女工は，都市の周縁部地区で生活し，OLの「幸福な消費生活」空間から排除されているにも関わらず，なぜそこから離脱しないか，この問題が第3の研究課題である。この問題を3つの視点，つまり労働疎外を癒す消費空間，文化抑圧に対する祝祭空間としての消費空間，そして，抵抗の空間の視点から考察する。

---

71) Ritzer, 2005, 前掲書, 261-262ページ。

序章

(1) 労働疎外とそれを癒す消費空間

　女工は規律化された生産空間（工場）と工場の周辺に位置する宿舎（自宅）の日常生活空間の間を往復し，疎外や憂鬱，苦痛，孤独に耐えている。大連開発区の商場型商業施設や娯楽施設のような消費空間は女工を受け入れ，彼女らの疎外や憂鬱，苦痛，孤独を回復し，自己治癒，自己回復した彼女らを再び生産空間と日常生活空間に戻させるのである。すなわち商場型商業施設は自己治癒，自己回復の空間である。マルクスによれば，労働者は近代的工場における賃労働によって4つの疎外を味わうことになる。すなわち「1つ目は労働者に対して生産物の疎外，2つ目は労働の内部における生産行為の疎外，3つ目は人間の類的存在からの疎遠，4つ目は人間からの人間疎外」[72]である。労働疎外は人間性喪失を意味するが，なぜ近代・現代の産業社会においてそれが出現するかといえば，その工場における労働の特質に起因している。すなわち，「一つ目は，仕事に対して〈安定した一定のペース〉ないしリズムが強いられることになった。……1日にどれだけの仕事をするかについては，機械によって決められている……。二つ目は，労働者に〈規律〉が課せられている点である。……労働者は機械の仕事の割り当てにそったかたちで編成される……。三つ目は，機械が有する規律正しさの結果，労働者も仕事もますます〈時間志向〉となる。労働者は決められた時間に出勤し，仕事をしなければならない……」[73]からである。

　このような工場労働で疎外され，労働力を喪失した労働者たちは，愛する家族の存在，家族との活動，休日の非労働的活動，余暇活動，将来の夢などによって，疎外を癒し，労働力を再生し，再び労働現場に戻っていくのである。大連開発区の女工たちもまた，家族や友人たちとの余暇活動や消費施設でのショッピング，ぶらぶら歩きによって，鋭気を養い，労働力を充電して，決められた労働時間には工場の生産ラインの前に座るのである。女工にとって商場

---

72) Marx, Karl Heinrcih, 1844, in: Karl Marx Friedrich. Engels Gesamtausgabe (MEGA), 1.Abt. Bd.2, Berlin 1982, S.438. *Ökonomisch-philosophische Manuskripte.* (＝城塚登，田中吉六訳，1964,『経済学・哲学草稿』岩波文庫）93-98ページ。
73) 根橋正一・井上寛，2005,『漂泊と自立：障害者旅行の社会学』流通経済大学出版会，50-51ページ。

型商業施設の消費空間は，生産空間，日常生活空間から一時的に脱出し，機械的な労働リズムから解放され，自分のために時間を使い，自分のために気晴らしをする場なのである。すなわち，女工にとって消費空間は，生産空間，日常生活空間から一時的に脱出し，機械的な労働リズムから解放され，自分のために時間を使い，自分のために気晴らしをする場なのである。女工は消費空間を利用することによって自己治癒，自己回復するため，再び規律正しい生産空間，日常生活空間に戻ることができるので，大連開発区から離脱しないのである。これが第1の視点である。

(2) 文化抑圧と祝祭空間としての娯楽空間

　女工たちにとって，近代的な工場も，居住する宿舎も，また抑圧的な存在である。しかし，消費施設や娯楽施設は，抑圧の基礎である規律や価値体系を掘り崩す祝祭的な空間であり，非労働時間のここでの体験が「抑圧」に耐えられる体験となるのである。H・マルクーゼはフロイトの理論を踏まえて，日常生活では「文明そのものが人間の本能（エロス）を本質的に抑圧し，人間の本能的欲求，満足を放棄し，文明社会が進歩する」と主張した[74]。女工が利用する娯楽空間は，安定した社会秩序の「日常生活」空間から分離する「遊び」の空間を意味しているのであり，「祝祭」の色彩を帯びている。すなわち，文明自体が人々を抑圧するのであり，大連開発区の女工たちもまた，そこから逃れることはできない。人間はこの文明の抑圧に対して遊びや祝祭の時間・空間を設けることによって，その時間・空間における文化や日常の規律，ルールを転倒した活動によって，抑圧からの解放を体験する。その体験こそが抑圧的な文化，文明，規律的な日常労働に耐えられる「自己」の確立に向かうのである。

　遊びを研究したJ・ホイジンガも同様な見方をもっている。彼によれば「遊びとは，あるはっきり定められた時間，空間の範疇内で行なわれる自発的な行為もしくは活動である。それは自発的に受け入れた規則に従っている。その規則はいったん受け入れられた以上は絶対的拘束力をもっている。遊

---

74) Marcuse, Herbert, 1956, *Eros and Civilization*, The Beacon Press.（＝南博，1958,『エロス的文明』紀伊国屋書店），2ページ。

序　章

びの目的は行為そのもののなかにある。それは緊張と歓びの感情を伴い，またそこは〈日常生活〉とは，〈別のもの〉という意識に裏付けられている」[75]。遊びとは，定められた時間・空間そして参加する者達に自発的に受け入れられた独自の規則をもっている活動であり，日常生活とは別のものなのである。そして遊びは祝祭と同質性をもっている。

　　人々が聖堂に参集するのは，皆と一緒になって共通の歓びを分かつためである。奉献式，供犠式，聖儀の舞踊，祭式の競技，演劇上演，密儀，これらはみな，祝祭という概念の範囲に納まってしまう。……「日常生活」は停止する。饗宴，酒盛り，ありとあらゆる底抜け騒ぎが，その間ずっと祭儀に伴って催される[76]。
　　遊びの気分，これはその本来のあり方として不安定なものである。どんな瞬間にでも，遊びを妨げる外からの煽りを受けたり，あるいは内部から規則を侵犯されたりなどして，「日常生活」がふたたび自分の権利を取り戻そうと要求してくるのだ。それだけではない。さらに遊びの精神が内部から崩れてしまったときとか，陶酔がさめ，遊びに失望が起きたりしたときにも，遊びは妨げられてしまう[77]。

　遊びも祝祭も同様に，その時間・空間では日常生活は停止し，ありとあらゆる底抜け騒ぎとなる。現代の労働者にとっての休日や余暇時間における娯楽施設，商業施設での様々な活動は「遊び」であり，「祝祭」の意味を持っていると，M・ホルクハイマーとTh・アドルノは『啓蒙の弁証法』で論じている。彼らの定義によれば「享楽」は，自分を自然から守ってくれる安定した秩序を脱して，（自分自身が）自然に立ち戻りたいとする心情である。つまり自分自身を荒々しい自然から守ってくれている文化・文明は，それゆえ規則やルールによって抑圧的であるから，自分自身が抑圧的な文化・文明を

---

75) Huizinga, Johan, 1938, *Homo Ludens*, Rowohlt Verlag. (＝高橋英夫訳，1973，『ホモ・ルーデンス』中公文庫), 73ページ。
76) Huizinga, 1938, 前掲書, 59ページ。
77) Huizinga, 1938, 前掲書, 58－59ページ

脱出して，太古の人間のように自然な自分に戻りたいという心情，欲求が「享楽」である。2人は享楽について次のように述べている。

  労働の強制から，あるいは個人が特定の社会的機能や「自己」へ縛られている状態から脱して，支配もなければ規律もない太古に立ち帰ることを夢みるときに，初めて人間は享楽の魔力を感じる。……享楽はいわば恐るべき自然の復讐である。享楽のうちでは人間は思惟することを止めて文明から逃れ去る。太古の社会においては，こういう退行は共同的なものとして，祭りのうちに用意されていた。……（祭り）は世界秩序が廃棄される瞬間のように見える。だからそこではどんな放埓も許されるのだ。人は規則に背いて振舞わねばならず，すべては逆転すべきである。……禁令の失効のために，この行為は奔放と狂気の性格を帯びる[78]。

人間にとって太古以来，祝祭の時間・空間を設定して，文明による人間抑圧とのバランスをとってきたのである。しかし，文明と啓蒙が進展するにつれて「祭りは単なる茶番劇」[79]になっていった。そして支配者たちは，被支配者たちに，わずかばかりの享楽を与えることにしたのだと言う。

  支配者たちは，享楽を合理的なものとして，つまり完全には制御しきれない自然へ支払う税金として，導入する。それと同時に，彼らは享楽を自分にとって毒のないものにし，高次の文化のうちに保持しようとする。享楽をすっかり取り上げることができない場合には，被支配者たちにも，それを分け与えようとする。享楽は操作の対象となり，ついにはさまざまの行事や催しの中に埋没するに至る。この発展の過程は，原始的祭りに始まって休暇にまで及んでくる。（原始的祭りの）狂騒の時期は

---

78) Horkheimer, Max and Adorno, W. Theodor, 1847, *Dialektik der Aufklärung: Philosophische Fragmente*, Querido verlag, Amsterdam（＝徳永恂訳，1990年，『啓蒙の弁証法：哲学的思想』岩波書店，157-158ページ）．
79) Horkheimer and Adorno, 1847, 前掲書，158ページ．

個人個人に分解された[80]。

　被支配者たちに与えられた享楽は，操作されたもので，行事や催しもの，余暇活動，休日などに細分化された。支配者にとって安全な形式をとることになったのである。
　文明の人間抑圧への対抗としての遊びや祝祭は，休日や余暇時間における消費活動や娯楽活動などに姿を変えて，人々の享楽の欲求を満たすことになった。大連開発区の女工たちにとって，休日やアフターファイブの娯楽施設や商業施設での様々な活動は，こうした文脈の中にあると考えられる。すなわち，娯楽空間は女工にとって美しい女性，流行の女性としての「自分」，男にもてる女性，セクシーな女性，愛される自分の「本能」，エロスを保つ空間であり，この祝祭的な空間が存在するからこそ，彼女たちが大連開発区から離脱しないのではないか。これが第2の視点である。

（3）抵抗の空間としての消費空間

　（1）と（2）では労働疎外を癒す消費空間および，文化抑圧を逆転する娯楽空間，という視点から，女工が大連開発区を離脱しない理由を考えてきたが，この2点は，女工たちがこれらの空間を受容して，それに適応した視点からの考察であった。次にこれらとは対照的な第3の研究課題の論点として，「空間の抵抗」の視点から，離脱しない理由を考えておきたい。女工たちは諸々の条件から見て国内外の他の都市への移動は容易ではない。故郷へ戻るのもまた困難である。ならば当然の帰結として，この都市に留まって，自分なりに安定した生活の確立を試み，さらに都市の諸状況が自分たちに不都合であるなら，それを改善や変更することを試みるではないか。こうした視点から見ていくと，女工たちの商場型商業施設や娯楽施設での体験は，幸福な消費や都市空間への抵抗として見ることができる。
　ここではまずH・ルフェーブルに従って，空間生産の議論を整理し，次にリッツアの『無のグローバル化』における「存在」と「無」の議論に注目する。

---

80) Horkheimer and Adorno, 1847, 前掲書, 158–159ページ。

ルフェーブルの空間生産論の主要な要点は,「社会的空間は社会的に生産される」というものである。それゆえ,「空間とは生産物」である。生産された空間は,思想と行動の手段であり,生産手段であるだけでなく,統治の,それゆえ支配と権力の手段でもある。空間を生み出した社会的,政治的（国家的）諸力は,この空間を完全に征服しようとするが,それはうまくいかない[81]。

　ここで空間を生み出した諸力とは何か,なぜ完全征服はうまくいかなのか,という疑問が浮かびあがる。これらの問いに答えるには,ルフェーブルの空間論に注目する必要がある。

　社会空間を生産するということは,物理的,自然的空間は遠ざけられ,自然はその材料を提供して社会空間生産過程の原始であり,原始的モデルになる。社会空間生産には3つの概念が立ち現われる。すなわち,空間的実践,空間の表象,表象の空間である[82]。

① 空間的実践：物理的空間。社会の空間的実践は,社会の空間を分泌する。それは弁証法的相互作用において,社会の空間を提起し,その空間を前提とする。空間的実践は,空間を支配し領有するにつれて,空間を生産する。分析的視点からすると,社会の空間的実践が発見されるのは,その空間の解読を通してである。

② 空間の表象：思考される空間。科学者の空間,社会・経済計画の立案者の空間,都市計画家の空間,区画割りを好む技術官僚の空間,社会工学者の空間,ある種の科学的性癖をもった芸術家の空間,これらの空間はすべて,生きられる経験や知覚されるものを思考されるものと同一視する。これが,社会（あるいは生産様式）における支配的な空間である。空間の諸概念は,言葉による記号の体系へと,それゆえ知的に練り上げられた記号の体系へ向かう傾向にある。

③ 表象の空間：生きられる空間。映像や象徴の連合を通して直接に生きられる空間であり,「住民」の,「ユーザー」の空間である。それはま

---

81) Lefebvre, Henri, 1974, *La Production de L'espace*, Éditions Anthropos. (＝2000, 斉藤日出治訳『空間の生産』青木書店), 66-67ページ。
82) Lefebvre, 1974, 前掲書, 73, 75ページ。

た芸術家の空間でもあり，作家や哲学者といったもの書きのひとびとの，そしてひたすらものを書こうと熱望している人々の空間でもある。これは支配された，それゆえ受動的に経験された空間であり，想像力はこの空間を変革し領有しようとする。この空間はその諸物を象徴的に利用するがゆえに，物理的空間を覆いつくす。このようにして表象の空間は，非言語的な象徴と記号の多少とも整合的な体系へと向かう傾向にある[83]。

　空間を生産した諸力とは何かについては「空間の表象（思考される空間）」で，思考した人たちと答えることになる。すなわち，科学者，社会・経済計画立案者，都市計画家，技術官僚，社会工学者，ある種の芸術家などである。そして，これらの人々を動かして，空間を生産したのは，政治的，経済的，支配的権力ということになる。

　先に挙げたもう一つの問い，なぜ空間に対する完全征服はうまくいかないのかに対する回答は，第3の研究課題である表象の空間（生きられる）を研究することによって得られる。ここでは，住民，ユーザーや芸術家，作家，哲学者の空間であり，支配され，受動的に体験される空間であり，これらの人々の想像力は，この空間を変革し，占領しようとするのだ。住民やユーザーらの想像力は，諸権力の意向とは必ずしも一致しない。人々の想像力が，完全支配に抵抗するゆえに，完全支配はうまくいかないということになる。

　大連開発区に立ち戻って考えると，中国政府や国際資本の意向を受けた計画家たちや諸企業の経営者たちが生産した経済技術開発区であるが，その空間で労働し，余暇活動をしながら，人生を生きる労働者たちの欲求や想像力は，計画家たちの計画を超えたり，逸脱という形をとって抵抗しているがゆえに，支配権力による完全支配には至らないということができるのだ。自由に人生を切り拓く条件を持たぬ女工たちこそが，この都市空間に留まって，様々な抵抗をしているのではないか。さらに言えば，留まって生活を築いていること自体が抵抗になっているのではないか。これが大連開発区から離脱しない理由に関する第3の研究の視点となる。

---

83) Lefebvre, 1974, 前掲書，80-81ページ。

それでは女工階級は，どのようにしてこの大連開発区の空間の中で，抵抗しているのかについてリッツアの「無」と「存在」の議論に注目する。まずそれぞれの定義を見てみよう。

　　「無」は特有な実質的内容を相対的に欠いており，概して中央で構想され，管理される社会形態を指す[84]。無をうまく定義するためには，存在を定義し，存在を無と区別できるようにする方法を明確にしている。「存在」は特有な実質的内容にかなり富んでおり，概して現地で構想され，管理される社会形態である[85]。

　さらにリッツアによれば，「無は一般的なもの（交換可能なもの），地元地域とむすびついていないもの，無－時間的なもの，人間関係が乏しいもの，幻滅させるもの（魔法を解除する）」[86]であり，「存在は独自性なもの（唯一のもの），地元地域と結びついているもの，時間特定的なもの，人間関係が豊かなもの，魅惑させるもの（魔法をかけられた）」[87]である。そして，「無」と「存在」は4つの形態を持っている。無は「非場所，非モノ，非ヒト，非サービス」[88]であり，それらに対応する存在は「場所，モノ，ヒト，サービス」[89]である。
　消費に焦点を合わせると，無の消費は「非場所（ショッピングモール，ラスベガスのカジノ）で，より多くの時間を費やし，非モノ（オールドネービーのTシャツ，ドルチェ＆ガッバーナのドレス）や，非ヒト（バーガーキングのカウンター係，テレマーケッター），非サービス（ATM，アマゾン・コムが提供しているもの）を享受する」[90]消費である。それと対照的に存在の消費は「田舎の道道路沿いにある

---

84) Ritzer, George. 2004, *The Globalization of Nothing*, Thousand Oak: Pine Forge Press. (＝2005，正岡寛司監訳，『無のグローバル化──拡大する消費社会と「存在」の喪失』明石書店)，4ページ。
85) Ritzer, 2004, 前掲書, 11ページ。
86) Ritzer, 2004, 前掲書, 38ページ。
87) Ritzer, 2004, 前掲書, 38ページ。
88) Ritzer, 2004, 前掲書, xvi－xvii ページ。
89) Ritzer, 2004, 前掲書, xvi－xvii ページ。
90) Ritzer, 2004, 前掲書, xvi－xvii ページ。

果物や野菜の売店，手工芸品市，生協などの形態」に見られる「モノを販売また提供する場所およびモノを取り扱い，販売し，モノを購入しようとする消費者に一連のサービスを提供する技能と高度な知識をもったヒト」[91]の消費である。

リッツアの理論に従えば，「無」の特徴を持っているのはOL階級が利用する複合型商業施設のような消費空間であり，女工階級が利用する商場型商業施設のような消費空間は，「存在」の特徴をもっている。大連開発区ではOL階級をユーザーとする一番新しい消費空間，つまり複合型商業施設とそれと類似する消費空間を構想していた。OL階級は政治的・経済的・支配的権力を持つ支配者の構想どおりに消費を行なったが，しかし「無」の消費行動しか捉らず，地元地域との接触がなく，地元地域との人間関係は薄いのである。またOL階級は常により「幸福」な「消費生活」，よりよい都市生活を追求しなければならないという消費意識の下で行動するので，複合型商業施設のような消費空間が提供する消費スタイルからなかなか降りられない。なぜならば，そこから降りることは，OL階級の象徴である消費スタイルから降り，ふさわしくなくなるからなのである。

それに対して大連開発区は女工をユーザーとして想定してはいなかった。ゆえに，女工のための空間は，生産空間と生活空間だけであった。女工が利用する商場型商業施設のような消費空間は，地元地域の密着度が高く，人間関係が豊かな場所である。経済発展を目的に計画，建設された新興工業都市である大連開発区の中で，本来であれば従来型の商業施設は，「価値実現」の拡大のための複合型施設のようなより多く消費させる消費空間へと転換すべきであるが，女工は，友達，店主，店員と付き合う場所として，世界の流行品の類似品を手に入れる場として，「自分」なりにそこを「自己流」に空間を変容させ，繁盛させている。このような意味で，商場型商業施設や類似した消費空間は女工の抵抗の空間であると言える。

第3の研究課題については2つの視点，すなわち女工にとっての消費，娯楽空間が大連開発区という都市空間を受容するという視点と，逆にそれに抵抗する視点から考察することになる。

---

91) Ritzer, 2004, 前掲書, 129-130ページ。

第3節　本研究構成と調査データ

1．研究構成

「人々はどのようにして消費者になったのか」について第1の研究課題を考察するために，第Ⅰ部では，まず共産党の消費観について『人民日報』の論説の分析を通して明らかにする。次に大連開発区の都市空間について「生産空間」と「消費空間」とが並存していることを述べる。外資企業の工場を誘致するため，生産空間として計画されたが，消費空間も並存するようになったのである。大連開発区の生産空間は人々を規律的に訓練し「生産者としての労働者」として，次に消費空間の生産によって人々を「消費者としての労働者」としていったことを示す。

第2の研究課題は，第Ⅱ部で扱われる。消費，社会階級，空間について，インタビュー調査データ分析から，「大連開発区では女子労働者はOL階級と女工階級の二つの階級に分化しており，利用する商業施設もこの階級に従って，二分化している」傾向を記述する。第Ⅱ部ではOL階級と女工階級がなぜ分化した二類型の商業施設を利用するのかを研究することによって，研究課題を明らかにする。OL階級と女工階級が利用する消費空間の相違，および都市新聞『大連晩報』の消費関連記事の分析によって，商業施設に並べられる商品やサービスが記号としての持つ意味を考察する。この部では女工階級が複合型商業施設を利用しないことは，OL階級の「幸福な消費生活」空間から排除されていることも示す。

ユーザーの利用する空間体験に関する第3の研究課題を考察するために，第Ⅲ部では女工の消費空間の体験を述べる。以上のように本論文は，「価値生産空間」を主題とする第Ⅰ部，「記号消費空間」を主題する第Ⅱ部，「ユーザーにとっての消費空間」を主題とする第Ⅲ部の3部で構成される。部構成は，ソジャがルフェーブルの空間理論から紡ぎ出した「第三空間」論[92]に基づいている。すなわち，先に述べたルフェーブルの3つの空間から，ソジャ

---

92) Soja, Edward, 1996, *Third Space: Journeys to Los Angeles and Ohter Real-and-Imagined Places*, Wiley-Blackwell（＝2005，加藤政洋訳，『第三空間：ポストモダンの空間論的回転』青土書店）

が理論化した,「空間の三元弁証法」の構成を本論文の部構成に適用したのである。ソジャの提起した三元弁証法は, 基本的な二項対立に加えて, 第三の要素を設定するもので, 本論文では「生産空間」と「消費空間」あるいは「価値生産空間」と「価値実現空間」という二項対立の上に, その空間のユーザー, 住民にとっての「生きられる空間」という第三項を設定する。

2. 調査データ

本研究で使用する調査データは, 主にインタビュー調査とテキスト調査の2種類がある。インタビュー調査データは, 2010年9月から2012年12月の期間, 大連開発区で23人の女子労働者を調査対象者とし,「日常生活消費における利用商業施設に関する調査」のインタビューであった。この調査データは第Ⅱ部第4章・第5章・第6章, 第Ⅲ部第8章・第9章で使用する。

女子労働者のインタビュー調査のほかに, 長年, 大連開発区の市民・企業の責任者のインタビューを中心に写真や文字化を追求する機関紙『大連開発区報』の記者である王国棟にインタビュー調査を実施した(第Ⅰ部第2章)。

テキスト調査は, 大連開発区管理委員会の社会管理課, 大連開発区図書館, 大連市図書館で, 大連開発区に関する区誌や人文地理誌, 第六回人口普通調査統計誌, 大連開発区の歴史年鑑を閲覧し, 工業構成・人口構成・政治政策など中央・地方政府機関が発行した統計データ, 行政文書を入手した(第Ⅰ部第1章・第2章)。また, 大連開発区の消費空間に関するデータは大連市政府ホームページに載せられたデータも使用した(第Ⅰ部第3章)。

『人民日報』に掲載された消費に関する記事を抽出する方法は, 2004年に出版された電子版にて, 1949年から2010年までの「消費」が含むタイトル, 内容を検索し, 得られたものである(第Ⅰ部第1章)。『大連晩報』のテキスト調査は大連市図書館に保存されている1988年から2008年まで掲載される衣服, 美容の消費に関する記事である(第Ⅱ部第6章)。

商業施設の調査は, 各施設のホームページ, 地方新聞の新聞記事のテキストデータである。また商場型商業施設のブティック店主1人にインタビュー調査を実施するデータがあった(第Ⅱ部第5章)。大連開発区の商業, 観光施設, 居住, 教育, 医療, 文化, 娯楽などの施設を観察し, それらの立地, 特

徴を記録したデータは，第Ⅰ部第3章，第Ⅱ部第5章，第Ⅲ部第7章で使用する。

　その他に，2012年12月に女子労働者のうち，OL1人，女工3人と一緒にショッピングをし，参与観察法も使用し，調査を実施した（第Ⅲ部第9章）。

第Ⅰ部　価値実現空間の生産と消費者化

中国の消費社会の特徴に関する本研究において第1の研究課題として掲げた問題「人々はどのようにして消費者になったのか」について，考察するのが本部の課題である。このためにまず共産党がリードする中国の都市において，どのように消費空間ができたのかについて考察することになる。次に，大連開発区における空間の生産について，「生産空間」と「消費空間」に分けて見ていく。

　第1章では，改革開放政策導入によって，社会主義計画経済社会から社会主義市場経済への方向転換にとって最も基本的な「消費」に関する評価のあり様に着目して，『人民日報』の論説の分析を行なう。中国共産党機関紙である『人民日報』は，長い間政治や階級闘争のための党と政府の「喉舌（代弁者）」と位置付けられ，党の路線・方針を大衆に向けて宣伝する当局の「代弁者」の役割を担ってきたが，メディアを「道具」と見なす党，政府の立場は改革開放の時期に入っても基本的に変わっていない[93]。その主要な機能として，正確にタイムリーに党と政府の重要なニュースを統一的に発布する責任を負っている[94]。そのために『人民日報』の分析には党・政府の指導者の消費観が表われる。

　第2章では，大連開発区の建設およびその中の生産空間の生産の状況について，改革開放以前の社会主義計画経済期の人民公社頃の状況と比較しながら述べていく。社会主義計画経済時期において，この地は大孤山人民公社に属しており，農業や漁業が営まれていたが，社会主義市場経済時期になると経済技術開発区として都市化，工業化が推進されていった。社会主義計画経済的空間から社会主義市場経済的空間へ，農業・漁業空間から工業空間へという変化があった。すなわち結果として建設し開発された大連開発区は，工業空間と消費空間とが並存する都市であった。

　工業化は外国資本，つまり高度な技術を備えた企業や資本を誘致し，労働力としては農村部から若者労働力を引き入れて，輸出用商品を生産し，外貨獲得を目的としていた。高技術をもった外国企業の投資を促すために，工場

---

[93] 朱家麟, 1995年, 『現代中国のジャーナリズム』田畑書店, 17-18ページ.
[94] 魏永征, 1999年, 『中国新聞伝播法綱要』中国上海社会科学院出版社, 327ページ.

第Ⅰ部　価値実現空間の生産と消費者化

用地の他，保税区，輸出加工区などの工業生産開発区，関税，増殖税を減免するなどの有利な諸施設や諸条件などが準備された。また，優良で低コストの労働力の確保のための労働者用宿舎や人材市場もできた。

　当初，消費や余暇のための施設はわずかに五彩城だけが計画されていたが，労働者の増加や進出企業の増加，大連開発区エリアの拡大の中で，商業施設，観光施設などの消費施設や，人々の日常生活を豊かにする教育施設や文化施設，医療施設などが次第に充実していった。こうした消費空間については第3章で見ていく。

　最後にこのように新たに建設された大連開発区がどのような特徴を持つ空間になったのかに関する考察を行なう。社会主義計画経済時期の人民公社生産大隊の空間と比較的する視点から見ていくことになる。私有財産制を是とせず，集団所有，按労分配を原則としていた人民公社生産大隊の空間とは異なる現在の空間のすべてにおいて「交換価値」の貫徹を原則としていた。土地，労働力が商品化され，大量の商品が流通する大連開発区は，人民公社の姿とは対照的であったことを整理する。

第1章　消費観の変化
　　──否定から肯定，さらに推奨へ

　大連開発区の空間は，集団所有，按労分配を原則としていた人民公社生産大隊の空間を更地にし，建設されたが，それは党・政府が構想する社会主義計画経済社会から社会主義市場経済社会への政策転換により，新たに生産されたのである。その転換は根本的に「小康生活」[95]や「幸福な消費生活」の空間を齎したのである。

　『人民日報』の記事に注目して，中国の党・政府の指導者が消費に関してどのような方針を持ってきたのか，どのような変化があったのかについて整理していく。共産党の機関紙である『人民日報』に現れる論説の方向性が，国の政策の方針を定めることになるからである。まず「消費」に言及した論説の件数がどのように変化したのかに注目する。なぜなら，社会主義経済社会下で再分配的流通様式をとっている間は，消費に関して否定的であり，社会主義市場経済社会になると，消費に対して肯定的あるいは積極的になると考えられるからである。次にその議論の内容の変化について整理する。本章の第

---

[95] 2002年11月8日の「全面的に小康社会を建設し，中国の特徴を持つ社会主義事業の新しい局面を切り開こう」と題する中国共産党十六期全国大会において，江沢民は「われわれは近代化建設の戦略的目標のうちの第1段階，第2段階の目標を実現し，人民生活は総体的に小康水準に達成した」と述べ，2020年までに「全面的に小康社会を建設する」と戦略目標を打ち出した。なお，近代化建設の戦略的目標の3段階のうち，第1段階の目標は「温飽」（衣食は事欠かさず），第2段階の目標は「小康」（まずまずの生活），第3段階の目標は「富裕」（中等発達国家並みの生活）である。劉敬文，2003，「中国の経済改革と〈小康戦略〉」『岡山大学大学院文化科学研究科紀要』第16号2003年11月の中，この小康基準について，経済水準，物的生活，人口素質，精神生活，生活環境などの16の指標があると述べているが，本研究においては小康生活の指標の中の消費に関わる部分を中心として分析する。

1節で件数について，第2節で記事内容の変化について見ていく。

第1節 『人民日報』に見る消費記事件数の推移

　ここでは『人民日報』に掲載された消費に関する記事件数推移を分析する。図表1−1は1948年から2010年までの間の消費に関する記事総件数の推移を示したものである。

　1948年，すなわち中華人民共和国成立前年，国共内戦の結果，中国共産党による国家統一が見えてきた頃の消費関連記事は1件である。1950年代は，年に10件以内の年が多く，消費について活発な議論が行なわれているようには見えない。10件以上になったのは1949年の20件，1957，1958年の13件である。1960年代も1桁の件数であり，それは1973年まで続く。1974年に15件あったが，その後70年代はやはり件数は少ない。この傾向が変わるのは1980年に入ってである。1981年に10件，81年12件であった。そして件数が大きく増加するのは1983年である。その年に33件と大きく増加し，その後1997年までは24〜52件の間で推移した。1998年に59件，それ以後は100件を超える記事が紙面を賑わせた。

　この消費記事の件数推移から，2つの時期に分けることができる。第Ⅰ期1948〜1982年，第Ⅱ期1983〜2010年である。第Ⅱ期のうち，1983〜1998年は前期，1999〜2010年は後期として区分する。

　1970年代の前半までは社会主義計画経済期で，消費に対して否定的な論調が主であり，記事数は少なかった。1978〜1979年頃に改革開放政策が実施され，社会主義市場経済社会の形成期で，新時代が開かれる時期である。中国共産党第十一期中央委員会第三回全体会議（第十一期三中全会）は，1978年12月に開かれ，改革開放路線が定められ，経済建設が首位におかれることが確定された。その前後の年の消費記事件数をみると，1974年は15件でピークとなり，1975年8件，1976年2件，1977年と1978年が1件ずつ，1979年7件，1980年9件である。この頃には，まだ消費の議論や方針も明確にはなっていなかったと見ることができる。

　消費に関する方向転換を決定する2つの会議は1985年，1986年に開かれ

第1章 消費観の変化―否定から肯定,さらに推奨へ

図表1－1　『人民日報』消費記事件数推移

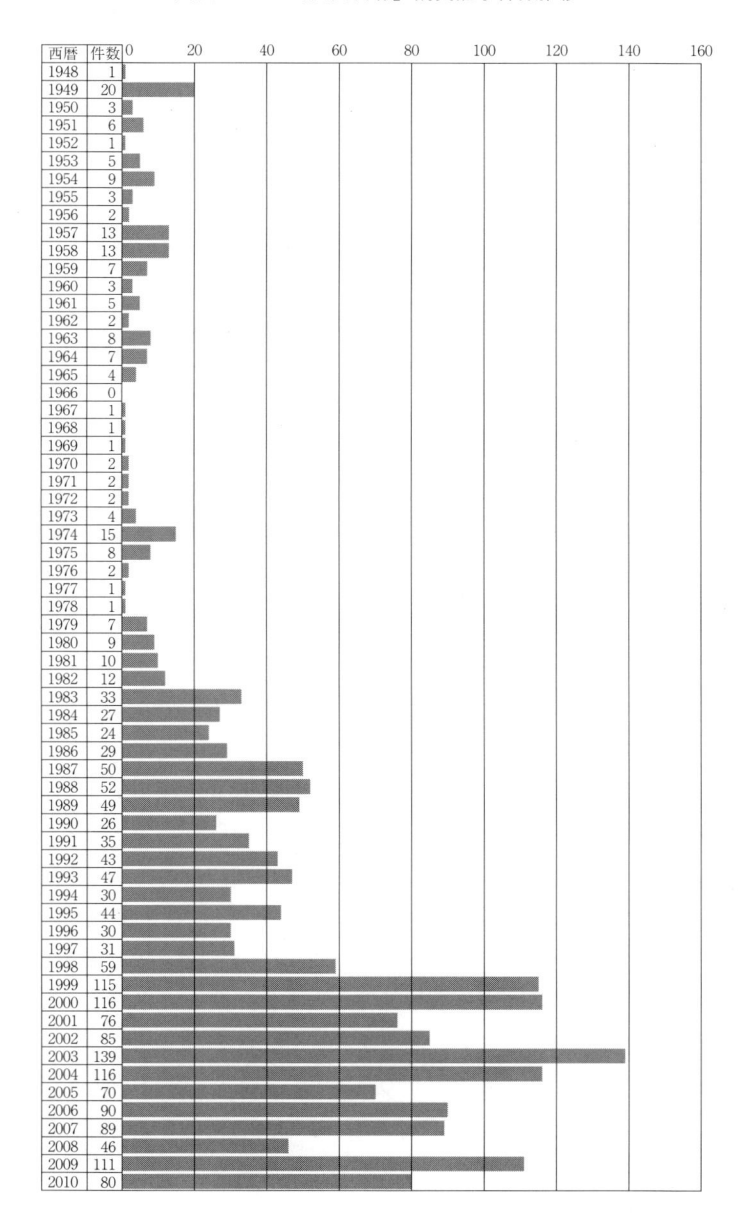

西暦	件数
1948	1
1949	20
1950	3
1951	6
1952	1
1953	5
1954	9
1955	3
1956	2
1957	13
1958	13
1959	7
1960	3
1961	5
1962	2
1963	8
1964	7
1965	4
1966	0
1967	1
1968	1
1969	1
1970	2
1971	2
1972	2
1973	4
1974	15
1975	8
1976	2
1977	1
1978	1
1979	7
1980	9
1981	10
1982	12
1983	33
1984	27
1985	24
1986	29
1987	50
1988	52
1989	49
1990	26
1991	35
1992	43
1993	47
1994	30
1995	44
1996	30
1997	31
1998	59
1999	115
2000	116
2001	76
2002	85
2003	139
2004	116
2005	70
2006	90
2007	89
2008	46
2009	111
2010	80

第Ⅰ部　価値実現空間の生産と消費者化

た。1985年3月の全国人民代表大会第六期第三回会議では第七次五カ年計画案が審議され，1986年4月の同第四回会議ではそれが正式に採択された。また1993年の同第八期第一回会議では，従来の「国営企業」を「国有企業」と呼び変えるなど当面の改革開放路線に沿って憲法が大幅に修正され，「社会主義市場経済」方針の採用が確定した。

　80年代に入ると，消費に関する記事の件数も増加し，議論が活発に行なわれ，特に1987〜1988年は，50件を越える消費関連記事が掲載された。90年代は1997年まで25件から47件の間で推移し，1989年になると59件になった。そうなると，この時期には毎週のように消費について論じられ，消費に対する方向を示すことも行なわれたと考えられる。

　1997年以後，中国の経済の動向に影響がでるような大きなできごとが続いた。すなわち1997年の香港返還，2001年のWTOへの加盟などである。1998年以後，香港からあるいは香港を通して，中国への投資が加速された。1999年115件，2000年116件と増大し，消費が新しい経済改革の重要な議論の課題になった。

　2001年の同第九期第四回会議は，「第十次五カ年計画」（2001〜2005年）の報告や世界貿易機関（WTO）加盟（2001年11月加盟承認）後をにらんで経済競争力の強化を訴えた。2002年の同第五回会議は，WTO加盟後の対応として経済をさらに開放し，国内産業対策を進めるとした。

　2003年，2004年の消費に関する記事件数は139件と116件となり，2008年までで一番のピークである。2005〜2007年の間に中国において社会格差が目立つようになり，それを改善するために，2006年10月の共産党第十六期中央委員会第六回全体会議では，経済の発展を中心にして，「社会主義和偕社会」の確立が議定され，矛盾（経済格差社会）が解消される社会を目標とした。

　この3年間では，消費記事件数は70件から90件の間を推移していた。しかし，2008年に消費記事件数は45件と大幅減少した。それはリーマンショックの影響で，世界経済との関係の中での減少と言えよう。2009年3月の第十一回全国人民代表大会第二回会議において，リーマンショックの対応策として「応対危机，科学発展（危機に対応し，科学の発展させよう）」が注目点とされ，積極的な財政政策の実施，貨幣政策の緩和，国内内需の拡大といった目標に

第1章 消費観の変化—否定から肯定，さらに推奨へ

重点が置かれた。この時期においては全体的に消費の方向性が決められ，消費を促すような記事になったと考えられる。

第2節　消費記事内容の分析

　ここでは2つの時期に沿って消費記事内容の分析を行なうが，その際，生産と消費の関係，消費を通してみる欧米諸国との関係，消費と社会階級の関係の3つの関係に焦点を当てる。すなわち中国成立から70年代半ばまで「消費」は，社会主義国家と資本主義国家の対立，生産物の生産と消費の対立，労働者階級と資本家階級の対立を反映するもので，「消費は悪だ」という意味合いを持って扱われていた。『人民日報』の消費記事の内容は，「消費」の否定から社会主義市場経済社会期になると「消費」の肯定，さらに推奨の論調への変化が見られる。

1．第Ⅰ期（1948〜1982年）：消費の否定期

　この時期には，消費を否定する記事内容が紙上を占めている。記事内容から見ると，消費と生産，社会階級，国際関係との関連に注目する議論が多い。1949年3月17日「消費都市を生産都市に」の記事を見てみよう。

> 　資本家階級が集まる北京市のような大都市は，ほとんど消費都市である。中には，近代的な天津市のような工業都市もあるが，消費都市の特徴も持っている。そのような都市の存在と繁栄は，労働者階級だけでなく，農村労働者階級の搾取にも依存している。資本家階級は政治，経済のあらゆる搾取方法を通して，彼らの需要のために農村の農産品を供給させるばかりでなく，農民の血と汗を帝国主義的な工業産品と交換しているのだ。そのような現象は決して存続させてはいけない。

　この記事において消費都市は帝国主義的であるとして，共産党政権が目指す「消費都市から生産都市へ」という方向性を提示していた。それに続きは1949年4月3日に「いかにして消費都市を生産都市に」と題した前記事と呼

第Ⅰ部　価値実現空間の生産と消費者化

応するかのような記事が掲載された。

　　　〈国営工場だけでなく，公・私工場における〉生産の回復と発展に着手することにより，大量の工業生産品は農村の大量の食料品や原料と交換することができ，農村の経済発展の一助になる結果となり，都市が農村を導く役割を果たすばかりではなく，一部の都市の労働者と技術者の失職問題を解決することもできる。それに加えて，都市と農村間の物資交換，国民生活の改革と発展のための商業施設も必要となる。特に国営商業施設と供銷社・合作社（協同組合）の建設こそ，生産と消費の間の搾取をなくし，社会的生産力の発展に結びつくのである。

　この2つの記事内容から見て，第1の記事は生産と消費，資本家階級と労働者階級，消費都市と生産農村の間に矛盾がある。資本家階級は労働者階級（都市労働者と農村労働者）の労働を搾取し，政治・経済などの搾取方法を通して，生産物（農産品）を消費し，工業生産品と引き換えたのに対し，労働者階級は搾取される立場で，労働生産物が奪略されたため享受することができないというのである。また第2の記事は，都市の工場生産を回復し，都市が農村を導く立場に立ったものの，国営商業施設や消費合作社を通して，生産された生産物をどう分配するかについて，生産と消費，労働者階級と資本家階級の間の矛盾を解決する方法について論じたものである。

　1949年から1957年3月までの間の国内消費に関する記事は消費合作社の進行を中心としていた。「北平被服总厂，职工消费合作社，社员已达万余人，职工及家属生活获保证（北京被服工場消費合作社は，1万人の職員および家族の生活を保証する）」（1949年4月18日），「按住区成立工人消费合作社：记武汉市球场区工人消费合作社成立经过（在住地に分けて工人消費合作社を建設する：武漢市球場区工人の消費合作社を成立する過程について）」（1951年4月22日），「石景山钢铁厂消费合作社是怎样改善经营管理的（石景山鋼鉄場消費合作社の経営管理について）」（1953年6月28日），「各省，市供销合作社，选出出席全国合作社代表大会的代表（各省，各市合作社が全国合作社代表大会の代表を選出する）」（1954年7月19日），「合作化后农民生活究竟怎样？农民收入和消费额都有

第 1 章　消費観の変化─否定から肯定，さらに推奨へ

顕著増長（合作社化後農民生活の収入と消費額の増加）」（1957年3月2日）などの記事から見て，都市地区だけでなく，農村地区でも消費合作社化が進んでいることが報じられ，論じられた。

しかし，「正確処理積累和消費的関係，薄一波同志的发言（資本蓄積と消費の関係：薄一波同志の発言）」（1956年9月20日）の記事を契機にして，国内の消費合作社の発展に関する記事は減少し，それに代わって消費に対する方向性について議論されるようになった。

1958年 5月13日　「正常的消費并不是浪費（正常の消費は浪費ではない）」
1958年 7月 7日　「教育群衆正確認識消費和積累的関係（市民に対する消費と資本蓄積の関係についての正しい認識の教育）」
1958年10月13日　「我国国民収入中積累和消費的関係（わが国民の収入における蓄積と消費の関係性について）」
1959年 1月 9日　「正確処理人民公社収入分配中積累和消費的関係（人民公社の収入分配における蓄積と消費の関係を正しく処理すべき）」
1961年 9月 5日　「従積累和消費的関係看農，軽，重的関係（資本蓄積と消費の関係から見る農業，軽工業，重工業の関係）」
1962年10月23日　「商業工作要更好地為生産和消費服務（商業は生産と消費サービスのためにより良くすべし）」
1963年 5月25日　「消費応否単独列為政治経済学対象的討論（消費も政治経済学の対象である）」
1965年 4月11日　「怎様看待这些正常消費？（いかにして一般日常消費であることを判断するのか）」
1965年11月25日　「略论人民公社的積累和消費（人民公社の蓄積と消費の概論）」

以上の記事は1956年から1965年の間に掲載されたが，「消費も政治経済学の対象である」（1963年5月25日）の例を挙げて主要論点を考察する。この記事では「政治経済学の対象である生産関係には，生産，分配，交換の他に消費も必要となる」と述べ，政治経済学の言葉を借りて議論を広げた。「生産

第Ⅰ部　価値実現空間の生産と消費者化

領域の中の社会関係は生産関係であるが，分配，交換と消費の領域の中に発生した社会関係も生産関係である。ここでの消費は，個人の消費行為ではなく，消費領域の中の社会関係を指す。例えば異なる階級，異なる社会集団の消費水準や集団消費と個人消費の関係，および消費と生産，分配，交換の関係などがある」，「消費は社会再生産の一つの要素として，独立性がある」，「消費過程そのものは生産である（生産の消費も，個人の消費もすべて生産である）」など，消費を個人的なレベルに置く視点から，社会関係として見直す姿勢へと変化を見せた。

　その背景には，1956年に開かれた中国共産党第八回全国代表大会で，「国民経済発展の第二次五カ年計画の定義に関する報告」の正式な採択がある。重工業の発展，社会主義社会の集団所有制と全民所有制の継続・拡大などの他に，基礎建設を発展させ，社会主義改造を継続する上で，工業，農業，手工業の生産をさらに発展させると同時に，運輸業と商業の発展も促進させるという基本方針が決められ，国防・戦闘能力を高くし，国民の収入増加，物質生活と文化生活の水準を向上させることを目標とした。そのために，生産と消費の間の矛盾の論調を見直し，一般日常消費を促進して物質生活水準の向上を求めることや，消費も生産であるといった消費を是とする記事内容が掲載されるようになったのである。しかし，1958年以降「大躍進」運動と「反右傾」運動によりこの第二次五カ年計画を成し遂げることができないまま，1966年の文化大革命に突入した。1966年から1974年の間には，国内消費合作社，消費と生産の関係に関する記事は2〜3年に1件掲載されただけであった。

　他方，1949年から掲載された外国の消費合作社や，消費と生産の関係に関する記事が，1966年以降になると増えていく傾向を示している。国外消費の記事のスペースが国内消費の記事のスペースより大きくなった。合作社制度を実施したポーランドやソ連，北朝鮮などの社会主義諸国の労働者階級の生活水準の上昇に対して，アメリカやイギリス，カナダなどの諸国における物価の上昇と収入低迷により苦しむ一般市民生活の記事内容を通して，まず中国の社会主義国家の長所と欧米の資本主義国家の欠点とを対照的に示し，中国とそれらの国の間の国際関係にも言及した。「ポーランドにて合作社が大

第 1 章　消費観の変化―否定から肯定，さらに推奨へ

発展：480万消費合作社と300万カ所の生産合作社が建設された。……合作社の交易額は増加し，国営商業施設の建設とともに都市と農村間の資本主義的交易をなくし，社会主義社会の生産様式を発展させた」(1949年7月29日)，「苏联人民生活进一步上升（ソ連労働者生活が上昇した）：消費合作社を中心とする都市と農村間の消費交易額が去年同期より18％以上増加した」(1949年11月1日)。これらの記事内容は合作社を実施した社会主義国家の良さを論じられた。

1950年 3 月27日　「罗合作社召开代表大会（ルーマニアにおいて合作社代表大会が開かれる）」

1954年 3 月28日　「参加匈牙利农村消费合作社代表会（ハンガリーでは農村消費合作社代表大会が開かれる）」

1957年 3 月23日　「匈牙利经济逐渐正常化（ハンガリーは経済が正常化された）」

1957年 9 月28日　「匈经济生活走上正轨（ハンガリーは生活が正常化になった）」

1958年12月 8 日　「罗工业今年将超额完成生产计划（ルーマニアにおいて今年の生産計画を越えて完成した）」

1963年 6 月 7 日　「朝鲜消费合作社代表赴罗马尼亚（朝鮮消費合作社代表は，ルーマニアに訪問する）」

1965年 8 月29日　「阿尔巴尼亚消费合作社代表团到京（アルバニア消費合作社代表は北京を訪問する）」

1967年11月 2 日　「罗马尼亚消费合作社访华代表团到京（ルーマニア消費合作社は訪中代表団北京を訪問する）」

1968年 4 月30日　「阿尔巴尼亚消费合作社举行第五次代表大会（アルバニア消費合作社は第 5 回代表大会が開かれる）」

合作社制度を実施した社会主義諸国に関する肯定的な論調と対照的に，資本主義諸国に対する否定的論調の記事が掲載されていた。1957年 9 月23日の記事はその一例だ。「苏联人吃得越来越好，销毁食物量美国称第一（ソ連

第Ⅰ部　価値実現空間の生産と消費者化

の食生活がより豊かに，食品を浪費するのはアメリカだ）」の記事内容は，合作社制度を実施する社会主義社会とそうでない資本主義社会の食品消費量の対比が掲載された。「ソ連は1937年と比べると1955年は肉類77.8％，魚類62.5％，乳製品32.6％，食用糖製品50％増が見られるのに対し，アメリカは同年比を見ると肉類27.5％，食用糖製品4.4％とわずかに増加したものの，魚類変化なし，乳製品11.5％減となっている。同じくフランス，イギリスもアメリカと似た状況である。すなわちソ連と比べて，資本主義国家の人民の食生活水準は低い。アメリカのメディアは，アメリカが農業工業生産量が世界一位であると主張しているが，国民生活水準の高さは第一でなく，400万人の住民が空腹の生活を送っているにも関わらず，大量の食糧を家畜の飼料として浪費している」。この記事以後，イギリス，アメリカ，フランスなどの経済危機や消費と生産の矛盾，社会階級間の矛盾に関する記事が掲載されるようになった。

1958年1月21日　「英国財政政策舍本逐末，不削減軍費而限制消費（イギリスの財政政策が本末転倒，軍事削減ではなく，消費削減を実施する）」

1958年3月15日　「美国官方報告情況不妙，企業開支和个人消費都将下降（アメリカ経済危機，企業消費と個人消費とも減少傾向となる）」

1962年9月5日　「美国的消費信貸：垄断资本家套在劳动人民身上的镣铐（アメリカの個人消費ローン：独占資本家階級は労働者階級を束縛する）」

1969年9月21日　「増加税収，冻结工资，压缩消費：法国政府妄图转嫁危机向劳动人民开刀（増税，給料不払い，消費削減：フランス政府は労働者階級に経済危機を転嫁する）」

1973年12月24日　「由于垄断资本向劳动人民转嫁危机，美国消费物价猛涨失业队伍扩大（独占資本家の労働者へ危機の転嫁によるアメリカの消費物価は，急上昇し，失業の拡大する）」

第 1 章　消費観の変化―否定から肯定，さらに推奨へ

　特に1966年以降になるとカナダ，スイス，オーストラリアなどの物価上昇，工業生産減少などの記事やアメリカを中心とする物価上昇，経済危機，国家財政赤字，国際収支赤字などの記事が掲載されていた。70年代になっても，消費に関する方向性は1956年から1965年の間の方向性の延長線上にある。1975年の8件の記事のうち，アメリカを中心とする物価上昇，経済危機，国家財政の赤字，国際収支の赤字などの記事が掲載された。また1975年から1979年4月までは国内の消費に関する記事は一つもなかった。この4年間は主にアメリカにおける経済危機，物価上昇，石油供給不足と，西欧の経済破綻に関する記事が掲載されている。そのような状況から一変したのは1979年の5月である。国内の生産と消費の関係の議論が再開され，それまでの消費否定論調は修正された。「正確処理積累和消費的比例関係（資本蓄積と消費の比例関係を正しく認識すべき）」（1979年5月1日）の記事内容は以下のとおりである。

　　資本蓄積と消費の比例関係は重要な問題である。建国30年，われわれは資本蓄積と消費の比例に関して，色々な経験を積んできた。第一次五カ年計画で，社会主義社会の改革を進めると同時に，重工業を中心に工業化を促進した。それにより市民生活が改善され，その時期の資本蓄積と消費の比例関係は適切と言ってもよい。その後の五カ年計画は「四人幇（四人組）」の破壊により資本蓄積と消費の比例が悪くなった。……われわれは社会主義国家で，四つの現代化を実現するのに，巨額な資金が必要となる。ある一定の期間内，一定の条件の下で外資を利用してもよい。……国民収入の増加には3つの要素がある。1つ目は労働量の増加，2つ目は労働生産の増加，3つ目は生産資源消耗の節約である。しかし今のわが国では労働生産率を増加し，物資の消耗を軽減するのが主な目標である。……今我が国では資本蓄積が高く，目の前の利益ばかり追求するのは間違っている。人民の消費を犠牲にし，資本蓄積だけを追求すると，生産の積極性を失い，結果的に資本蓄積の実現に悪い影響をもたらす。われわれ社会主義国家は，全国民のモノと文化生活の需要のために，資本を蓄積し，生産を発展させている。……今はわが国の資本蓄積が高すぎて，調節する必要がある。その際にまず人民生活の衣，食，住を手配し，それから

第Ⅰ部　価値実現空間の生産と消費者化

　　　基本建設に入るべきである。人民は生活がうまくいくと，社会主義建設
　　　に熱情をもち，労働生産率も上げられるのである。……

　これまでの消費否定の論調を是正し，消費肯定の姿勢を見せ始めていた。
資本蓄積と消費の肯定論はこの後も継続している。

　　1979年12月7日　　「关于积累与消费的几个问题（資本蓄積と消費に関するい
　　　　　　　　　　　くつかの問題）」：国家建設のスピードと人民生活水準の
　　　　　　　　　　　上昇は同じ重さをもっている。
　　1981年10月13日　「一定要处理好积累和消费的关系（資本蓄積と消費の関係
　　　　　　　　　　　を正しく処理すべき）」：資本蓄積を過度に重要視すると，
　　　　　　　　　　　国民経済に消極的な影響しか与えない。社会主義社会の
　　　　　　　　　　　生産の目的は人民の需要を満たすためである。この認識
　　　　　　　　　　　はものすごい進歩であるが，この目的を果たすべく生産
　　　　　　　　　　　を発展させなければならない。

　この時期に掲載された消費に関する記事内容を見ると，一時的に消費の否
定論調を見直す傾向を示したものの，根本的な方向性としては，生産と消費，
資本家階級と労働者階級の間の矛盾が存在している。すなわち，生産と消費の
関係から見て資本家階級は，労働者階級が労働生産した生産物を搾取し，最大
限の利潤と個人の利益を追求するために非資本家階級，つまり労働者階級（都
市労働者と農村労働者）に最小限の消費しか与えないのである。その諸矛盾を
解消することができるのは，労働生産した生産物を資本家階級に所有させるの
ではなく，合作社制度を通して直接労働者階級に分配する社会主義国家である。
中国は，合作社制度の実施によって労働者階級の生活水準を向上したポーラ
ンドやソ連，北朝鮮，ハンガリー，ルーマニア，アルバニアなどとの友好関
係を保っているのに対し，物価上昇と一般市民の収入の低下の矛盾を抱える
アメリカ，イギリス，フランスなどとは対立関係にあった。また消費の否定
論を変えたのは1979年ではあるが，明確的な消費の方向性を見出したわけで
はなかった。

第 1 章　消費観の変化―否定から肯定，さらに推奨へ

２．第Ⅱ期（1983～2010年）：消費の肯定期・促進期
（１）消費の肯定期（1983～1998年）

　1983年以降になると消費肯定の論調が強調されるようになった。1983年2月から1984年3月までの間に「做好為生産和消費服務的各項工作（生産業と消費サービス業を見直す）」という記事が24回に分けて掲載され，それは消費を提供するサービス業の必要性について論じる記事であった。サービス業の定義や内容・分類・役割・作用・性質・目的・意義と同時に，交通・教育・科学・金融・サービスの具体的な事業例を挙げて論じている。そのうちの1983年3月21日の記事内容である。

　　在人类的社会经济生活中，人们为了生存，发展和享受，会有各式各样物质的和文化的生活消费的需要。这些需要的满足，首先要靠实物形态的消费品，如吃饭要有粮食，肉，菜之类食品，穿着要有各种上衣，裤子，鞋袜，帽子等，居住要有房子。但在生活中仅有消费品还不够，还要消费各种劳务，即不是以实物形态，而是直接以具体的劳动来满足人们的生活消费的需要，如理发，演出等。……为了满足人们生活消费上多种多样的需要，就不仅需要有可供消费的生活资料的生产，而且需要有可供消费的生活劳务的生产。……（人類の社会経済生活の中で，人々は生活のための生存と享受のために，物質的，文化的な消費が必要とする。これらの需要を満たすためにまず物質的な商品，つまり食糧・肉類・野菜類などの食品，上着・靴下・帽子などの衣類，住宅などが必要とされる。しかし生活の中にそのような物質的な商品が充分にあるとは言えないが，形のないサービス商品も必要となる。例えば散髪や，劇場の芸術演出などである。人々の生活消費の需要を満足させるためには，サービス消費を提供するサービス業も必要となる。）

　サービス消費の重要性を提起した後に，「対消費要進行正確的引導（正しく消費を導く）」（1984年3月10日）の中で社会主義社会における有意義な消費観念について論じた。「社会主义社会的消费，应该反映社会主义的生活方式，什么样的生活方式是有意义的，是幸福的，是值得追求的？　要使消费者认识到：消费水平的提高，不单纯表现在物质生活水平的提高，而且表现在文化生

第Ⅰ部　価値実現空間の生産と消費者化

活水平的提高；人们的幸福，不单纯表现在物质享受方面，而且表现在具有共产主义的理想，情操和道德品质等方面；……例如，劳务消费就是大有可为的消费领域。科学，文化，教育，体育，旅游以及各种服务事业发展了，这方面的劳务消费大大增加了，不仅能更好地满足人们物质文化的需要，促进人们身心的健康发展，促进国民经济的按比例发展。对自由时间的消费活动也要进行正确的引导。如何充分利用自由时间，开展一些有益于提高劳动者的政治素质和发展智力体力的消费活动，如何在自由时间里，使劳动者能从事科学，文化，艺术，体育等有益的活动，是极其重要的问题。……（社会主義社会の消費は、社会主義的な生活スタイルを反映すべきである。どのような生活スタイルが有意義で、幸福で、追求に値するものなのか。消費者に、消費水準の向上は単純に物質的な生活水準の向上だけでなく、文化生活水準の向上であることを認識させる必要がある。人々の幸福は物質的な享受だけではなく、共産主義的な理想、思想、道徳的な品位などの側面にも現れる。……例えばサービスはとてもよい消費領域である。科学、文化、教育、体育、旅行などのサービス事業が発展すれば、サービス的な消費が増加し、物質的文化の需要だけでなく、体と心の健康を促進する上に、国民経済の発展も促せる。また自由時間の消費活動も正しく導く必要がある。自由時間を利用し、いかにして労働者の政治素質と知力、体力の消費活動を向上させるのか。労働者が科学、文化、芸術、体育などの有益な活動に参加するのは重要な問題となる。……）

　1985年2月25日の記事では、科学的で物質的な消費が議論された。「……科学的消费方式包括两个方面，一是消费的结构，一是消费资料的利用方式。关于消费结构，人们一向强调食衣住行，现在看来，光这几项还不够，还得包括用，娱乐和旅游。关于消费资料的利用方式，更有一个科学问题。同样的食物，讲究色，香，味，但忽视营养，不讲究吃的热量，蛋白质，维生素，不同的吃法就有科学不科学之分。消费的科学逐渐为人们重视了，关于食品，时装，体育，文化娱乐以及旅游等方面的刊物创办不少，报纸上也发表了一些指导群众消费的文章，对于人们建立科学的消费方式起了积极作用……。（……科学的消費には二つの側面がある。一つは消費の構造で、もうひとつは消費の内容である。消費構造からいうと、人々は衣食住を強調してきたが、それだけでは足らず、日常消費、娯楽と旅行も含まれる。消費内容は科学的な知識が必要とな

第1章　消費観の変化―否定から肯定，さらに推奨へ

る。例えば同じ食べ物でも，色，香，味を重視してきたが，カロリー，タンパク質，ビタミンなどの栄養面についての科学的な認識が広がっていない。食品，ファッション，スポーツ，文化，娯楽，旅行などの消費科学について，雑誌，新聞に掲載され，文字化した文章を通して，市民に積極的に認識してもらう……)

1985年11月13日	「消費水平提高　旅游事業発展（消費水準の向上，観光業の発展）」
1985年11月20日	「満足群衆対衣着日益増長的需求（市民にファッションに対する需要を満たせる）」
1986年5月21日	「国内市場需要更多的K金，嵌宝飾品（国内ジュエリーの需要増加）」
1986年5月26日	「文化需求已成为消费的重要部分（消費の重要部分：文化需要）」
1987年2月10日	「生産要适应多层次消費（分化する消費のための生産）」
1987年4月29日	「引导农民合理消費（農民の合理消費を導く）」
1987年7月8日	「积极引导消費结构的变化（積極的に消費構造変化を導く：住宅の例として）」
1987年7月27日	「文化观念正在发生变化（文化に関する意識が変化している）」
1988年1月8日	「群众渴求娱乐性消費（市民は娯楽性消費を渇望している）」
1988年7月2日	「更新一种消费心理（輸入家電への渇望の新しい消費心理）」
1988年12月4日	「针对互相攀比的消费心理（奢侈品の顕示的消費の心理に対して）」
1989年1月30日	「消费热中的新走向（消費熱の新商品：家庭用電話）」
1989年3月12日	「头发的消费（ヘアサロンの消費）」
1990年12月24日	「住房：下个消费层次的呼唤（住宅消費：新たな顕示的な消費）」
1991年2月12日	「引导农民合理消费（農民の合理消費を導く）」
1992年2月29日	「引导农民注重文化消费（農民の文化消費を導く）」

第Ⅰ部　価値実現空間の生産と消費者化

　サービス消費，科学的消費だけでなく，奢侈品消費や物質的な消費に関する記事も掲載された。また消費対象者は都市住民に停まらず，農村住民にまで広がっている。また，この時期に中国が大衆消費社会に入ったと宣言した文章も見られた。1988年9月25日の「我国居民平均化消費模式（わが国国民の大衆消費様式）」では，「家電商品は70年代末80年代はじめ頃から国民の家庭に入ってきた。1983年の都市住民の所有率はカラーテレビ（2.5％），冷蔵庫（1.7％），洗濯機（2.91％），ラジオ（27.1％）だったが，1986年になるとカラーテレビ（27.4％），冷蔵庫（12.7％），洗濯機（59.7％），ラジオ（51.5％）になり，わずか3～4年の期間でソ連，西欧国家が10年かけて達したレベルに届いた。新四つの神器は，わが国では中・高収入の階層の所有率と低収入階層の所有率の差がなく，平均的に普及し，これからも短時間内にみんなが持てるようになるであろう。それは世界消費の歴史上にも稀な例である」。

　その記事から5年後，1993年1月10日の「我国第三次消費浪潮開始（わが国の第三次消費ブームの到来）」の文章を見ると，「改革開放後の中国消費市場には2回のブームがあった。1979年から1984年の間の農村経済の発展にともなう日常消費の第一次消費ブームと，1984年から1991年の間の都市の経済体制改革にともなうカラーテレビ，冷蔵庫，洗濯機，ラジオ，扇風機などの耐久消費財の第二次消費ブームである。今回の第三次消費ブームはビデオカメラ，カメラ，クーラー，電話，厨房設備，トイレ設備，住宅，娯楽消費，90年代半ばになると自家用車である。現在わが国の家庭年収が5000元以上の富裕層は2.5億人になり，この第三次消費ブームを迎えたのであろう。」

　この2つの記事内容からみると消費を肯定するだけでなく，消費を促進する論調になっている。1992年6月7日の記事は以下のとおりである。

　　「消費是発展生産的動力（消費は生産の動力だ）」：……在正常情況下，加快経済発展，必須有強有力的需求做先導。……我們長期以来在消費与生産的関係上，片面地強調生産的決定作用，而忽視了消費対生産的推動作用。……人類進行生産活動的目的是為了消費，消費推動着生産的不断発展，這是一個很朴素的道理。……在商品経済条件下搞社会化大生産，生産与消費是通過市場銜接起来的，市場対于生産与消費都具有決定

第 1 章　消費観の変化—否定から肯定，さらに推奨へ

性作用，消费的满足要通过市场，消费对生产推动作用也要通过市场来实现。」（通常では，経済発展をさせるためには強力な需要が必要となる。……われわれは長い間消費と生産の関係において，生産の決定的な作用を強調しすぎて，消費が生産の原動力であることを軽視していた。……人類の生産活動の目的は消費であり，その消費は生産の発展を推進する。それは素朴な道理である。……商品経済の条件下で社会発展する際，生産と消費は市場を通して繋がっている。また，市場は生産と消費に決定的な役割を果たしている。消費の需要は市場を通して満足させ，市場は，消費を通して生産を発展させるのに必要とされる。）

この文章は鄧小平「南巡講和」の後に発表され，これを機に消費促進の記事が掲載されるようになった。

1993年12月19日	「个人信用消费在沪悄然兴起（上海でこっそりと個人消費ローン）」
1994年3月8日	「女性消费：以美为本（女性消費：美のみなもと）」
1994年5月3日	「"时间消费"漫谈（時間の消費について）」
1995年6月3日	「教育：人们消费新领域（新しい消費領域：教育消費）」
1995年8月22日	「"文化消费"漫议（文化消費について）」
1996年10月30日	「生活消费中的审美追求（生活消費の中の審美的な追求）」
1997年4月18日	「新房新制度：住宅消费话题之一（住宅消費の話題その一：新住宅制度について）」
1997年4月21日	「房价：住宅消费话题之二（住宅消費の話題その二：価格について）」
1997年4月22日	「谁来消化空置房：住宅消费话题之三（住宅消費の話題その三：空き部屋について）」
1997年7月30日	「一卡在手，能否走遍神州？（クレジットカードを全国で使用可能になれるか）」
1998年4月2日	「重视消费的拉动作用（消費のけん引力の作用を重視する）」
1998年5月18日	「扩大消费拉动增长（拡大する消費けん引力）」

第Ⅰ部　価値実現空間の生産と消費者化

　　1998年7月20日　「刺激消費（消費を刺激する）」
　　1998年10月12日　「扩大内需须改革消费体制（内需拡大には消費体制改革が
　　　　　　　　　　　必要とする）」

　1992～1998年の消費に関する記事内容は，消費肯定の論調の延長線だけでなく，その拡大・展開である。
　第Ⅰ期では消費を通して国際関係と社会階級について論じてきたが，第Ⅱ期の前期では消費否定の是正から欧米諸国に対する対立的関係が見当たらなくなった。1980年2月にアメリカ，カナダ，フランスの物価上昇の消費記事が3件，1981年，1983年にヨーロッパ経済共同体の物価上昇の消費記事が3件，1987年にイタリア南北生活水準格差の記事1件とわずかであった。しかし，1988年以降になると，アメリカにおける物価の上昇や消費水準の低迷といった記事のほかに，「制造业将带动美国经济增长，从消费带动转为生产带动是增长的关键（アメリカの製造業を発展させるには，消費の発展がキーとなる）」（1988年1月12日），「消费与借贷：法国人生活方式一瞥（フランス人の生活スタイル：消費と個人ローン）」（1989年3月25日），「日商瞄准女性消费层（日本ビジネスが狙う女性消費層）」（1990年5月20日），「日本积极开发新消费电子产品（日本が新電子商品を積極的に開発する）」（1990年10月23日）などの非対立関係の視点の記事が掲載されるようになった。
　第Ⅱ期の前期ではこれまでの生産の拡大を重視する路線から，消費拡大を重視する路線へと転換している。1979～1992年は，消費否定の是正する論調や物質的消費の他に，サービス消費，科学的合理的な消費についての記事が展開し，1992～1998年は，時間，女性美，審美，住宅の領域における消費促進の論調が見られた。この時期は改革開放政策の実施により，それまでの消費否定の論調から消費肯定の論調へと転換された。消費否定論を通して対立した国際関係に関する記事内容が大幅に減少し，消費肯定論に転換したことにより社会階級の分化を認めるようになった。その背景には，1979年から実施された「対内改革，対外開放」政策がある。「対内改革」政策は社会主義計画経済時の職業と階級間の「平等」原則を覆し，職業と階級間の「差」を認め，所得の分配・再分配を是認した。その上，それまで否定していた消費

第1章　消費観の変化―否定から肯定，さらに推奨へ

幸福論を肯定し，平等分配であった原則は消費能力がある者は先に「幸福な消費」を享受してもよいことになり崩れた。「対外開放」政策は国内経済をけん引するために外国工場，技術，資本を導入することであった。それらの政策に沿って，『人民日報』には消費肯定論調の記事増加，対立した国際関係の記事減少，消費と社会階級に関する記事が見られない傾向となった。

（2）消費の促進期（1999〜2010年）

　第Ⅱ期の後期は消費に対して，肯定的で推奨するような内容がほとんどである。

1998年4月2日	「重視消費的拉動作用（消費のけん引力の作用を重視する）」
1998年5月18日	「拡大消費拉動増長（拡大する消費けん引力の増大）」
1998年7月20日	「刺激消費（消費を刺激する）」
1998年10月12日	「拡大内需須改革消費体制（内需拡大には消費体制改革が必要）」
1999年1月7日	「鼓励和引導居民増加消費支出（国民の消費支出増加を奨励）」
1999年2月15日	「推動消費信貸発展（個人消費ローンを発展させる）」
1999年3月11日	「増加収入拡大消費需求（消費需要を拡大するための収入増加）」
2002年12月26日	「積極引導和拡大消費需求（積極的に消費需要を拡大へと導く）」

　以上の消費に関する記事は「小康生活」と結びつく。「吃穿住用行，质量步步高，我国城鎮居民消費結构変化大（衣食住の消費水準の向上，都市住民消費構造の変化が大きい）」（2002年11月7日）の記事から「1989年以降，都市住民の消費構造の変化，つまり食品消費水準の向上，衣類消費のファッション化，銘柄化，個性化に発展し，カラーテレビ（121%），冷蔵庫（82%），洗濯機（92%）などの家電製品所有率の増加，商品住宅や交通・通信費・教育な

第Ⅰ部　価値実現空間の生産と消費者化

どの消費支出の増加から,〈小康生活〉は発展していることが見られる」。

　　1998年 4 月 3 日　「加快房改启动住宅消费（加速する住宅消費）」
　　1998年 5 月 6 日　「保险：扩大消费话题（保険：消費拡大の話題）」
　　1998年 5 月 7 日　「旅游：扩大消费话题（旅行：消費拡大の話題）」
　　1998年12月29日　「汽车消费贷款：借钱帮你圆梦（自動車ローン：あなたの夢をかなえてあげる）」
　　1999年 3 月12日　「引导对国产车消费需求」（国産車の消費需要を導く）
　　2000年 5 月19日　「假日消费还缺什么」（休日消費に何が足りないのか）」
　　2000年 9 月22日　「个性消费热起来（個性的な消費が熱くなる）」
　　2000年10月 9 日　「走向享受型消费（享受型消費へ）」
　　2003年 1 月 7 日　「刷卡消费好处多（クレジットカード消費には，良い点がある）」
　　2004年 5 月17日　「多管齐下促消费」（多面的な消費を促す）

　個人融資は先に消費生活を享受し，その後にローンを返す仕組みで,「消費信贷走向我们（消費金融は我々に接近する）」（1998年12月28日）では「明日のお金で今日の夢をかなえるので，個人としてはとても魅力があり，消費を刺激し，経済発展を促進するので社会発展にも有益であると，住宅ローン，個人消費ローン，自動車ローンなどの個人融資に言及している。
　1998年から2005年の「和諧（調和）社会」や「居民消费，再加把劲（市民消費にもっと力を入れよう）」（1999年11月19日）といった記事から消費があらゆる面，あらゆる者にまで行きわたるように指向されたことがわかる。また1998年の家電製品の消費，2000年の休暇，娯楽，旅行，教育などのサービス消費，そして「拉动生产引导消费　我国连锁企业进入快速发展期（牽引する生産，導く消費：チェーン店化の急発展期）」（2001年 9 月14日）の記事には，2001年にチェーン化した企業に提起される大量・均質・合理的消費様式の登場も見られた。
　2004年農村地区の家電製品の消費，都市地区の個人ローンと住宅，医療，教育などの消費が読み取れる。「让低收入者有能力消费（低所得者に消費能力

第 1 章　消費観の変化―否定から肯定，さらに推奨へ

を与えよう）」（2004年8月23日），「让老人们快乐消费（高齢者に楽しい消費をさせる）」（2004年11月22日）の記事では低所得者や高齢者のような者も消費社会に巻き込むようになっていった。しかし，2005年に「調和社会」が強調されるようになると，消費を刺激する記事内容から一転して，エコ消費やグリーン消費，適切消費などの消費様式が提唱されるようになった。

2005年 7 月22日　「适度消费　快乐生活」（適当消費，快適生活）
2006年 3 月 6 日　「消费但不浪费」（消費しても浪費しない）
2007年 3 月10日　「节约型社会倡导生产消费新模式」（節約型社会は生産と消費の新スタイルを提唱する）
2007年 7 月13日　「遏制过度消费　促进和谐发展」（過度消費を抑制し，調和発展を促す）
2008年12月 5 日　「发展绿色消费　建设"两型社会"」（エコ消費の発展，消費生産型社会の建設）

2005年から2008年にかけて強調されたエコ消費やグリーン消費，適切消費などの消費様式の提案がされてきたが，2009年になると，より多くの消費を促す記事内容に逆戻りし，2010年には消費のエスカレート的な記事すら登場した。

2009年 4 月15日　「消费"马车"仍须加鞭」（鞭打つ消費の馬車）
2009年 6 月 8 日　「把网购潜能释放出来」（ネットショッピングの潜在力が放される）
2009年 7 月27日　「透支消费走近你我」（ローン型消費が近づく）
2009年 8 月 6 日　「继续坚定不移地扩大消费需求」（消費の需要拡大が最優先しつづける）

「2010：消费升级好时机：驾车旅游，上网购物，观看演出，休闲娱乐……对发展型，享受型，服务型消费需求不断上升，消费形式更加多样化，消费新亮点层出不穷。针对消费市场变化，国家重拳出手一系列促进消费升级的政策

第Ⅰ部　価値実現空間の生産と消費者化

措施（「2010年消費のグレードアップの絶好期」：……自動車旅行，ネットショッピング，ショーの鑑賞，娯楽を楽しむなどの消費スタイルは消費のグレードアップである。……そのような消費は国家がサポートする政策を実施する）」（2010年1月7日）

　ここで特に注目するのは，「我们还要消费什么（我々はまだ何を消費すればよいのか）」（2009年7月9日）の中で，「何を消費すれば幸福な生活を追求することができるのかについて，消費構造が小康生活型から，享受型に転換している」の記事である。2つはどれも消費を中心とし，「小康生活」は「四つの神器」のほかに，住宅・保険・旅行・自家用車・休暇・教育などの個人消費が強調された。それに対し，「享受型消費生活」は住宅，自家用車，高級家電製品，モバイル端末などの商品，あらゆる新型サービス消費スタイルを提案した。この「享受型消費生活」を本研究では「幸福な消費生活」と名付けた。

　なお，この時期はWTOの加盟により国内経済がさらに発展し，2006年「和偕社会」政策の確立したあと，矛盾（経済格差社会）が調和される社会を目標としていたが，2009年リーマンショックの対応策として積極的に財政政策の実施，貨幣の量的緩和，国内内需の拡大といった目標に重点が置かれた。国際関係に関する記事数は第Ⅱ期の後期になると「私人消費将刺激徳国経済増長（個人消費はドイツ経済促進を助長させる）」（1999年2月25日），「美国油価攀升考験消費心理（アメリカにおける原油価格上昇は，消費者心理に影響を与える）」（2002年8月26日），「徳消費市場不見起色（ドイツ市場回復を見せず）」（2002年12月23日）など，わずかとなり，それらの内容も客観的に事実を述べているだけである。また消費を通してみた社会階級に関する記事はこの時期になると掲載されていない。言い換えると，第Ⅱ期の前期は全国民の物質と文化生活の改善，需要のために消費を肯定する論調の延長線上にあり，第Ⅱ期の後期は「対外開放」政策やWTOの加盟にともなって，国内消費に関する記事が中心になった。そのため消費を通して見た国際関係や社会階級に関する記事は激減し，最終的にはなくなった。

　ここでは，社会主義計画経済から社会主義市場経済への移行を意味する改革開放政策の実施のために，不可欠であった「消費」に関する観点の変更に

第 1 章　消費観の変化―否定から肯定，さらに推奨へ

について，『人民日報』の関連記事，論説を見てきた。当然のことながら否定から肯定され，推奨へという歩みが確認された。これにより中国は，生産と消費とを，経済の両輪となる発展戦略の確立へと歩みを進めたのである。つまり，生産力の向上と消費力の向上とが，経済力を向上させ，社会を発展させるという観点になった社会建設へと進んでいくことになる。特に2000年以後，『人民日報』における「小康生活」や「享受型消費生活」を促進した記事が掲載されるようになる。「享受型消費生活」を実現できるのは，複合型商業施設，居住施設，観光施設，医療や教育，文化などの集合的消費手段であるが，『人民日報』における「享受型消費生活」の推奨により，国内外の資本家，投資家，開発業者はそのような生活を提供する「幸福な消費生活」空間を投資し，開発し，建設するようになる。そうした中で，大開開発区においては，生産空間の建設を優先させつつも，消費施設によって形成された消費空間も建設されることになる。

第 2 章　価値生産空間

　大連開発区の建設が始まって約20年，それ以前の時代に遡ってこの地の取材をし続けてきた王国棟は，この新興工業都市の意味を次のように表現している。

　　1984年まで大連市は地理交通的にいうと「死胡同（行き詰まり）」で，鉄路や電気通信網の終わりの地であった。「大地の果て，海の始まり」の意味合いを持っている土地でもあった。大連開発区が形成されたからこそ，ここは「開放の地」となり，「東北の真珠」，「東北三省の龍頭」になったのであった[96]。

　大連開発区は，大連市の経済をけん引したばかりでなく，東北三省における新たな位置づけを与えられた。大連開発区の発展によって大連市は行き詰まりの地から世界に向けて開かれた開放の地になったというのである。
　1958年以後，人民公社の時代遼寧省大連市金州県大孤山郷は 4 カ村，つまり馬橋子村，黒山村，紅岩村，風岩村があり，27の生産大隊，3000戸，8000人あまりの農民が季節の移り変わりに従って，農業や漁業を営み，生活していた。1984年10月，そこは党や中央政府（国家，地方政府）により大連開発区に指定された。その 4 カ村はのちに大連開発区の「建成区」と呼ばれるが，その後20年も経たないうち，「拡大エリア」である周辺の12カ村も次々と吸収された。建設区と拡大エリアでは価値生産のための生産空間が形成された。
　改革開放政策によってスタートした社会主義市場経済は「生産」とともに

96）王国棟，2009，『馬橋子，1984』大連出版社，7 ページ。

第Ⅰ部　価値実現空間の生産と消費者化

「消費」を経済の両輪とする体制であり，大連開発区にも，生産空間と消費空間が形成されることになった。本章では生産空間の状況について見ていく。まず計画に則って建設されていく大連開発区，次に農業，漁業が営まれていた場所から生産空間への変化，最後に生産空間の中の諸施設について概観していくことにする。

第1節　計画された大連開発区

ここでは，大連開発区建設の計画について述べていく。

大連開発区が経済技術特区として開発されたのは中央政府が決定した（一つの）政策によってであった。1984年2月，鄧小平は深圳，珠海，厦門の3つの経済特区を視察し，北京に戻ってから，こう発言した。

> 我们建立特区，实行开放政策，有个指导思想要明确，就是，不是收，而是放．除了现在的特区之外，考虑再开放几个点，增加几个港口城市，如大连，青岛．这些地方不叫特区，但可以实行特区的某些政策[97]．（我々は特区を建設し，開放政策を実施するには，ひとつの思想を明確にしなければならない，すなわち閉鎖ではなく，開放である。今の特区のほかに，大連，青島のような沿海都市を特区とは呼ばないが，開放の都市として，いくつかの特区と同じような優遇政策を実施するとよい）

鄧小平の発言を受けて1984年3月26日大連市に経済技術開発区を建設することが，中央政府主催の中南海懐仁堂で開かれた「沿海部分都市座談会」で決定された。大連開発区の予定地と建設時期について当時の大連市第二書記である崔栄漢によって報告された。また「経済技術開発区」の意義がその会議の中で初めて明らかにされた[98]。同会議の『議事要録』には，一部の都市は「明確な境界をもつ地域を指定して，新しい開発区を建設してよい」[99]と

---

97) 王，2009，前掲書，92ページ。
98) 王，2009，前掲書，91ページ。
99) 董志正編集，1988，味岡徹訳，『大連・解放四十年史』新評論，610ページ。

74

記録された。

　その会議の後，1984年5月4日に大連，秦皇島，天津，煙台，連雲港，南通，上海，寧波，温州，福州，広州，湛江，北海の14の沿海都市は，「关于批转沿海部分城市座谈会纪要的通知（沿海部分都市座談会紀要に関する通知）」により，経済技術開発区の建設地として決定された。それらの沿海都市で経済技術開発区を建設する目的は「経済的・技術的に遅れていることを克服し，党の十二大[100]の目標を実現するため」[101]であるとされた。

　注目すべき点は大連開発区がその《通知》第十条に記された通り，ほかの13都市中でも特別な意義を持っていたことである。すなわち他の13都市とは異なり特別な役割が期待されていたのだ。

　大連市および大連開発区には日本の資本と技術を導入し，ロシア，ヨーロッパとの貿易拡大に資することが求められた。同年6月8日，大連市棒棰島ホテルにおいて遼寧省委，省政府と東北三省，内モンゴル東部地区の政府の代表者は，大連開発区の建設について協議する会議を開いた。また6月28日に大連開発区の計画草案を作るために，「大連経済技術開発区総体企画綱要評議会」を開き，それには38人の専門家と55人の教授が参加した[102]。一連の会議により大連開発区の計画構想が具体化し始めたのである。

　同年8月15日，万里，谷牧，李鵬などの中央政府の指導者たちが大連市を視察した時に，大連開発区は，大連市中心より27キロメートル，国際空港より25キロメートル，金州より8キロメートル，金州駅より4キロメートル，大連港より12キロメートル離れた位置で，大窰湾新港と一体となり，大連湾，大窰湾など黄海海岸線に沿って開発されるという構想が提示された[103]。

　同年9月，大連開発区は国務院の許可によって建設が始まった。その初期工事は，3000平方メートルとし，総合的な工業生産地区と共に行政，居

---

100) 党十二大は中国共産党第十二次全国代表大会である。1982年9月1日から11日まで北京で開かれた。この大会では社会主義現代化建設の綱要が確定され，「中国の特色を持つ社会主義国家の建設」という目標が打ち出され，新たな政策方針が決定された。人民網ホームページ www.people.com.cn 2013年9月1日検索。
101) 王，2009，前掲書，95ページ。
102) 王，2009，前掲書，98ページ。
103) 王，2009，前掲書，101ページ。

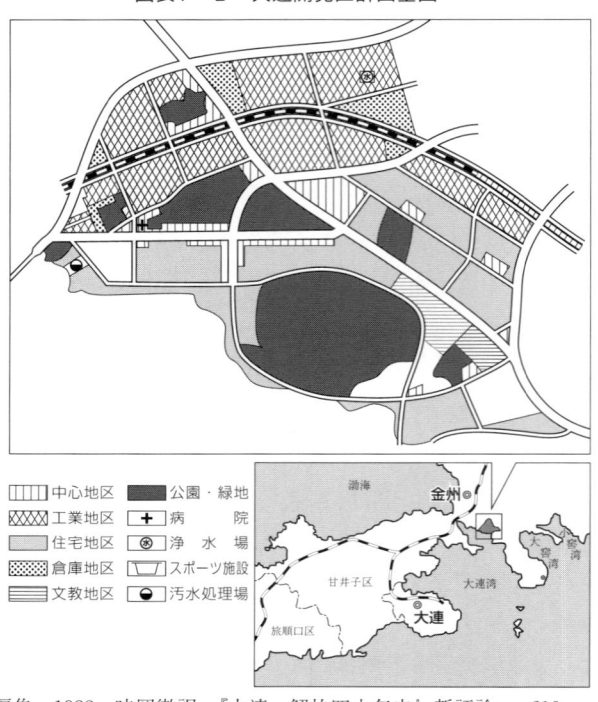

第Ⅰ部　価値実現空間の生産と消費者化

図表1－2　大連開発区計画全図

出典：董志正編集，1988，味岡徹訳，『大連・解放四十年史』新評論，p.610。

住，サービス地区の建設も許可された[104]。図表1－2は，大連開発区の計画図である。これを見ると，大連開発区の面積の半分程度の地区が工業地区と倉庫地区に計画され，その南側には住宅地区が広く占めている。そして，ごくわずかではあるが商業地区も計画に入っていた。その他に学校や公園，病院，スポーツなどの施設，浄水場，汚水処理場も計画されている。この計画図は「大連経済技術開発区全体計画概要」に沿って作られたが，将来的な計画用地面積は2万平方メートルにもなるとも記されている。その概要に基づいて，計画された開発区の第1期工事区域は，中心に位置する砲台山を境にして，その北側から境界道路までを工業地区とし，南側を行政管理，金融，

104）董志正編集，1988，前掲書，610ページ。

商業施設および居住施設（一戸建ての別荘地区を含む）を生活地区とした。第1期の工事区域内には，8本の幹線道路とそれらをつなぐ一般道路が建設された。第1期工事区域を拠点として，完成後さらに拡大して建設されていった[105]。

こうして大連開発区の建設が開始されたが，それを主導したのは大連開発区管理委員会である。大連開発区管理委員会は，政治管理機構で1984年10月に設立された。大連開発区の基本的な規則や規定は，管理委員会により決定された。例えば『大連経済技術開発区の若干優遇措置規定』，『大連経済技術開発区企業登録管理規則』，『大連経済技術開発区対外経済管理規則』，『大連経済技術開発区企業労働賃金管理規則』，『大連経済技術開発区土地使用管理規則』など規定，規則を制定し，施行した[106]。

なお，大連開発区管理委員会の15の諸部門の管理者は以下のとおりである。

財務部	大連市財務部副局長	周海斐
物資機材部部長	大連市物資局長	孔憲令
市政府部長	大連市政府公司経理	王兆臣
運輸部部長	大連市運輸部経理	張本任
通信部部長	大連市郵便局副長	于兆文

その他に大連市委組織部，宣伝部，城郷建設企画局，郵便局，公用局，環境局，房地産局（不動産局），電業局，交通局，財政局，塩務局，緑化局，物資総局，大連化工場からの技術者，幹部，責任者計98名が集結した[107]。

同時期に大連開発区では大規模ないくつもの施設の建設が行なわれることになった。計画に沿って大連開発区の建設を担ったのは，大連経済技術開発区建設公司と経済技術発展公司である。まず，開発区の「七通一平」（上下水道，電気，道路，通信，ガス，暖房設備の建設及び道路の開通）の都市基盤の建設が着工された。上下水道設備の工事は大連市政府工程公司が建設にあたり，浄水場の工事は冶金工業部第22冶金建設公司と水利電気部第六工程によ

---

105) 董志正編集，1988，前掲書，610ページ。
106) 大連経済技術開発区志編集委員会編，2006，『大連経済技術開発区志』遼寧人民出版社。
107) 王，2009，前掲書，119-121ページ。

第Ⅰ部　価値実現空間の生産と消費者化

り完成され，液化ガス設備は化学工業部第二建築公司が整備した。

また道路建設は，大連市政工程公司・瀋陽市工程管理所・瀋陽市政工程公司・朝陽第二建築公司市政処・遼寧機械化施工公司・大連市運送公司・遼寧省水利工程局により建設された。その他に，初期の大連開発区のシンボルである銀帆ホテルは，大連第一建築工程公司が請け負った。東山住宅団地は当地農民のための居住施設であるが，新たに大連第一建築公司が開発した[108]。1985年5月，開発区の第一期工事で8本の道路がほぼできあがり，その後に都市基盤施設の建設も進められている。

大連開発区は，当然のことながら党・政府指導者によって計画されたことについて確認ができた。ここは，新たに「囲まれた」地区で，中国の経済発展をけん引するために，外国の企業や工場，技術，資本を誘致する新興工業都市である。

第2節　建成区と拡大エリア

20年も経たないうちに，大連開発区は素早い発展を見せた。当初の計画図にあった4カ村のエリアは大連開発区の中心地となり建成区と呼ばれた。その後，建成区をはるかに超えて，開発区は拡大されていった。ここでは，農業，漁業を営む空間から生産・消費空間へと転換していった大連開発区（建設区と拡大エリア）の空間について述べる。

1958年9月人民公社化運動により，郷，鎮は大型農業公社に転身した。旧大連市金県（現大連市金州新区）は，馬橋子郷（馬橋村・劉家村・王家村・二道河子村・小孤山村・王官寨村）と，大孤山郷（大孤山村・鮎魚湾村・海青島・三道溝村・将軍村）が所在する大孤山公社，その他董家溝公社，大李家公社などの19人民公社によって形成された。1983年10月，人民公社は郷制になり，郷人民政府が設置され，生産大隊は村になり，村民委員会が設置された。その時大孤山公社は大孤山郷に戻り，馬橋子郷の馬橋村・劉家村・王家村・二道河子村が4カ村，すなわち馬橋子村，黒山村，紅岩村，風岩村となった。

108）董志正編集，1988，前掲書，610ページ。

第 2 章　価値生産空間

1985年 9 月に大連開発区公安局が開局され，この 4 カ村が大連開発区の建成区になった[109]。

　図表 1 - 3 は，旧 4 カ村の所在地と大連開発区建成区を示しているものである。1983年10月まで北側の大黒山と南側の童牛嶺の間に位置する旧 4 カ村の所在地は合計27の生産大隊に分けられ，人民公社の一部として機能していた。大連開発区は，旧 4 カ村所在地の生産大隊時代の耕地や諸施設などを更地にして，南北に分ける大通りの金馬路建設から始まった。

　金馬路の北側は，旧紅岩村の北半分，旧黒山村，旧風岩村の所在地であり，南側は旧紅岩村の南半分と，旧馬橋子村が所在していた。図表 1 - 4 は大連開発区における 4 カ村の生産大隊分布を示したもので，旧黒山村の王家屯生産大隊の第 1 隊から第 4 隊，山前屯生産大隊の第 5 隊から 7 隊があり，また旧風岩村の風岩村生産大隊の 1 隊，孫家溝生産大隊の第 2 隊，李甸生産大隊の第 3 隊，王家甸生産大隊の第 4 隊，丁家嶺生産大隊の第 5 隊が分布している。そして旧紅岩村には徐家屯生産大隊の 1 ・ 7 ・ 8 隊，劉家屯生産大隊の 2 隊，劉家屯生産大隊の 3 ・ 4 隊，大灘生産大隊の 5 隊，于家屯生産大隊の 6 隊が位置している。最後に旧馬橋子村には馬橋子生産大隊の 1 隊，張家屯生産大隊の 2 隊，趙嶺子生産大隊の 3 隊，趙家屯生産大隊の 4 隊，南崴子生産大隊の 5 隊があった。

　大連開発区の建成区は，20年も経たないうちに周辺の12カ村を次々と吸収して拡大した。それは大孤山郷の大孤山村，大孤山捕撈場，東海村，海青島村，紅星村，二道河子村，三道溝村，また，湾里郷，董家溝鎮，得勝鎮，大李家鎮，満家灘鎮である。

　それらの編入過程を整理すると次のとおりである。

　1985年 6 月，大連市政府の通達（大政発［1985］109号）により開発区街道事務所が成立された。同年 7 月，大孤山郷の 4 カ村は大連市経済技術開発区の管轄下に入った。

　1986年 8 月20日，開発区管理委員会批文（大開管発［1986］41号）により区街道・区事務所が成立し，管理委員会の職務部門となり，都市住民の日常

109）金州区地方志編集委員会編，1989，『金縣志』大連出版社。

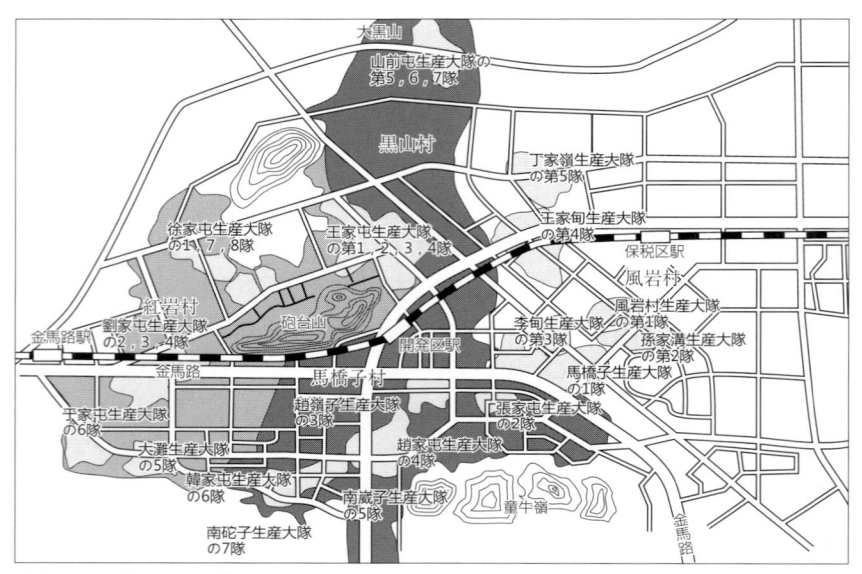

第Ⅰ部　価値実現空間の生産と消費者化

図表1－3　4カ村の所在地と大連開発区の建成区

出典：王国棟，2009，『馬橋子，1984』大連出版社，を参照にし筆者作成。

図表1－4　4カ村の生産大隊分布

金馬路北側	黒山村	王家屯生産大隊の第1～4隊	山前屯生産大隊の第5，6，7隊
	風岩村	風岩村生産大隊の第1隊 孫家溝生産大隊の第2隊 李甸生産大隊の第3隊	王家甸生産大隊の第4隊 丁家嶺生産大隊の第5隊
	紅岩村	徐家屯生産大隊の1，7，8隊	劉家屯生産大隊の2隊
金馬路南側	紅岩村	劉家屯生産大隊の3，4隊 于家屯生産大隊の6隊	大灘生産大隊の5隊
	馬橋子村	馬橋子生産大隊の1隊 張家屯生産大隊の2隊 趙嶺子生産大隊の3隊 趙家屯生産大隊の4隊	南崴子生産大隊の5隊 韓家屯生産大隊の6隊 南砣子生産大隊の7隊

出典：王国棟，2009，『馬橋子，1984』大連出版社，を参考にし筆者作成。

の工作の役割を果たすことが決められた。1988年11月，海青島街道を新しく計画し，元街道を東山街道事務所とした。

　1990年6月，海青島街道が成立した。1991年4月遼寧省政府より大孤山郷は大連開発区街道事務所に管轄されることが決められた。同年8月大連市政府は，大連開発区の大孤山街道，元開発区街道（東山街道），青海街道を馬橋子街道と海青街道の2つの街道に再編し，改名した。

　1993年，湾里郷，董家溝が大連開発区に暫定的に管轄され，満家灘鎮が大連金石灘国家旅遊度假（リゾート）区に暫定的に管理された。

　2002年4月，遼寧政府（遼政［2002］90号）により，湾里郷を湾里街道とし，董家溝鎮を董家溝街道，満家灘鎮を金満街道とした。

　2003年6月，大連市政府（大政発［2002］59号）により金州区新港街道が開発区によって暫定管理されるようになった。同月開発区管理委員会『大連開発区新港工作処の通知について』（大開管発［2003］14号）により，大連開発区は新港工作処を管理委員会の出張所として，新港街道事務所の事務を務めることになった。

　2004年，金州区の得勝鎮，大李家鎮が大連開発区により管轄された。大連開発区は6街道，2鎮，1工作処になった。その内訳は海青島街道，大孤山街道，馬橋子街道，湾里街道，董家溝街道，金満街道，得勝鎮，大李家鎮，新港工作処である。

　2005年1月，金満街道は正式に金石灘街道（大連金石灘国家旅遊度假区）と改名され，2010年には得勝鎮，大李家鎮は大李家街道，得勝街道と改名された[110]。以上の村落は大連開発区の行政エリアに吸収されるにともない，簡単にそれをまとめると図表1-5の通りである。1991年に大孤山郷，1993年に湾里郷，董家溝，2004年に得勝鎮，大李家鎮が大連開発区の管轄下になり，2005年には満家灘鎮が大連開発区に合併された。

　大連開発区の建成区の形成後に，徐々にではあるが，拡大エリアを吸収し，今の空間が形成された。

---

[110] 中国行政区画ホームページ，http://www.xzqh.org/html/list/10100.html，2013年5月7日検索。

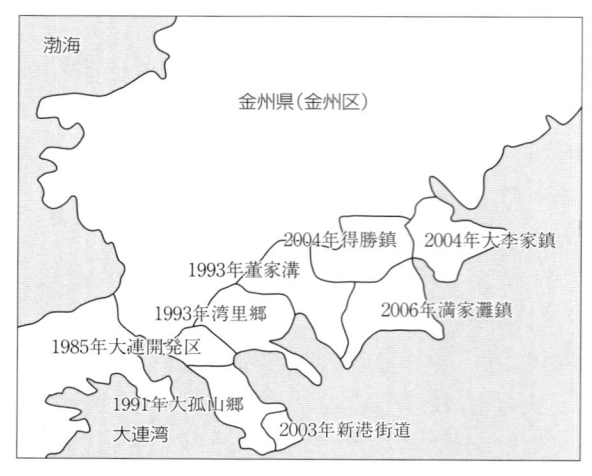

第Ⅰ部　価値実現空間の生産と消費者化

図表1－5　大連開発区の空間

出典：金州区地方志編集委員会編，1989,『金縣志』大連出版社，を参照にし筆者作成。

第3節　生産空間

　ここでは大連開発区の生産空間について述べる。大連開発区の道路や工場などの商品の生産および流通のための工業生産施設，工業生産を支える労働者を確保するための労働者宿舎や民間学校，労働者人材市場が含まれる。

1．道路と工業生産開発区
（1）道路

　ここではまず大連開発区建成区の主要道路から見ていこう。ここは農村地区を更地にし，道路を始めとする流通設備の建設から始まった。すなわち道路が開通されたからこそ，工業生産設備や金融設備などの施設が建設されることが可能となったのである。

　元大連開発区管理委員会の幹部崔栄漢は大連開発区の道路を東北三省の名前で命名し，東西向きの道路を「～路」と呼び，南北向きの道路を「～街」と呼んだ。図表1－6大連開発区建成区の主要道路に示した通り，赤峰路，鞍山路，撫順路，遼寧街などである。それは，大連開発区建設当時から東北

第 2 章　価値生産空間

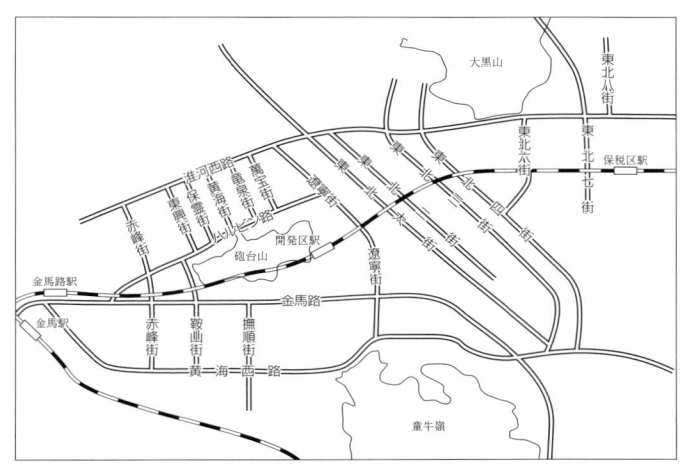

図表 1 − 6　大連開発区建成区の主要道路

出典：星球地図出版社編，2012，『大連市実用生活地図冊』星球地図出版社，を参考にし筆者作成。

三省の「窓口」として，ともに経済発展していくという未来を期待していたからであった。中心地である砲台山を囲み，3本の主幹道路の名前は当初吉林省の省都長春市，黒竜江省の省都ハルビン市，遼寧省の省都瀋陽市の名前に由来し，長春路，ハルビン路，瀋陽路となっていたが，現在その3道路は金馬路，ハルビン路，淮河西路と呼ばれている。

　道路の開通により，工業生産施設と消費施設の建設が可能となった。今大連開発区の建成区は金馬路によって北側と南側に分けられ，金馬路と交差する遼寧街周辺は行政，金融，商業中心地となった。また金馬路と大黒山の間に工業生産施設が集中している。遼寧街と平行して，東に向かって建設されたのが東北大街，東北二番街，東北三番街，東北四番街，東北六番街，東北七番街，東北八番街であり，数字が大きいほど金融，商業中心地から離れていく。後述する工場生産労働者の労働者宿舎は東北六番街に位置している。

（2）工業生産開発区と外資工場
　新興工業都市大連開発区の中に，道路や塀で囲まれている商品の生産，流

83

第Ⅰ部　価値実現空間の生産と消費者化

通のいくつかの工業生産開発区がある。中国においてこれまで工業生産開発区についての研究は多く存在しているが，工業生産開発区についての標準的な定義や概念がなく，広い意味で「経済開発区」と呼ばれている。陳景輝によれば工業生産開発区は，経済特区，自由港区，自由貿易区，輸出加工区，科学園区などが含まれるが，交通発達の地区や港などの地区を特定の区域として指定し，特殊な政治政策に従って，貿易の発展，財政収入の増加，雇用の創出，先進技術の誘致などによって経済発展を果たす目的がある[111]。中国開発区協会の工業生産開発区の分類を参考にし，工業生産開発区を経済特区，国家レベル開発区，省レベル開発区，市レベル開発区の4種に分類した。経済特区は，1978年に始まった深圳，珠海，汕頭，廈門，海南の5つの「経済特区」の他に上海浦東新区，天津海浜新区も含まれる。国家レベル開発区は経済技術開発区，高新技術開発区（ハイテク技術開発区），保税区，観光リゾート開発区，保税物流園区と保税港区，輸出加工区などである[112]。

大連開発区に所在する工業生産開発区は，国家レベル開発区に属している。それぞれの工業生産開発区の機能と役割は異なるが，輸出のための商品の生産，流通などの工業生産開発区がある。それでは大連開発区の行政下，すなわち建成区，および拡大エリアにある工業生産開発区を見ておこう。大連開発区の建成区には，2007年までに8カ所の工業生産開発区が分布しており，2007年以後，建成区に新たな2カ所，拡大エリアに新たな4カ所が建設された。まず，2007年までの8カ所の工業生産開発区を見ておこう。

図表1-7は，大連技術開発区，大連保税区，大連輸出加工区，大連開発区高科技工業園区，大連双Dポート，大連大窰湾保税港区，日本工業団地，鵬振工業城の工業生産開発区の所在地を示している。

大連技術開発区は，1985年に建設された。中国の経済技術開発区は1984年以降の改革開放政策の一環として，指定された対外経済開放区であり，2009年までに56カ所，2011年までに131カ所が建設された。それらは国家国務院により輸出するための工業生産を核心とし，外国の資金，技術・設備，人材，

---

111) 陳景輝，2010，『中国開発区産業集聚研究―基于跨国公司嵌入視角』人民出版社，47ページ。
112) 陳，2010，前掲書，48ページ。

第 2 章　価値生産空間

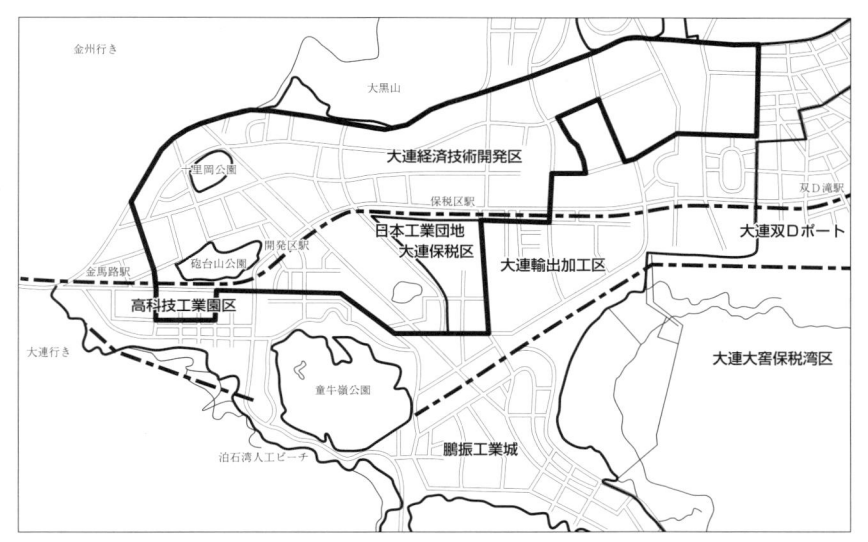

図表 1 － 7　建成区に分布する開発区

出典：大連経済技術開発区国土資源和房屋局，大連市観察測絵研究院，を参考にし筆者作成。

管理経験を誘致し，明確な地域境界線を持ち，所在の省・市政府の指導に従い，優遇政策が取られていると規定されている[113]。

大連保税区は，1992年に建設された。中国では，保税区は1978年から始まった改革開放政策の一環として設置され，2009年までに全国に15カ所が建設された。保税区は国務院が許可して設立され，海関（中国の開港場に設けた税関）により監督・管理される経済区域であり，「保税保管，輸出加工，中継貿易」の3つの機能がある。「輸出入許可証の免除，免税，保税」の政策が取られているため，この区域は中国国内にありながら中国国外として扱う「境内関外」の管理方法を実施している。保税区は港などの地理優勢を活用し，海外の企業が輸出入加工の工業の他に，国際貿易，保税保管，運輸保管，中継貿易，分類包装などの運輸，サービス業務を提供し，さらなる外国資本，技術，管理経験を誘致し，中国と国際市場を結ぶ拠点となっている[114]。

---

113) 陳，2010，前掲書，54－55ページ。
114) 陳，2010，前掲書，55ページ。

85

第Ⅰ部　価値実現空間の生産と消費者化

　輸出加工区は2000年に設置され，海関が閉鎖された管理下にある特別な経済区域であり，2009年までに60カ所が建設された。大連輸出加工区は全国最初の輸出加工区である。輸出加工区の区内で生産される製品は，原則として全数量，最低でも製品の7割以上の輸出が義務付けられている。そこは24時間海関により管理されているが，効率的に管理するために輸出手続きを簡略化し，国際大企業の「ゼロ在庫」の要求に応じて自由貿易区の形式を取っている。ここでは工業生産が中心だが，貿易業務も含まれている[115]。

　大連開発区高新技術園区（2008年）と大連双Ｄポート（2010年）は，高新技術産業開発区に属している。2009年にハイテク技術産業開発区は全国に56カ所が指定され，知識産業区と技術産業区に分類される。エレクトロニクス，通信工学，都市空間科学，ドッキング技術，デジタル技術，バイオテクノロジー，エコロジー，環境技術，地球科学，海洋工程技術，新エネルギー，産業技術，放射線技術，医療科学・生物医療などのハイテク産業が中心である。そこは技術商品の開発を中心とするが，科学，工業，貿易商業の性質も持っている[116]。

　大連大窖湾保税港区は1988年に建設された。保税港区は2009年までに全国に12カ所が建設され，海関の特殊管理区域になっている。保税港区は港岸作業・積み替え・国際配送・国際購買・中継貿易・輸出加工・展示・検品・アフターサービスの機能を持っている[117]。1992年に大連大窖湾保税港区と大連市内とを結ぶ金窖鉄道が建設された。全長22キロメートル，東に大窖湾港，西に哈大鉄道（ハルビン～大連間鉄道）と繋ぐため，設計された貨物専用線である[118]。大連大窖湾保税港区から少し離れている大連保税区は，大窖湾保税港区，金窖鉄道と合わせて倉庫や物流，積み替えなどの作業をすることができる国際流通システムとして役割を果している。

　1992年に建設された日本工業団地，鵬振工業城は「その他の国家レベル開発区」に分類されている。その他の国家レベル開発区は，国務院によって認

115）陳，2010，前掲書，56ページ。
116）陳，2010，前掲書，55ページ。
117）陳，2010，前掲書，56ページ。
118）王，2009，前掲書，163ページ。

可された特殊政策の区域である。例えば，日本の企業や台湾の企業を誘致するために造られたり，金融と貿易を中心とするために造られたりしている[119]。

2007年まで大連開発区の建成区では，軽工業の工業生産開発区だけでなく，物流倉庫，貿易・商業，ハイテクの工業生産開発区も計画，建設された。2007年以降，建成区では，模具（金型）工業区・新材料工業区が軽工業生産開発区として新たに計画された。その上旧董家溝村・大孤山村・得勝村の旧3カ村の所在地，つまり拡大エリアでは，中心工業区（IT産業園，光電産業園を含む）・臨港工業園区・城北工業区・汽車部品園区を重化学工業生産開発区として計画し建設されるようになった。重化学工業開発区は『遼寧省沿海経済帯発展規劃（草案）』（遼人務函［2007］8号）[120]により，石油化学，船舶産業，自家用車産業を中心とする工業生産開発区として計画，建設されたのである[121]。

図表1-8に示したのは大連開発区全地区に分布された工業生産開発区，建設年，所在地である。それらを見ると2007年まで建成区では，大連経済技術開発区，大連輸出加工区，日本工業団地，鵬振工業城，模具工業区，新材料工業区という軽工業生産をする工業生産開発区が分布されている。大連双Dポート，大連開発区高科技園区は，ハイテク生産する工業生産開発区であるが，大連保税と大連大窑湾保税港区は，流通倉庫としての工業生産開発区である。2007年に大連開発区の建成区では，模具工業区（元黒山村），新材料工業区（元黒山村）の軽工業生産開発区を，拡大エリアでは，臨港工業園区（元大孤山村），中心工業区（元董家溝村），汽車部品園区（元得勝村），城北工業区（元得勝利村）を，計画，建設されるようになった。2007年に計画し，建設されたこれらの工業生産開発区は，合計面積が43.13平方キロメートルである[122]。すなわち大連開発区の建成区を中心とする新たな工業生産開発区の拡大が見られる。

119）陳，2010，前掲書，57ページ。
120）『新商報』，2008年10月29日，「67家世界500強企業，落戸中国第一開発区」。
121）陳，2010，前掲書，294ページ。
122）陳，2010，前掲書，300ページ。

第Ⅰ部　価値実現空間の生産と消費者化

図表1－8　工業開発区の計画年代，類型，所在地

類型	名称	年	生産内容	所在地	
軽工業	大連経済技術開発区	1985	工業生産	黒山村	建成区
	日本工業団地	1992	工業生産	黒山村	
	鵬振工業城	1992	工業生産	馬橋子村	
	大連輸出加工区	2000	輸出ための工業生産	黒山村	
軽工業	模具工業区	2007	工業生産	黒岩村	
	新材料工業区	2007	工業生産	黒岩村	
倉庫流通	大連保税区	1992	保税倉庫，貿易，販売，展示	風岩村	
	大連大窯湾保税港区	2006	保管，物流のための簡単な加工，展示，配送	馬橋子村	
ハイテク	大連双Dポート	2008	バイオ，ハイテク業の工業生産	馬橋子村	
	大連開発区高科技園区	2010	デジタル，電子部品などのハイテク業の工業生産	紅岩村	
重化学工業	中心工業区	2007	重化学工業	董家溝村	拡大区域
	臨港工業園区	2007	石化産業，船舶産業などの工業生産	大孤山村	
	城北工業区	2007	車部品の工業生産	得勝村	
	汽車部品園区	2007	車部品の工業生産	得勝村	

出典：『大連経済技術開発区志』編集委員会編，2006年，および『大連経済技術開発区志1984－2004』遼寧人民出版社，を参照にし筆者作成。

　以上は，新興工業都市大連開発区行政区内の工業生産開発区である。大連開発区のような新興工業都市は，2009年末で全国に52カ所あり，2011年には131カ所まで増えた。2010年のGDPは広州経済技術開発区が1617.83億元，天津技術開発区が1545.86億元，昆山技術開発区が1201.67億元，大連経済技術開発区が1200.12億元，青島経済技術開発区が1038億元である[123]。GDPの順位から大連開発区は131カ所のうち4位である。

　大連開発区の工業生産開発区は多数の外資企業が誘致されている。例えば大連開発区の建成区では，1987年に日本マブチモーター株式会社大連開発区子会社，1989年に日本カメラキャノン株式会社大連開発区子会社，1991年

---

123) 中国投資指南ホームページ，http://www.fdi.gov.cn/pub/FDI/wztj/kfqtj/default.jsp，2013年4月1日検索。

第 2 章　価値生産空間

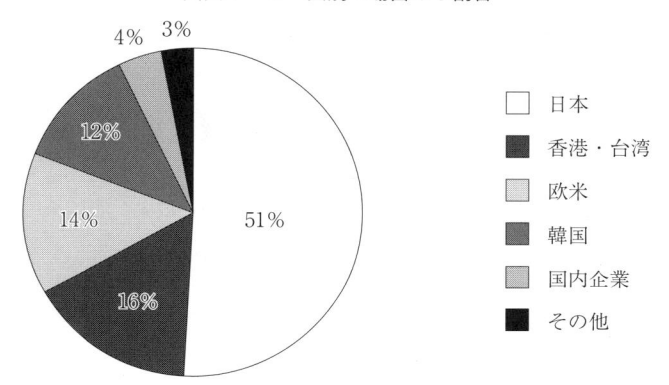

図表 1 − 9　国別工場占める割合

凡例：
- 日本　51%
- 香港・台湾　16%
- 欧米　14%
- 韓国　12%
- 国内企業　4%
- その他　3%

出典：『大連経済技術開発区志』編集委員会編，2006年，および『大連経済技術開発区志1984−2004』遼寧人民出版社，を参考にし筆者作成。

に韓国大宇大連カバン・テント製作有限会社，1992年に日本 JX 日鉱石油エネルギー株式会社大連開発区子会社，1993年に日本東芝株式会社大連開発区子会社などが開業した[124]。2004年に建成区の工場数は1985年からの累計社数519社で，国別内訳は日本企業266社，香港・台湾企業84社，欧州企業71社，韓国企業61，国内企業22社，その他の外国企業15社であった[125]。図表 1 − 9 は2004年までの稼働する企業累積数の国籍別割合であるが，国内企業数はほんの 4 ％にすぎなかった。

　それらの工場の生産内容を見ると，紙製品製造14社，プラスチック・ゴム製品製造32社，木造製品製造26社，化学製品製造24社，建築製品製造32社，食品製造49社，繊維製品製造94社，コンピュータ部品や端末機部品，電子部品，電気製品の部品といった機械部品製造236社，その他12社である。機械部品製造会社の数は一番多く，その次は衣料品関係の繊維製品製造，食品製造である[126]。2004年頃の大連開発区の建成区下の開発区では労働力・技術集約型を中心とする工業地区であると見られる。

124) 王国棟，2011，『踏歌而行25年─大連開発区1984−2009』大連出版社，23−32ページ。
125) 『大連経済技術開発区志』編集委員会編，2006年，『大連経済技術開発区志1984−2004』遼寧人民出版社，123−143ページ。
126) 『大連経済技術開発区志』編集委員会編，前掲書，123−143ページ。

第Ⅰ部　価値実現空間の生産と消費者化

図表1－10　年別投資会社数と外資投資額の推移（2000年～2011年）

	2000	2001	2002	2003	2004	2005	2006	2007	2008	2009	2010	2011
■投資会社（社）	74	66	131	131	105	181	117	79	65	74	112	112
外資資本金（千万ドル）	54	60	93	142	90	167	108	142	131	200	330	350

出典：大連開発区ホームページ各年統計データ，http://www.dda.gov.cn，を参考にし筆者作成。

　2007年に拡大エリアに建設された工業生産開発区は，さらなる工業発展を見せている。図表1－10は，2000年から2011年までの年間投資会社数と外資投資額の推移である[127]。投資会社数を見ると，2000年に74社だったものが，2005年に181社となり，ピークを示している。その後，2007～2009年には増加の勢いが鈍化し，79社から65社の間を推移しているが，2010年，2011年になると2年連続新たに112社が投資していることがわかる。

　外資投資資本を見ると2000年では5億4千万ドルの投資額であるが，2007年から2009年に投資会社数が減る傾向を示しているものの，外資投資額の減少幅は比較的少ない。外国の大企業が新たに進出し，巨額の投資をしていると推測することができる。そして，2010年になると外資投資額は前年度より13億ドルの増加を示し，飛躍的に増加している。2007年以降に拡大エリアに建設された工業生産開発区は新たな外資企業と外資投資資本金を誘致し，生産空間の拡大が見られる。

　ここまで大連開発区の工業生産開発区と外資工場について述べたが，1985年から2010年の間に計画され，建設された14カ所の工業生産開発区は，外資の企業や工場，技術，資本の誘致している。

---

127) 大連開発区2000年から2011年各年統計公報，大連開発区ホームページ，http://www.dda.gov.cn，2013年8月9日検索。

2．工業生産確保のための諸施設

大連開発区では工業生産をするために労働力の確保が重要な課題となる。ここでは生産空間の中で，工場労働者を確保するための労働者宿舎，教育施設，労働人材市場について述べる。

(1) 労働者宿舎

大連開発区の建成区では多くの労働者が労働者宿舎に居住する。労働者宿舎は，工場の近くや生産地区の周辺，工業生産開発区の周辺部に分布している。管理会社によって管理されるマンション式のものが多いが，いくつかの会社が共同で一つのビルを賃借する場合や，自社寮の場合もある。労働者宿舎は矩形で，居室がせまく設計されているが，それは，なるべく一つの建物の中に，均一的かつ最小限の個室を多数作りだすためである。コンクリート造り工場とほとんど区別がつかないほど，画一なものである。ここでは２種類の労働者宿舎を紹介しよう。一つは合同で同じビルを賃借する労働者宿舎，もう一つは自社寮である。

まず，日本工業団地内に位置する「北方企業配套中心」（北方産業部品センター）を見てみよう。東北三街に位置し，賃貸工場と労働者宿舎が併存しており，工業生産と労働者の日常生活の場は同じ区域内にある。図表１－11に示したのは，22社の企業が生産を行なっている賃貸工場（１～12号ビル，14～17号ビル）と，その向かい側に4200人を収容することができる５棟の労働者宿舎と，サービスセンター（多目的ホール，レストランが設置されている総合管理センター，診療所，スーパー，公衆浴場，美容室，ビリヤード室）の地図である[128]。この労働者宿舎は，独身の若者のための８～10人の相部屋で，家族と一緒に生活することはできない。それに対して，双Ｄポートに隣接する大連金港企業配套園区（大連金港産業部品工業区）の附属労働者宿舎[129]は5000人近く収容でき，家族と一緒に生活することができる労働者宿舎として造られている。それは労働者が結婚して安定した家族を持ち，長く働くことを可能にしている。

---

128) 大連開発区北方企業配套中心ホームページ，http://www.detainvestment.com，2013年11月５日検索。
129) 大連金港企業配套園区ホームページ，http://www.qalex.com，2013年８月９日検索。

第Ⅰ部　価値実現空間の生産と消費者化

図表1-11　北方企業配套中心の地図

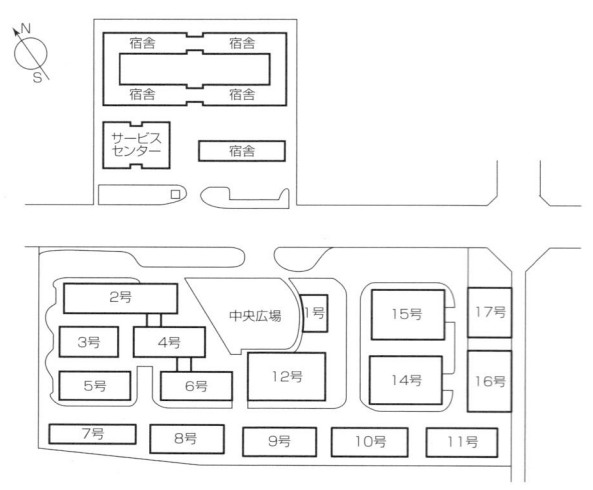

出典：王国棟，2003，『中国第一工業団地：大連工業団地建設紀実報告』大連出版社，を参考にし筆者作成。

図表1-12　金光宿舎ビル（左）と某工場の小規模な労働者宿舎（右）

出典：筆者撮影。

　大型労働者宿舎より規模的には小型であるものの，数千人ほどを収容することができ，若者を対象とする自社労働者宿舎は工業生産開発区の周辺に散在している。その例として挙げられるのは，K工場の金光宿舎である（図表1-12左）。大連開発区の東側，東北六番街付近に位置している。K工場まで通勤バスが通っていて15分ほどの距離である。金光宿舎の出入り口，各寮の入り口には管理人がいて人々の出入りは管理されている。ここには4棟の

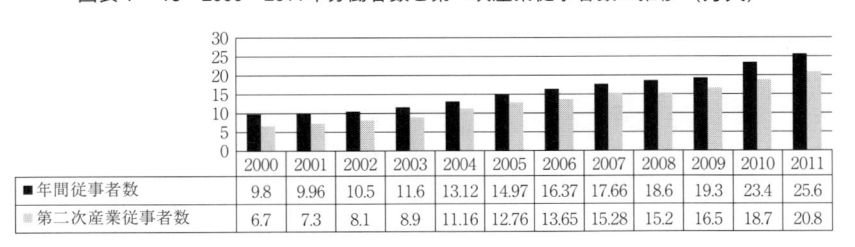

図表1－13　2000～2011年労働者数と第二次産業従事者数の推移（万人）

	2000	2001	2002	2003	2004	2005	2006	2007	2008	2009	2010	2011
■年間従事者数	9.8	9.96	10.5	11.6	13.12	14.97	16.37	17.66	18.6	19.3	23.4	25.6
■第二次産業従事者数	6.7	7.3	8.1	8.9	11.16	12.76	13.65	15.28	15.2	16.5	18.7	20.8

出典：大連開発区ホームページ各年統計データ，http://www.dda.gov.cn，2013年9月1日，を参考にし筆者作成。

　ビルがあり，1棟は男性寮で，3棟は女性寮である。建物は6階建てで各フロアに32部屋があり，一部屋には8～10人くらいが居住している。概算すれば，K工場の金光宿舎全体で5000人あまりを収容することができる。K工場の労働者宿舎と比べると規模が小さい宿舎もある。外見から見ると工場と変わらないグレー色のコンクリートの建物になっているが（図表1－12右），そのような労働者宿舎は工業生産開発区の周辺に数多く散在している。

　これらは工業生産する労働力を確保する労働者宿舎である。大連開発区は東北三省，内モンゴル自治区から数多くの農村出身の労働者を引き寄せてきた。それらの者は第二次産業の従事者として雇われ，会社の労働者宿舎に住んでいる。以下労働者数と彼ら／彼女らの出身地のデータである。

　大連開発区で就職している労働者数は年間従事者数，第二次産業従事者数ともに，年々増加傾向を示している（図表1－13）。また，毎年の第二次産業従事者数の年間従事者数に対する割合に注目すると，2000年68.4％，2001年73.3％，2002年77.1％，2003年76.7％，2004年85.1％，2005年85.2％，2006年83.4％，2007年86.5％，2008年81.7％，2009年85.5％，2010年79.9％，2011年81.3％となり，大多数を占めていることがわかる。特に，大連開発区の第二次産業従事者は2004年から2011年の間，2010年以外80％以上を示している。

　第二次産業従事者の多くは大連開発区の出身者ではなく，出稼ぎ労働者である。出稼ぎ労働者は流動人口の一種であるので，その特徴から第二次産業従事者の特徴を推測することができる。その内訳を見ると2010年の第六次人

第Ⅰ部　価値実現空間の生産と消費者化

図表1-14　大連開発区の流動人口者数と出身地分布

出身地	人数（万人）	全体の割合（％）
遼寧省	13.80	42.9
黒竜江省	6.00	18.7
吉林省	2.46	7.7
山東省	0.75	2.3
内モンゴル自治区	1.25	3.9
その他の省の合計	7.88	24.5
合計流動人口総数	32.14	100%

出典：大連経済技術開発区志編集委員会編，2006,『大連経済技術開発区志』遼寧人民出版社。／金州新区人口普査事務室編，2012,『金州新区2010年人口普査資料』金州新区人口普査事務室，を参照にし筆者作成。

口普査（人口センサス）時流動人口は32.14万人であった[130]。また，流動人口の出身地分布から見ると，主に東北三省と内モンゴル自治区などから移動してきていた（図表1-14）。

　流動人口のもう一つの特徴，すなわち農村戸籍か都市戸籍かという戸籍状況について見てみよう。2010年では32.14万人の流動人口のうち，農村戸籍人口は22.37万人，非農村戸籍人口は9.76万人である[131]。

　大連開発区の会社の労働者宿舎は東北三省，内モンゴル自治区から移動し，大連開発区戸籍を持たない者を，第二次産業の従事者として確保するための生活空間となるが，工業生産開発区の周辺に集中している。

(2) 民間学校と労働者人材市場

　東北三省，内モンゴル自治区から地域移動し，大連開発区戸籍を持たない者を廉価な工業生産労働者として確保するために，大連開発区では生活空間の他に，労働者を育成する民間学校と，企業に労働者を紹介する労働者人材市場

---

130) 大連経済技術開発区志編集委員会編，2006,『大連経済技術開発区志』遼寧人民出版社，及び，金州新区人口普査事務室編，2012,『金州新区2010年人口普査資料』金州新区人口普査事務室，を参照にし筆者が作成。なお，流動人口は大連開発区の郷，鎮，街道以外の地区の戸籍で，半年以上の在住者と定義している。
131) 金州新区人口普査事務室編，2012,『金州新区2010年人口普査資料』金州新区人口普査事務室，を参照にし筆者作成。

図表1−15　民間学校が集まるオフィスビル（左）と人材市場（右）

出典：筆者撮影。

がある。

　2013年まで大連開発区の街中には数多くの公立学校が設立されているが，そのうち，大学8校，高校5校，中学校11校，小学校22校がある。それに対して民間学校は，合計88校もある[132]。民間学校はオフィスビルの一室や商業施設の中のテナントなどに分布している。一つの典型的な事例をあげるとすれば様々な民間学校が集まっているオフィスビルがある（図表1−15左）。このオフィスビルは金馬路の南側，砲台山の近くに位置して，「天陽学校」，「遼寧工程技術大学」，「遼寧石油化学大学」，「育龍学校」，「大連佳偉撮影化粧学校」，「九天学校」，「育秀文化教育中心」，「読音音楽教育中心」，「希望英語」，「佳禾外国語」などの教室，学校が入っている。民間学校の中には，子供向けの英会話や空手，バレー，ピアノなどの教育，教養のための教育施設もあるが，このビルの民間学校は「読音音楽教育中心」を除き，10校のうち9校が工業生産に必要とされる知識や技術を教えるために開講されている。

　このような民間学校で学んでも総合的な知識が得られるわけではないが，受講しておけば正規の資格がなくてもやりたい仕事をなんとか探すことができるのである。民間学校の一年間の授業料は，ライン生産労働者の半年間の給料と同額にもなり，決して安いとは言えない。小学校や中学校を中退し，義務教育を途中で投げ出して就職した向上心のある者がパソコンの「ワー

---

132) 2009年大連開発区統計年鑑，大連開発区ホームページ，http://www.dda.gov.cn，2013年8月9日検索。

第Ⅰ部　価値実現空間の生産と消費者化

ド」や「エクセル」の使い方，礼儀作法・化粧方法，外国語，生産技術などを学んでいる。大連開発区の外資企業が求めている人材を効率よく合理的に育てていると見ることもできる。

　大連開発区の諸企業ではどのような労働者を求めているのかは，人材市場に行って見ればすぐわかる。人材市場は，土日にしか賑やかさがない商業施設と比べると，平日の方が混雑している。人材市場は大連開発区の金馬路大通りに位置し，薄い黄色の矩形で，「人材市場」と書かれた看板以外には特に何の特徴もないビルである（図表1－15右）。人材市場の一階にはロビーがあり，そこでは毎週月曜日から金曜日の8時30分から11時30分まで，各企業の人事部門が説明会を開き，人材を募集している。その他に失業者，女性，当地高卒者，サービス業従事者，専門性の高い技術者のための説明会が不定期的に開かれている[133]。またロビーには民間学校の開講内容と開講時間等を知らせる掲示板があり，「大工IT職業教育」，「大連開発区必成職業技能訓練学校」，「大連開発区利科職業技術訓練学校」，「大連開発区盛通会計訓練学校」，「大連開発区名文コンピュータ訓練学校」，「大連開発区盛博外国語訓練学校」などの民間学校の生徒募集中の広告がある。その隣には，それぞれの学校の卒業生の状況についての掲示もある。「大連信業達職業訓練学校」日本語会話コース80人卒業，「大連力泰分化教育科貿易有限公司」会計学学生1人卒業，「大連房業学校職業技能訓練クラス」アークスポット溶接専門の学生100人卒業などと書かれている。人材市場と民間学校は連携して外資企業が必要とする労働者を供給している。

　大連開発区では外資企業は労働者宿舎や民間学校，労働人材市場を通して，廉価で優秀な労働力を確保してきたが，外資企業がどのような者を確保したいのか，人材市場の建物の外側にある掲示板の求人募集の広告を見てみよう。

YW変速機（大連）有限公司：
　　職種：ライン生産，性別：男女不問，年齢：18～35歳以下，学歴：学歴不
　　　　問，賃金：基本月給1950元

133）大連人材市場ホームページ，www.ddahr.com/，2013年9月10日検索。

職種：品質管理員，性別：男女不問，年齢：18～35歳，学歴資格等：コンピュータ熟練者，大専以上，賃金：基本月給2500元
職種：ドライバー，性別：男性に限る，年齢：20～40歳，学歴資格等：学歴不問，ドライバー経験4年以上，賃金：基本月給3500元

Tモーター（大連）有限公司：
職種：秘書，性別：男女不問，年齢：18～35歳，学歴資格等：専門卒以上，容姿端麗，オフィスソフト操作熟練，賃金：基本月給2000元程度

K国際貿易有限公司：
職種：ライン生産，性別：男性に限る，年齢：18～35歳，学歴資格等：大連市金州区・開発区の都市戸籍優先，身体健康，頭脳明晰，不良趣味なし，ルール順守，中卒以上，賃金：基本月給1800元
職種：箱詰め，性別：女性に限る，年齢：25～35歳，学歴資格等：既婚者・子持ち大歓迎，賃金：基本日給80元

A（大連）有限公司：
職種：生産労働者，性別：女性に限る，年齢：40歳以下，学歴資格等：視力裸眼1.2以上，三交替シフト制ができる者，既婚・子持ち優先，賃金：基本月給2000元くらい

大連G工業有限公司：
職種：ライン生産，性別：男性に限る，年齢：45歳以下，学歴資格等：責任感が強く，仕事熱心な者，三交替シフト制ができる者，農村戸籍の者に限る，賃金：基本月給1600元

人材市場の求人募集の広告によると，職業内容は，ライン生産労働，知識や技術を必要としない肉体労働を中心とする事務，受付，営業，警備員，ドライバー，機械修理であるが，アップリケ係，圧力容器溶接工など，仕事内容が狭く絞られた職種もある。また，外資企業の求人条件には，学歴，職

歴，性別といった基本条件のほかに，身体の条件，精神的条件も含まれている。若くて責任感が強く，仕事熱心で，工場生産に慣れている者，生まれつきの容姿がよい者，完璧な視力や明晰な頭脳を有する者などが求められている。また，農村出身者や既婚で子持ちの女性は安定志向が強く，忍耐強い面も募集条件の中に入っている。その他に肝心なのは，それぞれの労働には，月給1600～2500元程度の安い賃金が提示されていることである。つまり，良質で安価な賃労働者が求められているのである。

　2012年1～3月の大連開発区有職者の平均月給は4211.3元[134]であるが，求人募集の基本月給から見ると，ライン生産労働と肉体労働の給料は決して高くないことがわかる。また民間学校は労働者に自己の商品価値を高めるために再教育を受けさせる機会を提供している。そこで学ぶのは，向上心をもつ労働者の教育のためでも教養のためにでもなく，単なる労働力としての商品価値を高めるために，休憩時間を削り，生活費を節約し，民間教育施設でさらに工業生産に適応する教育を受ける。

　1984年から大連開発区は生産空間が建設された。生産空間は工業生産開発区や道路，工場，労働者を確保するための労働者宿舎，民間学校，人材市場によって形成された。ここは外貨獲得のために外資企業の工場，技術，資本，外貨を誘致し，東北三省，内モンゴル自治区東部の農村出身の若者を引き寄せている。換言すれば，外貨を獲得するために，土地，労働力が商品化されたのである。

134）大連開発区政府ホームページ，http://www.dda.gov.cn，2013年1月13日検索。

第3章　価値実現空間と消費者化

　当初，生産空間として構想されていた大連開発区は，消費や余暇のための施設はわずか五彩城だけが計画されていたが，進出企業の増加や労働者の増加，大連開発区エリアの拡大の中で，商業施設，観光施設など消費施設や教育，文化，医療施設などの集合消費施設が次第に充実していった。それらの施設により大連開発区は消費空間が形成され，生産空間と並存する都市が形成された。

　本章では，消費空間について述べていく。第1節では商業，観光施設について，第2節では集合的消費に関わる施設について概観する。

第1節　商業・観光施設

　大連開発区には砲台山の周辺，金馬路の南側に五彩城，大商商場，開発区商場，金瑪商場，友誼商場，麦凱楽（マイカル）デパート，安盛ショッピングセンターなどの商業施設がある。また近年観光施設も充実している。消費施設としては，ディスコやバー，インターネットカフェなどの娯楽施設も多くあり，これらについては第3部で述べることにする。

　ここでは五彩城から述べる。五彩城の変化には多くの商業，娯楽施設の開業や展開が関連していた。90年代初期から2000年の間に大商商場，開発区商場，友誼商場，金瑪商場が開業され，2000年以降に安盛デパート開発区店と麦凱楽デパート開発区店が開業された。

　五彩城は，1988年6月に建設が始まり，1989年9月に商業施設ブロック，1993年に飲食施設（美食村），西遊記宮・冒険宮の娯楽施設，1995年末に全体的完成をした。商業施設の開業当時，一日平均3〜4万人が来場し，全国

第Ⅰ部　価値実現空間の生産と消費者化

11省の企業500社が営業所や代理店を開いていた。扱われる商品は多岐に渡り，日用用品，文化用品，工芸美術品，電器，衣料品，食品など，全国各地の土産品や記念品も販売されていた。1993年の飲食施設と娯楽施設の開業により，来客が増え，従事員は4000人を越え，売上は10億元にも達していた[135]。

　五彩城の総面積は29万平方メートルあり，北側は工場や開発区の工業施設に接し，南側は金馬路に近接し，西側は遼河西路，東側は遼寧街となっている。五彩城は110棟の建物により構成されており，最高層の建物は4階建てである。中心広場の周辺は，A～Mの11カ所のブロックに分けられていた（図表1−16左）。西側と東側のブロックは商業機能をもち，南側は娯楽機能，北側は飲食機能を持っている[136]（図表1−16右）。

　各ブロックを繋ぐ歩行者用道路は，道幅が6〜7メートルで，中国の伝統的な村の街路と一致しており，新しい都市空間の広い街の中に，中国人の古くからの生活感を取り入れている。歩行者専用道路の両側に，様々な様式の建物を配置し，人々は歩きながら異なる風景を楽しむことができる。各ブロックの中には彫刻や噴水などがある。小さい中央広場が設置され，それぞれブロックによって風景が異なり，各ブロックの独立性が保たれている[137]。通路による「連続性」とブロックによる「独立性」のコンセプトで設計され，次から次へと楽しみながら歩きまわれるように設計されていた。東側と西側の細長い直線的な商業施設ではあるが，飽きさせず，より楽しめるものとなっている。

　五彩城の建築の外観は，新奇性に満ち溢れていたため大連開発区のシンボルとなり，一番賑やかな場所となった。Aブロックは，アジアスタイルで中国の水墨画の要素を取り入れた。Bブロックは，西欧の童話やアニメキャラクターを加えた風景を醸し出していた。Cブロックはイスラム教を信仰する中東国家バグダッドの雰囲気が漂っている。Dブロックは彩られたタワーが集中し，Eブロックはコンクリートの特徴を生かしたモダン的な建築様式と

---

135) 李相潔，2004年6月，「大連開発区五彩城商業観光区都市形態変遷研究」豆丁ネット
　　http://www.docin.com/p-200237202.html，17ページ。
136) 李，2004，同上論文，17ページ。
137) 李，2004，同上論文，18ページ。

第3章　価値実現空間と消費者化

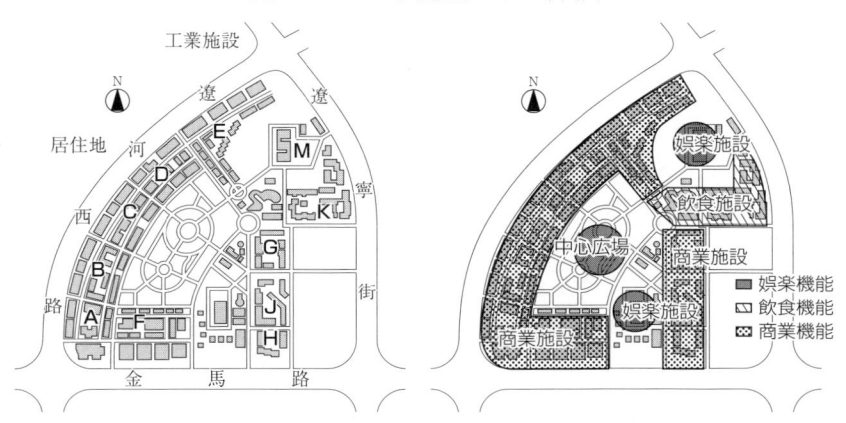

図表1－16　五彩城商業エリア平面図

出典：李相潔，2004年，「大連開発区五彩城商業観光区都市形態変遷研究」豆丁ネット http://www.docin.com/p-200237202.html，17ページ，を参考にし筆者作成。

なっている。Fブロックはそれらの個性のある建築様式に反して，簡潔で特徴がない建築様式となっていた。各ブロックには様々なスタイルや色彩，異国の文化，歴史などの要素が混ざり合い，賑やかで，奇抜性がある商業施設が造られた[138]。

80年代には全国各地の優れた商品を展示し，1986年に開業した長春路商店（1995年に開発区商場としてリニューアルオープン）の他に商業施設がまだ開業されていなかったため，ライバル施設がなく大繁盛したのであった。

しかし，1990年代後半になると，観光客を目当てにした品揃えと建築の外観だけの工夫は，大連市内や金州区内から通勤してきた者はもちろん，当地の住民や近隣工場で働く労働者にも魅力が感じられなくなり，次第にテナントが撤退して，わずかな飲食店や宿泊施設，美容施設しか残らず，さびれていった。1993年に大商商場，1995年に開発区商場，1999年に友誼商場開発店，2001年に金瑪商場といった商業施設が次々に開業し，拡大し，次第にその利用客も増えていったからである。それらの商業施設は五彩城から金馬路を渡り，金馬路と遼寧街の交差点より東側に行った辺りに位置している。五彩城

[138] 李，2004，同上論文，18ページ。

101

第Ⅰ部　価値実現空間の生産と消費者化

は，2000年頃に電車の開通により若者がよく集まる広場，または居酒屋，クラブ，マッサージなどが集う娯楽空間として再び賑やかさを取り戻した。

　五彩城や安盛ショッピングセンターの商業施設は，開発区政府と大連市政府の主導で計画されたものである。大連開発区の空間を記述したジャーナリストの王国棟によると，90年代に工業生産のために計画し建設された大連開発区は，「殺風景」なところで，出勤時間になると労働者が通勤バスで工場まで運ばれて，終業時間になればみんな隣街の大連市内や金州区に戻っていった。また宿舎から商業施設までの交通手段がなかったため，宿舎で生活する者も街に出ず，街の中には一人もいなくなったという。そんな状況を変えようと，大連開発区政府は労働空間に隣接して，消費施設として五彩城を建設した。一方，安盛ショッピングセンターは，2002年に国民経済，社会発展，都市発展のために商業施設の増設に重点をおく「大連市商業網点規格建設管理条例」の都市発展条例に沿って計画され，建設された。その条例の第3条および第6条は「市級商業中心（市レベルのショッピングセンター）」を建設し，ショッピングセンター，デパート，専門店を中心とする商業施設の面積の拡大およびその商業機能の増加の方向を目指していた[139]。この条例は，大連開発区の空間を生産空間に加えて消費空間としても計画し，建設する方向を示している。

　この他，自然的，地理的条件を生かしたレジャー観光施設の計画，建設も見られた。大連開発区の地理的位置をみると，3つの山と1つの海岸があり，王国棟は次のように表現している。

　　中国人民共和国の歴史からいうと，もし経済特区の詩篇が深圳から描かれるのだとすれば，経済技術開発区の音楽は大連開発区の馬橋子の漁村から奏でられる。大連開発区は「負陰抱陽，背山面水」の風水宝地である。そこは大黒山，砲台山，童牛嶺の3つの山があり，中国に古くから存在している「龍脈」に属している。龍脈の起点は長白山（吉林）であり，千山（鞍山），大黒山（大連）を経由し，老鉄山（旅順），泰山（山

---

139) 法律教育ホームページ，http://www.chinalawedu.com/，2013年6月21日検索。

東)までとなるが，大黒山の麓に位置する大連開発区は中国遼南地帯の南側の龍脈の一部である[140]。

　大連開発区の一番北側には大黒山（坊主山）があり，一番南側は泊石湾人工ビーチがある。泊石湾人工ビーチに近隣しているのは童牛嶺（東山）という山であり，その山頂からは泊石湾人工ビーチを一望することができる背山面水の地である。大黒山と童牛嶺が南北から向かい合い，それらの間に砲台山（徐家山）が位置している。

　三山の第一座である大黒山は，663メートルの高さがあり，社交の場，観光の場，宗教の場というだけでなく，登山記念品や土産，郷土料理の材料を売る場にもなっている。その開発は中国の隋朝・唐朝の時代に遡ることができる。隋朝期にまず観音閣が造られた。唐朝になると観音閣は普段文人墨客や高官商人，行者僧侶が登高望遠（高いところにのぼり，より遠くを望む）し，朝廷（皇帝）を拝み，観音さまをまつり，死者を弔い，天と地に感謝する儀式を行なうために利用された場所であった。その後，明朝の時に荒れ果てた観音閣は陳徳新，方影山という名の僧侶が募金をつのり再建した。観音閣は上院と下院に分かれ，新たに造営された。それ以来，長い間信仰の場として人々を集めていた。毎年3月16日から3日間だけ廟会が開かれ，周りの住民による賑わいが見られていたが，1960年代以後の文化大革命の間に観音閣は封建の象徴とされて，破壊され，使用されなくなり，上院の建物だけが残された。それから何十年間も補修されることがなかったが，大黒山は「都市公園開発プロジェクト」と「大黒山観光地計画」により再開発が進められている。中国の国家レベル森林公園は，1982年に指定され，2006年に標準化，規範化を図るために「中国国家森林公園専用評志使用暫行方法（中国国家レベル森林公園専用シンボル使用方法について）」が実行された。国家レベル森林公園の設立の目的は，まず景観資源の保存と保護，次に資源環境の考察と研究，第三に観光業の発展である[141]。大黒山は，国家レベル森林公園，国家地質

---

140) 王，2009，前掲書，61-63ページ。
141) 国家林業局ホームページ，http://www.forestry.gov.cn，2013年8月9日検索。

公園に指定されたために，大連政府が2009年に「十一五計画（第十一期五カ年計画）」に関わる「遼寧沿海経済帯発展計画」の中の開発プロジェクトとして推進し，再開発が始まった。2013年に大連開発区管理委員会と観光開発の専門家により歴史文化と自然の2つのテーマを中心とする「大黒山観光地計画」大会が開かれ，観光ルートやロープウェイ，周辺の観光施設，宗教民族館施設などを建設する計画を立てている[142]。

大黒山と同じく龍脈に属する砲台山は，1893年までは徐家山と呼ばれていた。標高は90メートルではあるが，大連開発区の中心に位置し，1990年代に日清戦争を記念するための日中友好のシンボル，観光地とされていた。今は砲台山公園と名付けられているが，その建設は歴史的な意味合いを持っている。1888年すなわち日清戦争のすこし前に李鴻章は，大連旅順港を軍事用に造りあげると同時に，徐家山を含む6カ所に陸用砲台を計画していた。その砲台は東南向き馬蹄形で，幅が8メートル，高さが12メートルあり，コンクリート造の兵舎と弾薬倉庫とからなっていた。そこは当時ドイツから購入し，最新鋭の16門の大砲が備えられたが，1894年日清戦争が始まり，旅順港が攻落され，そのうえ清朝政府の腐敗が重なって，兵士は戦意を喪失し，砲台山は一回も使用されずに占領されてしまった。その不戦敗の屈辱を銘記するために砲台山の南側に日清戦争で戦死した将軍の立派な墓を造って埋葬した。その約70年後，文化大革命時期，清朝の将軍の墓であることを理由に無惨に破壊されてしまった。時間が流れ1984年に徐家山は正式に砲台山と改名され，そこを中心とする大連開発区が計画され，建設されていった。1995年，日本社会党から500株の桜が贈られ，「賞桜亭」が建てられた。しばらくの間，砲台山は日中友好のシンボルであり，日清戦争を記念するための観光名所でもあった[143]。

龍脈の3つ目の山は童牛嶺である。そこは大黒山のような神を祭る山でもなく，砲台山のような屈辱の歴史を背負っている山でもない。9つの峰があり，一番高くて175メートルである。泊石湾人工ビーチを一望することがで

---

142) 大連金州新区政府ホームページ，http://japanese.dda.gov.cn，2013年8月9日検索。
143) 王，2009，前掲書，67-68ページ。

きる童牛嶺は，童牛嶺公園として2000年以降に大連開発区管理委員会により再開発され，工業発展をテーマとし，自然環境の重視をアピールするために蓮の池やハトの「家」，綺麗に手入れされている芝生，UFO型の展望台が造られた。

　2000年以降，大連開発区管理委員会は，全長73キロメートルの大連開発区の海岸線のうち，「南坨子」[144]と呼ばれていた海岸線を泊石湾人工ビーチとして開発した。そこは以前から岩礁が多く砂浜海岸ではなかった。2001年大連開発区管理委員会が8000万元を投資し，大連開発区内で唯一照明設備がある泊石湾海水浴場として開発した。しかし，安全問題と工事の未完成部分が残されていたので，2003年馬橋子街道は泊石湾海水浴場の再開発を行ない，展望台や通路のガードレールなどを増設し，監視カメラなども設置した。また休憩室や着替え室，トイレなどの設備も整い，2006年には医療救急センターも増設した[145]。

　五彩城は，「殺風景」な生産空間を彩り，労働者のアフターファイブを豊かにするために大連開発区政府（地方政府）により計画され，建設された。2000年頃まで長春路商場のリニューアルオープンや大商商場，友誼商場，金瑪商場などの商業施設が相次ぎ開業され，商業施設の増強が見られたが，まだ観光施設が計画されていなかった。2002年以降になると党・政府の指導者は，「都市開発条例（2002年）」や「都市公園開発プロジェクト」などの政策の実施をすることによって，さらなる商業施設の増強と自然的，地理的条件を生かした観光施設の建設が進められてきた。

第2節　集合的消費施設

　工業生産空間として始まった大連開発区は，人々が居住する都市として必要な商業施設，観光施設の外に，集合的消費施設も充実していった。ここでは，集合的消費施設である居住，医療，教育，文化施設について整理する。

---

144) 王，2009，前掲書，41ページ。
145) 大連開発区ホームページ，http://www.dlkfq.gov.cn/，2011年9月1日検索。

第Ⅰ部　価値実現空間の生産と消費者化

1．居住施設

　大連開発区は未完成の街であるが，近年マンション開発・購入ラッシュに沸き，金馬路南側の中心地の繁華街では低層ビルが壊されて高層ビルの建設が進み，新たに海岸線に沿って高層ビルや一戸建ての別荘型住宅の開発が進められている。金馬路の大通り，商業中心の繁華街の周辺には高層ビルが立ち並んでいるが，その中に1区画だけ，違和感を感じさせる東山小区という名の7階建ての低層ビル群がある。東山小区は童牛嶺の近くに位置し，大連開発区ではもっとも古い住宅区ではあるが，1985年建設であり歴史的にはそれほど時間が経っているわけではない。同時期に建てられた低層住宅としては紅梅小区，翠竹小区，青松小区，西山小区などがある（図表1-17左）。これらとは対照的に，海岸に沿って90年代にただ1カ所だけ別荘型住宅区が開発された。別荘型住宅区は3階建ての一戸建てで，ピクチャーウィンドウが海岸向きに設置されている。現在ではその出入り口は警備員が守衛をしていて，出入りする者をチェックしている。また鉄の塀で別荘区の周りが囲まれて，警備員の目の届かないところには防犯カメラが付けられている。典型的なゲーティッド・コミュニティである（図表1-17右）。

　2000年代になると，高層ビルや別荘型住宅が商業中心の繁華街や海岸部に多く建てられている（図表1-17下）。それらの住宅の中で一目置かれるのは大連開発区の一番南東側に位置する，「紅星海世界観」という名の高級住宅タウンである。そこは別荘区の東側からすこし離れた海岸に沿って位置し，高層マンション，別荘型住宅のゲーティッド・コミュニティである。その高級住宅タウンの中には高級な居住施設だけでなく，商業施設や「Health 山体公園」・「Love 山体公園」・「Star 人工ビーチ」の観光施設，幼稚園，小中学校の教育施設も建設された[146]。

　90年代には東山小区，西山小区の住民は，人民公社時代からの旧住民が多く，紅梅小区，翠竹小区，青松小区は大連開発区の公務員や行政関係者が多かったと言われているが，今旧式の低層ビルには多くの元現地住民や流動人口，生産労働者が居住している。そのため，今でもかつての農村・漁村の面

---

146) 新浪不動産ホームページ，http://data.house.sina.com.cn，2013年6月検索。

第3章　価値実現空間と消費者化

図表1-17　東山小区（左），一戸建て（右），海岸高層ビル（下）

出典：筆者撮影。

影が残されている。旧4カ村に住んでいた農民，漁民が集められた住宅地であるので，行商人が集まる朝市や公園周辺に植えられたトマト，ナス，キュウリなどの野菜，炭火のコンロ，ビルの中の通路に置かれた漬物用の大きなつぼ，ベランダで飼われたニワトリやカモなどの家禽などが見受けられるのである。

　経済的能力がある者は高層ビルや別荘型住宅に引っ越し，低層ビルの空室を賃貸物件にしている。あちこちの低層ビルのベランダに電話番号が書かれた紅い旗が掲げられているのは部屋の持ち主と直接交渉するための広告である。一戸建てに居住しているのは外資企業の重役や起業家，投資家である。外資企業の重役を見ると，彼らは90年代からすでに外国語が堪能で，改革開放後にすぐに「下海（外資企業や，その経済活動に転職すること）」し，外資企業と生産労働者との間のパイプ役を果たしている。外資企業側の需要を知り，当地の事情も把握しているため，自分に有利になるように物事を運んできた。そのため「第一樽金（改革開放後に最初の一番大きな利益）」を獲得した者と呼ばれている。そのような人たちは別荘型住宅を買い，外車を購入して，優

107

雅な暮らしを手に入れた。高層マンションを購入する者は，外資企業の重役ではないが，中間管理職の者やホワイトカラー，商売・起業した者などが多い。

　住宅の購入と言っても所有権ではなく，使用権の購入である。大連開発区の新築住宅用地の使用権は65年ケースが一番多く，なかには45年もある。使用権は住宅を購入してから計算されるのではなく，不動産業者が土地の使用権を購入した日から年数がカウントされる。近年，不動産業者が土地使用権を購入しても，会社の資金繰りが悪いため，すぐに建物を建設せずに何年間か開発しないケースがある。そのため，住宅購入者にとっての使用権の期間は短くなってしまう。また大連開発区で合同工（契約社員）が安定した仕事に就くと，住宅ローンを組むことができるが，それは25年の変動金利が多い。最近の住宅ローンの金利は6.55％にもなり，一番高い時期には7.25％にも達したことがあった。住宅ローンを組める契約社員はその所属企業が住宅ローン組合に入っていれば，1999年「住宅公積金管理条例」に基づき，より安い金利で住宅ローンを組めるのである。大連開発区のほとんどの外資企業は条例に基づいて住宅ローンの組合に入っている。それは，企業と銀行が提携して，当該企業で働く者に対し4.8％程度の安い金利で住宅ローンを組めるようにするシステムである（2012年11月当時）。

　住宅ローンは，中国社会主義計画経済社会の本質を根本から揺るがすものと言える。90年代末頃に住宅ローンを組んで住宅を買うか，貯金して住宅を買うかについてのアメリカのおばあさんと中国のおばあさんの人生を比較した話しが流行った。アメリカのおばあさんは若い頃から住宅を購入して，死ぬ直前でようやく住宅ローンを完済したが，一生涯その家で幸せな生活を送ったのに対して，中国のおばあさんは若い頃から貯金をして，死ぬ直前になってようやくマンションを買ったが，その家で幸せを享受することがなかった，という両国の人生を比較したものである。当時，中国人は，貯金するばかりで消費しない自分の人生の「愚かさ」について猛烈に反省し始めた。社会主義計画経済社会時には住宅は国から無償で提供されるものであったが，それ以後は個人で購入するものへ転換したのであり，一生涯続く住宅ローンを組んで，自分の将来のお金を今のために使い，自分や自分の家族だけでそ

の家を享受し，今の自分の「幸せ」な人生を送る，という私的消費の真髄である。しかし，大連開発区では住宅ローンを組んでマンションを買える者と買えない者の相違がある。外資企業のライン生産労働者で，非契約社員や，住宅ローン組合に入っていない中，小，個人企業で働く下層階級労働者は買えない者の例である。そのような者の多くは，外資企業の宿舎で，街の賃貸の低層マンションで，生活を送っている。

2．教育施設

　大連開発区はまた前述した通り，2013年現在教育施設のうち，民間学校88カ所の他に，高校5校，中学校11校，小学校22校，大学8校がある（図表1－18）。民間学校のうちカナダ楓葉小学校，北京大学附属小・中学校という，外資系私立学校や有名国立大学附属の学校が「貴族学校」として名をあげている。

　大連開発区の教育は普通学校と進学学校，貴族学校とに分けられる。小学校の松林小学校，中学の大連開発区第七中学校，高校の大連開発区第一高校，大連開発区第八高校は進学校であり，大連大学，大連理工大学ソフトウェア学院は有名大学である。それらの教育施設に進学すると，いわゆるエリートコースであり，将来よい収入が得られ，高い社会的地位を獲得する可能性が高いと見られている。

　教育は「教育消費者」である学生（学生の親）によって選別される対象となった。大連開発区ではインターネットによる情報発信により，よりよい教育施設，教育内容を競う学校は，有名校への進学率，学生の成績点数のランキングなどでランク付けされ，ブランド化されたのである。私立の貴族学校は普通教育だけでなく，語学やコーラス，ピアノ，書道などの教養科目が設置され，生徒が低学年の時から外国人の言語教師と接触し，「貴族」の子，国際人としての教育を受けている。そのかわり貴族学校の学費は，年間2万元（約320万円）である。義務教育の紅梅小学校，松林小学校，第七中学校の学費はわずかであるが，その代わりその学区に在住している戸籍が必要となるため，教育熱心な保護者は子供の教育のためにその学区にマンションを購入し，戸籍を獲得する例も多い。それらに対して，大連開発区では住宅を持てず，戸籍が他県・市・区（郷）・村の労働者の場合，居住地の公安局

第Ⅰ部　価値実現空間の生産と消費者化

図表1－18　大連開発区の小・中・高・大学

分類	学校名
小学校	大連開発区海濱小学校　大連開発区大孤山小学校　大連開発区金石灘小学校 大連開発区新橋小学校　大連開発区臨港小学校　大連開発区東山小学校 大連開発区西山小学校　大連開発区董家溝小学校　大連開発区新城小学校 大連開発区青松小学校　大連開発区格林小学校　大連開発区金源小学校 大連開発区東居小学校　大連開発区紅梅小学校　大連開発区港西小学校 大連開発区得勝小学校　大連開発区湾里小学校　大連開発区育才小学校 大連開発区大李家小学校　大連開発区杏林小学校　大連開発区松林小学校 大連開発童牛嶺小学校
中学校	大連開発区第二中学　大連開発区第三中学　大連開発区第四中学 大連開発区第五中学　大連開発区第六中学　大連開発区第七中学 大連開発区第九中学　大連開発区第十一中学　大連開発区第十二中学 大連開発区第十三中学　大連開発区海濱学校
高校	大連開発区第一高校　大連開発区第八高校　大連開発区第十高校 大連開発区105高校　両陽高校
大学	瀋陽音楽学院　魯迅美術学院　大連大学　大連理工大学ソフトウェア学院 大連理工大学城市学院　東北大学大連芸術学院　東北財経大学津橋商学院 大連民族大学

出典：グーグルマップ https://maps.google.co.jp/．2013年10月21日．を参考にし筆者作成。

に「暫定居住」を申請し，本来義務教育を受けるはずの学校以外で就学する「借読」[147]となる。「借読」は大連開発区地区規定や各学校の校則により，煩雑な手続きと料金徴収が行なわれている。つまり，出稼ぎ労働者の子供は入学するのに戸籍制度により制限されている状況にある。

3．医療施設

　医療施設もまた集合的消費施設であるが，それらは異なる消費者を対象にして利用させている。医療施設には，大連医科大学附属病院，大連開発区医院，大連金石灘医院，大連盛和康復医院，大連開発区黄海路中医医院，大連開発区金源医院，大連港新港職工医院，大連開発区湾里医院，大連開発区董

---

[147] 借読について1992年に国家教育委員会が公布した「義務教育法実施細則」により，学齢児童・生徒で戸籍所在地以外の地域において義務教育を受ける者は，戸籍所在地の県級あるいは郷級教育部門の許可を受けて，居住地人民政府の関連規定に従って「借読」の申請ができると規定した。その場合，義務教育であるが，保護者が学費を雑費として負担とする。劉綺莉，2008，「農民工の子どもの教育問題に関する研究」『人間社会研究第15号』，100ページ。

第 3 章　価値実現空間と消費者化

家溝医院，大連開発区得勝衛生院，大連開発区大李家衛生院，大連保税区医院の医院がある[148]。大連医科大学附属病院が一番進んでいる病院で，大連医科大学に附属する病院は第一附属病院と第三附属病院の2カ所があり，2000年以降大連開発区に開業した。そこは，2012年に大連開発区管理委員会との合弁経営になり，医療，教育，研究，リハビリ，社会保険の目的を集結する大型総合病院として業務内容の拡大を実現した。そこには基本医療区のほかに，新技術医療区，外国人専用医療区，婦人幼児医療区および生育研究センター，救急センター，医療保険センター，健康診断センター，医療教育基地の12項目が増設された[149]。

また，各街道には，大連開発区海青島街道社区衛生サービス中心，大連開発区馬橋子街道社区衛生サービス中心，大連開発区大孤山街道海景社区衛生サービス中心，大連開発区金石灘街道衛生サービス中心がある[150]。街道社区衛生サービス中心は，街道を中心とする周辺住民の疾病の予防，治療，健康促進を目的とするコミュニティ医療所で，政府が設置し開業したものである。

診療所は，個人が開業した軽度な病気を治療する場所で，広い地域や人口分布の不均等な地区において距離や医療費用などの理由で大型病院に通えない者がよく利用され，大型病院を補完する役割を果たしている。大連開発区の診療所は以下のとおりである。百草堂診療所，東方診療所，劉秀芝診療所，王軍診療所，劉露診療所，李俊国診療所，中西医診療所，宋林軍診療所，蕣華君診療所，青松診療所，何欣診療所，孫志泰診療所，王桂英診療所，盛良診療場，韓志強診療所，九天診療所，劉秀芝診療所，孫伝文診療所，宋林軍診療所，北斗診療所，劉仁興診療所，王琦診療所，王樹興診療所，旭日診療所，李氷診療所，東方診療所，譚德俊診療所，于和平診療所，盛良診療所，那永平診療所，新橋診療所，健民診療所，百寿堂診療所，王軍診療所[151]などがある。

医療の商品化は1990年代の社会保険制度改革から始まった。1951年から「労

---

148)　グーグルマップ https://maps.google.co.jp/，2013年10月17日，を参考にし筆者作成。
149)　「大連医科大付属第一病院金州新区医療中心起動」，新浪ニュースホームページ，
　　　http://news.dl.soufun.com/，2013年6月10日検索。
150)　グーグルマップ，前掲ホームページ，2013年10月17日，を参考にし筆者作成。
151)　グーグルマップ，前掲ホームページ，2013年10月17日，を参考にし筆者作成。

第Ⅰ部　価値実現空間の生産と消費者化

働保険条例」により，企業が指定した医療施設での医療費用は，その企業によって負担され，利用者は「無料」で医療行為を受けられた。1998年全国医療保険制度という新しい制度に基づき，医療費の自己負担部分が発生し，また居住している地区内の医療施設共通の制度となっているため，医療施設を選択することが可能になった。そうなると医療施設はブランド化され，ランク付けされ，商品化されるようになった。

　大連開発区では大型病院，街道社区衛生サービス中心は，医療社会保険を使用することができるが，診療所は使用することができない。医療社会保険費用は個人，企業，国家の三者負担ではあるが，企業と労働契約（雇用契約）を結んでいない臨時職員や労働者，都市部の企業向け社会保障制度の対象でない都市地区で働く農村戸籍の者は，医療社会保険制度に加入することはできない[152]。医療社会保険に加入していない者は，診療所をよく利用するのである。

4．文化施設

　文化施設は金馬路と東北大街の交差するところに位置している。大連開発区大劇場，大連開発区図書館，大連開発区展覧館などを中心に文化センター，大連開発区市民スポーツセンターがある。大連開発区展覧館は大連開発区管理委員会が中心となって計画した大型文化建築の一つであり，大連市政府の重要なプロジェクトの一つである。それはカナダの The Oval Partnership Ltd. によって設計され，大連開発区企画建設局，大連徳泰控股有限公司によって建設された。それらは2000年以降に建てられたものである。文化センターは図書館・開発区展覧館（A区），会議室（B区），大劇場（C区），公共駐車場，緊急通路，室外広場（D，E，F区）に区分された。大連開発区図書館，大連開発区展覧館は文化センターの西側に位置し，会議センター，大連開発区大劇場はその東側に位置している。そして2つの建物の中間に室外広場が建設された。2つの建物は山型と扇型をしていて，表面はガラス張り

[152) 沙銀華，2000,「中国保険制度の現状と問題」，海外社会保険研究 Autumn 2000, No.132.

第 3 章　価値実現空間と消費者化

図表 1 – 19　大連開発区文化センター

出典：『文化センター金馬路夜景』楊胡英撮影。

で広場から上に向かってそびえ立っている（図表 1 – 19）。

　大連開発区文化センターの一つの施設である大連開発区展覧館に入ると，大連開発区の歴史，現在，未来を展示している。7 エリアに分けられて，受付，ホール，歴史区，企画区，未来企画区，観光区，持続可能発展区となっている。大連開発区企画展覧館の 1 から 7 までのエリアをめぐると，1985年から漁村地区を更地にして始まる大連開発区の歴史，その後の歴史の順を追って，大連開発区の工業施設や，商業施設，文化施設などの増設を見ることができる。また 7 エリアによって囲まれ真ん中に位置しているのは今の大連開発区の空間模型である[153]。その空間模型は，大連開発区のすべての施設や建物を縮小し，展示している。その空間模型をよく見ると，一番目立つのは工業生産開発区である。その工業生産開発区は，大連開発区のほとんどの面積を占めている。その他に，工業生産施設，居住施設，商業施設，文化施設，観光施設，行政施設，教育施設，医療施設も明確に示されている。

　大連開発区文化センターは地域文化のシンボルで，経済発展の結果生み出された産物であると強調されている。その施設は「海」（扇型），と山（山型）を象徴とし，すなわち芸術の海，知識の山の具象化したものである。文化センターは，経済発展，人文環境を整えて，優秀な人材がここで創業，仕事，生活するために，また移住者，長期居住者が文化の趣味を養い，都市全

153）信邦技術有限公司ホームページ，http://www.sibon.com.cn/index.asp，2013年 6 月13日検索。

113

第Ⅰ部　価値実現空間の生産と消費者化

体の文化の素質をあげるために，先進的な文化を伝播することが期待されている[154]。市民に本を読む習慣を養わせるために大連開発区図書館は，定期的に読者との意見交流会，座談会を開き，読者のために新刊の本や，CDなどの資料を用意している。図書館で働く者は，街頭でパンフレット5000部あまりを配布し，各社区，街道委員会に連絡し，宣伝活動をしていた。図書館の職員は企業単位に行って，図書館の会員証を作成した。そのうえ「大連日報」，「大連晩報」，「新商法」，「開発区政府ホームページ」，「大連文化ネット」などのメディアも大連開発区図書館の利用を促すよう報道している。さらに，そこは教育部門と連携し，各小中学校に対して「小中学校の児童・生徒のための図書，教育部指定図書」を推薦する「青少年の家」を設立した。

　しかし，そのような文化施設は商品化を促進する施設としても活用されている。例えば2010年10月，大連開発区図書館と紅星海世界観高級住宅タウンの不動産会社遠洋不動産は共同で「紅星海杯―大連を愛する理由」と題する国際撮影展を開いた。展覧会の開幕式において管理委員会副主任王延輝や教育文化体育局副局長胡躍新，大連開発区図書館長喬海濱，紅星海世界観プロジェクト副経理劉凱などが講演した。国際撮影展は外国人のカメラマンが大連開発区の魅力を取った写真を展示したものである。紅星海世界観高級住宅タウンは，国際標準で造り出された高級マンションタウンで，山と海の自然の間で，奢侈な生活を享受することができる居住施設であると強調している[155]。また，一年を通して舞台劇や音楽，マジックショーなどの演出が開かれている。2013年12月の舞台劇「Home Alone」，音楽会「Messmer, Pierre 独奏曲」・「カナダストリングカルテット」などが上演され，チケット代は100～180元である。そのような施設は高級マンションを購入する経済力を持っている者やある程度の文化的教養がある者によって利用されている。

　こうして大連開発区において商業・観光施設，集合的消費施設によって形成される消費空間が生産された。商業施設は商品やサービス，金銭を交換す

154）大連天健ネット，http://www.runsky.com/，2013年6月13日検索。
155）中華人民共和文化部，http://www.ccnt.gov.cn/，2013年6月21日検索。

る場であり，価値実現の場であるが，観光施設，集合的消費施設もまた時間，文化，教育，医療，土地の消費の場である。

第3節　生産空間と消費空間と消費者化

　第Ⅰ部では，「大連開発区の人々は，どのように消費者化したのか」の問いを掲げて，「価値実現空間の生産と消費者化」について見てきた。大連開発区の所在地は，1983年10月まで人民公社の一部として機能していた。旧農村，漁村の人々は，1958年から1983年の間まで遡れば，人民公社の制度に基づいて，農業生産，漁業生産の主に第一次産業に従事し，季節の移り変わりに従って生活していた。その時期の人民公社生産大隊の空間は，生産大隊が所有する耕地や果樹園，海岸養殖場，また生産大隊の居住施設や食堂，スポーツ場，小さな図書館，大孤山郷中心小学校，金県12中学校などの生活基盤施設があった。馬橋子村馬橋子生産大隊の施設の例をあげると，郷政府事務室，供銷社，大孤山郷衛生院，信用社，糧管所などの施設政府機関施設，県所有の金県重型機器工場，郷所有の大孤山郷汽車修配工場，村所有の馬橋子捕撈場，麻袋工場があった。

　それらの施設はどれも私有財産制ではない集団所有とする制度下に造られたものである。政府が人民公社を一つの単位として，農村住民の生産，消費，教育，政治などの生活を工場（耕地），居住，医療，教育，商業などの施設の集団的所有を通じて組織的に管理，保障を担っていた。人民公社では耕地や果樹園，海岸養殖所を集団所有とし，共同作業を行ない，就職先が整った。また居住，医療，教育などの生活基盤施設が人民公社により運営され，就学，養老，日常生活を保障していた。そして人民公社の中でも生産の近代化を試み，工業生産のための工場施設が整備されたが，社会主義計画経済期の人民公社生産大隊の空間は私有財産制を是とせず，集団的に所有される空間であった。

　それに対して，社会主義市場社会の空間である大連開発区を見ると，商品を生産するための工場・道路・工業開発区，生産労働者を確保するための宿舎・民間学校・人材市場，商品の生産，流通，消費，余暇のための商業施

第Ⅰ部　価値実現空間の生産と消費者化

設・観光施設，人々の日常生活を豊かにする教育施設や文化施設，医療施設はどれも「交換価値」の貫徹を原則とするようになった。すなわち，モノ，ヒト，土地などすべてが交換価値をもち，その空間全体に交換価値が授けられたのである。

　大連開発区に職を得て農村，中小地方都市からやって来た人達は，工場での労働，工場周辺の宿舎における生活体験しながら，労働者として自己を確立していった。彼らを取り囲む新興工業都市の社会環境は，交換価値指向の空間であり，全てのモノが，交換を前提とする商品で満たされていた。社会主義計画経済もしくは地方農村で体験していたものとはまったく異なって，住宅も教育も医療も全てが商品化していたのである。何よりも自分自身が，労働力商品として時給や月給で価格が決められる存在であった。工場の労働現場で優良な労働能力であることをアピールするばかりではより良い豊かな生活を得るには不足で，民間学校で語学やパソコン操作を学び，諸々のスキルを向上させて価値を高める必要に迫られている。美容や化粧さえ自分の価値を上げる技術であり，有料の学校で学ぶのである。そして労働力商品である人々は，「労働市場」で新たな職場を求める。スキルアップした自分にふさわしい賃金，待遇を求めて労働市場の掲示版の募集広告を漁るのである。

　社会主義時期には，行政の房管（住宅管理）部門が分配していた住宅も商品化され，人々は自分の資力に応じた家を獲得しなければならない。大連開発区にやってきた若年労働者にとって唯一の住宅は，企業が提供する労働者の宿舎だけである。ほかの古くからの都市や外国の都市にあるようなアパートはなく，最近建設されている高層マンションや別荘型住宅は，とても手が届くものではない。このように新興工業都市の大連開発区は，全般的な交換価値空間であった。

　ここでは『人民日報』の消費に関する論調と大連開発区の空間の変遷を合わせてみよう。『人民日報』の第Ⅰ期，1949～1982年は，消費を否定する論調であり，その間の人民公社生産大隊であった農村，漁村には商業施設と呼べるのは，供銷社だけであった。第Ⅱ期前期，1983～1998年の『人民日報』では消費を肯定する論調が出てきたが，この間大連開発区では商業施設が開業し，増強した傾向を示したものの，まだわずかな商業施設と居住施設など

が建設されただけであった。そして，第Ⅱ期の後期，1999～2010年は，「小康生活」や「享受型消費生活」が提案され，消費促進の論調が主流となると，それに合わせているかのように大連開発区でも商業・観光施設，集合消費施設の増強傾向が現れる。換言すれば消費を促進する党・政府の指導者の構想に沿って，生産された大連開発区は消費空間の増強とみられ，結果的に消費者化を促進することに繋がった。

　次に大連開発区の女子労働者たちが，消費者になった過程について述べよう。若い農村出身の労働者たちは，休日に労働以外空白の時間に対し「いつも生活している宿舎（工場周辺の自宅）の中にいても使いきれない」，「宿舎に居てもすることがない」という恐怖が芽生え，宿舎以外の場に出かける。当初，わずかな商業施設だけが建設された商業施設は，労働者を受け入れる場となった。労働者は商業施設を利用するうちに，記号的消費に魅了し，ゆくゆくは消費しないと「消費者社会の本物の市民」から排除されるという思いから，自ら消費者になろうとしていた。この点については第Ⅱ部で実証的に論述する。

第Ⅱ部　利用者の社会階級と二類型の商業施設

私は，大連開発区の女子労働者に対して，消費に関するインタビュー調査を行った。その内容は，出身地，生年，家族構成，学歴，職歴などの基本属性のほか，小学生の時から現在まで地域移動体験の有無およびその目的，移動していた地区・生活した地域での商業施設の利用状況，商業施設に対する意識，戸籍の変更状況であった。

　その結果，女子労働者はOL階級と女工階級の二つの階級に分化しており，利用する商業施設もこの階級に従って，二分化する傾向が見られた。この部では，OL階級と女工階級がなぜ異なる商業施設を利用するのかについて，OL階級と女工階級が利用する二つの商業施設空間の差異に着目しながら，その理由を明らかにしていく。

　第Ⅱ部では3章に分けて，このことを述べていく。第4章ではOL階級と女工階級の二分化について整理する。その際に，農村地区出身の女子労働者が，就学や就職のために地域移動し，大連開発区で職を求めるまでの過程における相違が階級分化を決定づけていることを示す。第5章ではOL階級と女工階級が利用する消費空間の相違について述べる。第6章では都市新聞『大連晩報』の消費記事に着目し，商業施設に並べられる商品やサービスが記号として持つ意味を考える。

　以上から，OL階級が利用する商業施設は，外観，内容ともに豪華な新しく大規模な複合型商業施設であり，リッツアによって指摘されるようなスペクタクル化の特徴が大きく見られるものであること，ブランド品が並べられるだけでなく，フィットネスなどの美容のためのサービス施設も併設されており，これらが『大連晩報』の提唱する「幸福な消費」スタイルに呼応するものであることを示す。そして，OL階級の幸福な消費から排除されていること，つまり女工階級が複合型商業施設を利用しない事実に注目する。ただ，女工階級の女子労働者たちは，自らの選択として，商場型商業施設を利用している。第6章では，階級的に排除があっても当人たちの選択の結果のように起こる背景として，OL階級と女工階級のそれまでの商業施設利用体験の相違について説明する。

第4章　OLと女工の階級分化

　本章ではOLと女工の階級分化について整理し，分析する。図表2－1はインフォーマントリストであるが，氏名，生年，学歴，職業，収入（月収），出身地といった基本属性の他に，地域移動回数，地域移動経由地，大連開発区に到着した年について示している。地域移動回数は「大連開発区の出身」が地域移動回数0回，「出身地から大連開発区へ」が地域移動回数1回，そして「出身地から他市・他国を経由」の移動は地域移動回数が2～4回となる。地域移動の目的は就学と就職の2種類に分けて分析する。大連開発区管理委員会，金州新区人口普査事務室は，地域移動目的の分類を「就職，就学，家族滞在・親族訪問，投資経営，立ち退き・不動産購入，外国人，就職者の家族の滞在」の七つに設定しているが，本調査ではインフォーマントの地域移動目的は，就学と就職だけに絞った。

図表2－1　インフォーマントリスト

回数	番号	名前	生年	学歴	職種	月収(元)	出身地	経由地	到着年
0回	1	G玉潔	1970	中学	外資企業作業員	2000	遼寧省大連市開発区（元大連市金州県小孤山村）	―	―
	2	T玉秋	1968	中学	作業員	1500	遼寧省大連市開発区（元大連市金州県董家溝村）	―	―
1回	3	Y双	1993	中学	作業員	1700	遼寧省鞍山市岫岩県新甸鎮教場溝	―	2008
	4	W月美	1991	中学	作業員	1700	内モンゴル自治区赤峰市元宝山区元宝山鎮	―	2008
	5	W威	1991	高校	作業員	1700	内モンゴル自治区興安盟フフホト市勝利西街	―	2011
	6	W立波	1990	中学	作業員	1700	遼寧省朝陽市朝陽県六家子鎮	―	2008
	7	Y麗君	1990	中学	作業員	1600	遼寧省庄河市太平嶺郷	―	2008
	8	Z時琳	1988	高校	作業員	1500	遼寧省庄河市光明山鎮	―	2006

第Ⅱ部　利用者の社会階級と二類型の商業施設

1回	9	M婷	1985	職高	作業員班長	2000	黒竜江省チチハル市光栄路	―	2004
	10	Y秋	1979	中学中退	作業員	1000～1500	黒龍江省大慶市二井郷	―	2007
	11	P麗峰	1973	成人大学	外資企業科長	4000～5000	黒竜江省嫩江県紅五月農場	―	1993
	12	M艶波	1970	中学	外資企業副主任	2000～3000	遼寧省大連市庄河市黒島鎮玉皇山村	―	2001
2回	13	S楠	1988	職高	作業員	1700	遼寧省鞍山市岫岩県営子郷	山東省丹東市	2005
	14	K麗	1978	職高	作業員	2000	遼寧省営口市蓋県太陽昇鎮	大連市瓦房店	1997
	15	T洪梅	1973	職高	外資企業班長	2400	遼寧省大連市旅順口区（元大連市旅順口村）	金州区	2001
	16	G玉紅	1970	職高	外資企業班長	2000	遼寧省大連市庄河市黒島鎮玉皇山村	大連市内	1997
3回	17	J琳	1987	大学	外資企業企画	3000～4000	遼寧省錦州市溝幇子鎮	大連開発区→大連市内	2000
	18	Z暁艶	1986	中専	会社経営計理士	2000～3000	遼寧省大連市普蘭店県掛付橋鎮	大連開発区→シンガポール	2002
	19	Y陽	1976	大学	大学教員	2800～3000	遼寧省鞍山市立山区	大連市内→金州区	1996
	20	X麗氷	1973	大学	銀行員（現主婦）	20万	黒竜江省鶴岡市綏濱県永利村	綏濱県→天津市	1994
4回	21	Z琨	1980	大学	外資企業通訳	3000～4000	遼寧省大連市庄河栗子房鎮	大連市甘井子→金州区→日本	2006
	22	X海燕	1976	中学	元作業員	―	遼寧省大連市瓦房店県泡崖郷	大連開発区→日本→広州	1993
	23	L剣婕	1983	大学	外資企業買付係	5300	遼寧省大連市甘井子区楽金村	瀋陽→上海→大連市内	2011

第1節　OL階級と女工階級

　女子労働者のうち，企画，営業，通訳，会計のような管理・事務的な仕事，あるいは教師，金融，IT・情報データに関する専門的・技術的労働に従事しているOLは，7人いるが，ライン生産労働に従事する女工は，16人いる。両者の相違を考察するために，女子労働者の地域移動回数，収入，学歴を整理する。
　地域移動回数が3～4回の者は，OLになる傾向が強く，逆に地域移動回数が0～2回の者は，女工になる傾向がある（図表2-2）。なぜこのような傾向になるのかを明らかにするために，地域移動回数と学歴，地域移動回数

第4章　OLと女工の階級分化

と収入額に注目する。

　地域移動の回数と収入（月収）を図表2－3に示した。これによると移動回数の少ない者は収入が低く，多い者ほど収入が高くなる傾向がわかる。地域移動回数が0～2回の者は3000元未満が多く，特に2000元未満に集中している。他方，地域移動回数が3～4回の者は3000元以上あるいは，さらに5000元以上を得ている。すなわち地域移動回数が多い者ほど収入の上昇が見られる。

　高収入を得るには学歴の高さが関係していると考えられるので，地域移動回数と学歴の関係をみた（図表2－4）。地域移動回数が少ないほど低学歴で

図表2－2　地域移動回数と社会階級分化（人）

	OL階級	女工階級
地域移動0回	0	2
地域移動1回	1	9
地域移動2回	0	4
地域移動3回	4	0
地域移動4回	2	1
合計	7	16

図表2－3　地域移動回数別と収入額（人）

	2000元未満	2000元以上3000元未満	3000元以上4000元未満	4000元以上5000元未満	5000元以上
地域移動0回	2	0	0	0	0
地域移動1回	8	1	0	1	0
地域移動2回	3	1	0	0	0
地域移動3回	0	2	1	0	1
地域移動4回	1	0	1	0	1
合計	14	4	2	1	2

図表2－4　地域移動回数と学歴（人）

	中卒（小卒も含む）	高卒（職業高校含む）	大卒（成人大学含む）
地域移動0回	2	0	0
地域移動1回	6	3	1
地域移動2回	0	4	0
地域移動3回	0	1	3
地域移動4回	1	0	2
合計	9	8	6

あり，逆に地域移動回数が多いほど高学歴であることが見てとれる。地元出身者，出身地から直接開発区に来た8人は全員中卒であり，3回以上の7人のうち5人が大卒者であった。収入の多さを決めているのが学歴であると見ることができる。

地域移動の回数が多いほど収入も高く，学歴も高く，OLになる傾向が見られる。それとは対照的に移動回数の少ないほど収入が低く，低学歴で，女工になる傾向が見られた。さらに複数回移動体験者について，どんな目的で，どんな地域を経由して移動したのかについて注目し，OLと女工の区別を明らかにする。

第2節　地域移動と社会階級の分化

ここでは女子労働者のうち，OL階級と女工階級がどのようにして形成されたかについて，地域移動，特に地域移動の目的に注目して分析していく。図表2-5は移動回数とその目的別に，OLと女工の分化を示したものである。地域移動0回の者は地元出身者であり，地域移動体験を持っていない。地域移動1回の者は全員就職目的で出身地を離れ，大連開発区にやって来た者であった。地域移動2回の者は全員が，最初の移動は就学目的であり，次の移動が就職目的であった。3回以上の地域移動体験者の移動目的の中には，少なくとも1回の「就学」目的の移動が含まれていた。まとめると2回以上

図表2-5　地域移動の目的と社会階級分化（人）

地域移動回数	地域移動目的	OL階級	女工階級
地域移動0回	地域移動なし	—	2
地域移動1回	就職	1	9
地域移動2回	就学→就職	—	4
地域移動3回	就学→就職→就職	1	—
	就学→就学→就職	3	—
地域移動4回	就職→就職→就職→就職	—	1
	就学→就学→就学→就職	1	—
	就学→就職→就職→就職	1	—
合計		7	16

第 4 章　OL と女工の階級分化

の地域移動体験者の11名のうち10名が進学するために出身地を離れているのである。移動回数別に具体的な事例を示して考察しよう。

1．地域移動 0 ～ 1 回の者の事例

　地元出身の者は図表 2 - 1 で示したケース 1 の G 玉潔と，ケース 2 の T 玉秋である。2 人はそれぞれ1970年，1968年生まれで，子供の時に社会主義計画経済期を体験していた。T 玉秋は中学を卒業した後，元生産大隊の昆布の養殖場で半年間働いた。当時の生産大隊では仕事をする場所が少なく，養殖場での仕事を辞めた後，しばらくの間，無職であった。22歳（1992年）になってようやく外資企業で月200元のライン生産労働に従事する仕事が見つかった。G 玉潔も同じく中学を卒業した後，大連開発区に新しくできた宿泊施設の従業員として，しばらくの間働いたが，結婚して仕事を辞め33歳（1999年）まで主婦をしていた。その後，子供が大きくなったので，外資企業のライン生産労働に再就職した。

　出身地から直接大連開発区へ来て就職したのは10人だった。ケース 3，4，6，7，12の 5 人が中卒で，中学中退はケース10である。また，ケース 5，8，9 の 3 人が高卒で，ケース11は成人大学[156]卒業である。中卒，中学中退の10人のうち，1970年代生まれは 3 人，85～93年に生まれたのが 7 人であった。10人の出身地は遼寧省 5 名，黒竜江省 3 名と内モンゴル自治区が 2 名であった。大連開発区での仕事はいずれも外資企業で生産ライン作業員や班長である。1973年生まれ（39歳）のケース11の P 麗峰は大学卒で，外資企業の科長であり，月給は4000～5000元である。1970年生まれの（42歳）M 艶波は副主任で，月給が2000元以上であるが，ほかの 8 人は2000元未満であった。職種によって月給はだいたい決まっており，科長職の 1 人のみ収入が多いが，他の 9 人は収入に大差がなかった。この10人について具体的なライフヒストリーを見ておこう。

156）　1980年代から掲げられた成人高度教育の一つで，高校卒業者あるいは在職者を対象として，専門職，経営・管理職，技術職の職業専門能力を開発するために開かれた，普通大学に付属した通信教育，夜間大学のことである。

第Ⅱ部　利用者の社会階級と二類型の商業施設

　　ケース11のＰ麗峰は，1973年生まれ，黒竜江省嫩江県紅五月農場出身：
　　５人家族，兄妹３人のうち一番できが悪いほうというのが本人の弁であ
　　る。高校を卒業したものの，彼女は大学に合格しなかった。ちょうどそ
　　の頃２番目の兄が公費で日本へ留学して帰国し，大連開発区の国営企業
　　に就職することができたので，彼女は兄についていき，紹介で1993年に
　　国営企業に就職し，1995年に今働いている外資企業へと転職した。外資
　　企業に転職後，彼女はすぐ日本語教室に通い始め，そのうち就労しなが
　　ら成人教育大学に進学し，大卒の資格を得た。その後５年もかからない
　　うちに係長になり，2012年に科長にもなれた。それにより収入も増え，
　　4000元から5000元になった。

　　ケース12のＭ艶波は，1970年生まれ，遼寧省大連市庄河県（現在庄河市）
　　出身：中学卒業後，19歳から５年間くらい月200元で地元の子供服製造会
　　社で働き，24歳の時（1994年）に結婚してしばらくの間，主婦をしていた。
　　2001年になると，大連開発区の外資企業に就職することができた。同じ
　　会社に12年間働き続けてようやく主任になれたが，月収の面から見ると
　　3000元以下であり，作業員の中では少し多くもらっているだけだ。

　Ｐ麗峰は地域移動した後，社会階級，収入の上昇が見られたが，成人大学
を卒業しても，高い学歴を獲得したと見なされていない。成人大学の制度は
緩く，入試なしで入学させ，大卒に準ずる科目単位を取得させないで，卒業
証書を交付する場合も多いので高学歴とは見なしにくい。そうするとＰ麗
峰は職種上ＯＬに分類されたが，実際には高学歴を獲得せず，ＯＬ階級に属
していないと分類することができる。もう一人のＭ艶波は，ライン生産の作
業員よりすこしだけ地位が上昇したものの，収入の増加はあまりない。他方，
1979年や80年代後期に生まれた者は，ライン生産の作業員や班長で，８人の
うち４人が大連開発区での外資企業間の転職体験を持っている。

　　ケース３のＹ双は，1993年生まれ，遼寧省鞍山市岫岩県新旬鎮教場溝の
　　出身：姉が大連開発区の外資企業に勤めていたので，2008年に中学卒業

後，ここで就職した。最初の半年間は，姉と同じ工場で月収800〜900元程度で働いていたが，半年を少し過ぎた頃に，少し賃金の高い他の外資企業の募集案内を見て転職し，その後，さらに半年でより高賃金の外資企業のライン生産の仕事に移った。

ケース5のＷ威は，1991年生まれ，内モンゴル自治区興安盟フフホト市勝利西街の出身：家族4人構成で，弟が1人いる。彼女は中学卒業後，1年間専門学校に通ったが，学校に通って卒業しても，仕事が見つからないと思い，2011年に大連開発区に来た。最初の仕事はＤパソコン工場で組み立て作業の仕事をしていたが，半年も経たないうちにＫＡカメラ工場のライン生産の仕事に転職した。

ケース6のＷ立波は，1990年生まれ，遼寧省朝陽市朝陽県六家子鎮の出身：中学卒業と同時に，先に大連開発区で働いていた姉を頼って同じ服飾工場で働くようになった。姉と一緒に1年間は働いたが，姉は結婚するため出身地に戻った。姉の結婚式のために休暇をもらおうとしたが，リーマンショックの影響で，経営不振になっていた工場から休暇を取ることができず，結局仕事を辞めることになった。結婚式を終えて再び大連開発区に戻ると，前より賃金の高いＫＡカメラ工場のライン生産に従事することになった。

ケース7のＹ麗君は1990年生まれ，遼寧省庄河市太平嶺郷の出身：同級生や周囲の若い女子の多くが大連開発区に働きに行ったので，自分は彼女らに劣らず仕事もできると思い，大連開発区でＫＡカメラ工場に就職した。3年も経たないうちにＫＯカメラ工場のライン生産の仕事に転職した。給料がすこしだけ高かったからであった。

この4人はよりよい収入を得るために少なくとも1回転職したが，月給の額に若干変化はあるものの階級の変化はなかった。彼女らに対してケース9，10は転職した体験はなく，社会階級の変化も少ないが，ライン生産作業員の

第Ⅱ部　利用者の社会階級と二類型の商業施設

中では，班長や契約社員になれた。ケース9のM婷は，1985年生まれ，黒竜江省チチハル市光栄路出身で，出身地から大連開発区に来て，8年間（2012年当時）同じ会社に勤めて班長となった。ケース10のY秋は，1979年生まれ，黒龍江省大慶市二井郷の出身，大連開発区に来て同じ会社に勤めて5年（2012年当時）で契約社員になった。残りの2人のうちの1人は，3カ月かけて，ようやく探せた仕事なので安易に転職したくないケース4のW月美，もう1人は最近会社が楽な仕事を回してくれたので，転職しなくてもよいと考えているケース8のZ時琳である。

　以上のように地域移動回数0回の2人，就職のための地域移動回数1回の10人は大連開発区での学歴の上昇や勤続年数による職業内容の変化や契約社員になれるかなれないかの相違，転職の有無による収入の上昇の変化が見られたものの，地域移動にともなう社会階級の上昇が見られなかった。

2．地域移動2回の者の事例

　2回移動した者の4人は「就学―就職」パターンで，共通している。ケース13，14，15，16の4名は，いずれも遼寧省出身で，学歴は職業高校卒である。70年，73年に生まれた40代の2人は外資企業で作業班の班長であり，月収2000元以上であるのに対し，78年，88年生まれの2人は作業員で月収が1700〜2000元ほどである。

　　ケース15のT洪梅は，1973年生まれ，遼寧省大連市旅順口区の出身：彼女は大連市金州県（現在金州新区）の服飾工場に附属する職業高校を卒業して，その服飾工場に就職した。社内結婚をしたため退職し，2011年，大連開発区のKO外資企業に就職し，ライン生産労働に従事している。

　　ケース16のG玉紅は，1970年生まれ，遼寧省大連市庄河市黒島鎮玉皇山村の出身：大連市内の職業高校を卒業した後，そこに立地する国営企業である大連陸軍の食堂で，月50〜60元で3年間働いた。1983〜1993年の11年間は専業主婦であった。1993年当時，友達が個人経営で，月1000元も儲かったのを見て，衣料品売買の自営業を始めた。そのうち衣服の自

第4章　OLと女工の階級分化

営が成功したので，レストラン事業を拡大したが，結局，両方とも失敗し，1997年大連開発区の外資企業のライン生産労働に従事することになり，後に家族も大連開発区に移住してきた。

　ケース13は1988年生まれ，ケース14は1978年生まれである。ケース13のS楠は出身地である遼寧省鞍山市岫岩県営子郷で中学を終えた後，北京で美容師をする姉の支援を得て，山東省丹等市職業高校で学んだ。卒業後，故郷に近い大連開発区の外資企業に就職した。ケース14のK麗は，出身地である遼寧省営口市蓋県太陽昇で中学を卒業したのち，他県の職業高校で学び，1996年に18歳で大連開発区の外資企業に就職した。その後，大連開発区で結婚し，しばらく専業主婦をしていたが，「家にいてもつまらない」ので，2003年外資企業に再就職した。

　この4人は職業高校卒という点では共通しているが，年齢もバラバラであり，また既婚者3名，未婚者1名である。既婚者は3人とも専業主婦の体験を持ち，そのうち，G玉紅は私的経営者としての経験を持っている。現在この4人は全員外資企業の生産ラインで働いているが，G玉紅とT洪梅が班長，S楠とK麗が作業員である。この4人の間では，年齢，家族構成，婚姻，職業体験，収入の違いはあるが，地域移動を通して社会階級の上昇が見られなかった。

3．地域移動3回の者の事例

　3回地域移動した者の4人のうち，「就学―就職―就職」のパターンが1名，「就学―就学―就職」のパターンが3名で，少なくとも1回，就学のために地域移動をしている点で共通している。遼寧省の出身が3名で，黒竜江省の出身が1名である。学歴は4人のうち3人が大卒で，もう1人は中専卒であるが，会計士の資格を持っている。職種をみると，外資企業の企画や計理，大学教員，銀行員である。4人の月収を見ると最低2000元から最高20万元にもなり，差が大きい。年齢から見ると20代後半から30代後半に集中している。

　ケース18のZ暁艶は，1986年生まれで，遼寧省大連市普藍店県掛付橋鎮

131

第Ⅱ部　利用者の社会階級と二類型の商業施設

　　の出身：ベアリングを加工する会社に入社するために，出身地から大連開発区の部品加工工場附属の職業高校に進学したが，加工する部品が重く，工場で働くのが向いていないと気付き，職業高校を中退した。その後1年間，シンガポールに出稼ぎに行った。帰国後，大連開発区の外資企業で携帯端末の部品を作るライン生産労働をしながら，会計士の資格を習得し，シンガポールで貯めた資金で下請けの会計事務所を開業した。

　Z暁艶は地域移動にともなう社会階級の変化が見られなかったが，シンガポールで得た資金で起業したため，結果的に社会階級の上昇に結びついた。

　　ケース17のJ琳は，1987年生まれ，遼寧省錦州市溝幇子鎮の出身：2000年の頃，姉を出身地の学校より教育レベルの高い学校に通わせるために，家族4人で大連開発区へ移住した。J琳は大連開発区の高校を終え，大連市の大学に進学・卒業後，大連開発区の外資企業で企画部門を担当している。

　　ケース19のY陽は，1976年生まれ，遼寧省鞍山市立山区出身：1997年に閉塞した出身地の学校より優れている大連市金州区の高校卒業後，大連市の大連経済貿易学院に進学した。在学中に彼女は2度も日本へ留学する申請をしたが，留学ビザの許可をもらえなかった。卒業した後，彼女は大学で日本語の教師に就任した。

　　ケース20のX麗氷は，1973年生まれ，黒竜江省鶴岡市綏濱県永利村の出身：出身村より教育水準の高い県の高校に進学し，その後，天津市工業大学に進学した。大学卒業後，大連開発区の農業銀行に勤めた。

　この3人の共通点は「出身地より優れた教育を受ける」，「閉塞した出身地から出る」，「より教育水準の高い学校に入る」ために，大連市の高校や大学，天津市内の大学に進学したことである。大学卒業者である彼女らは地域移動

第4章　OLと女工の階級分化

にともない，高学歴を得て，OLになったのである。

4．地域移動4回の者の事例

4回地域移動した者は3人である。そのうち，「就職─就職─就職─就職」の移動体験者が1名，「就学─就学─就学─就職」の移動体験者が1名，「就学─就職─就職─就職」の移動体験者が1名である。3人とも遼寧省大連市の農村出身で，1人は外資企業の作業員をしている。あとの2人は大卒で外資企業で通訳や買付係をしている。月収は高く3000元以上になっている。

　　ケース22のＸ海燕は，1976年生まれで，遼寧省大連市瓦房店県泡崖郷の出身：中卒後に，大連開発区の月給130元の日系工場でライン生産労働に従事した。2000年に，月給が1300～1800元のライン生産の仕事に転職した。2003年就労のため日本に行き，3年間のライン生産労働の契約が終了し帰国した。その後，また日本での就職のために2007～2008年の間，広州の日系企業で，ライン生産労働の仕事をしたが，日本側の企業は募集しておらず，日本での就職に失敗し，大連開発区に戻ってきた。

　彼女は4回の地域移動を行ったが，ライン生産のみで，職業内容の変更がなく，社会階級の上昇に結びつかなかった。

　　ケース21のＺ琨は，1980生まれで，遼寧省大連市庄河栗子房鎮の出身：日本語を勉学するために大連市甘井子区，大連市金州区へ2回の地域移動をし，2002年に日本へ留学した。2006年大学卒業後，大連開発区の外資企業で通訳の職業に就き，2011年になると日系企業のＮ証券会社に転職した。

　Ｚ琨は地域移動にともない，高学歴を獲得し，社会階級の上昇を図った。

　　ケース23のＬ剣婕は，1983年生まれで，遼寧省大連市甘井子区欒金村の出身：出身地で高校卒業の後，2001年遼寧省瀋陽に立地する遼寧大学に

133

第Ⅱ部　利用者の社会階級と二類型の商業施設

進学した。卒業後の2005年，上海開発区で月給2000元の外資企業に就職し，2007年に同じく上海開発区の外資企業に転職し月給4500元を得た。2009年大連市に戻り，月給3600元の事務職を勤めたが，2011年に大連開発区で月給5300元の外資企業に再転職した。

　Z琨は学歴のために3回地域移動をしたが，L剣婕は高学歴獲得後の就職のために3回地域移動を行った。2人の共通点は高学歴であり，外資企業の事務・管理的な仕事に従事している点である。すなわち地域移動にともない，社会階級の上昇が見られた。

　OL階級と女工階級の分化は，同じ農村出身であっても，地域移動にともなって，高学歴を獲得するかどうかによって社会階級の上昇があるか否かの相違が生まれてくるのである。

第3節　戸籍と社会階級分化

　高学歴の獲得は社会階級の上昇と結び付いているが，高学歴，社会階級の上昇の結果として，都市戸籍の獲得も可能となる。大連開発区に移動してきた農村出身者が流動人口や出稼ぎ労働者としてではなく，都市人になるには都市戸籍の獲得が必要である。都市戸籍を獲得する方法は限定されている。図表2－6は，都市戸籍の獲得状況と社会階級を示したものである。OL階級は6人全員が大連開発区都市戸籍を獲得したのに対して，女工階級の中に獲得した者もしていない者もいた。なぜそのような傾向になるのかについて具体的に戸籍獲得の手段を見る必要がある。

図表2－6　都市戸籍の獲得状況と社会階級（人）

戸籍変更	女工階級	OL階級
農村戸籍変更なし	13	－
農村戸籍（他地方都市）→大連開発区都市戸籍	4	6
合計	17	6

第4章　OLと女工の階級分化

1．戸籍変更できない女工階級

　Y双，W月美，W威，W立波，Y麗君，Z時琳，Y秋，M艶波，S楠，K麗，X海燕，T洪梅，G玉紅の13人は出身地から地域移動し，就職により暫定戸籍を獲得したが，戸籍が変えられず暫住人口である。

　Y秋，K麗，T洪梅，G玉紅の4人はそれ以外の9人と同じく大連開発区の暫定戸籍であるが，契約社員であり，他の者は労務工（非契約社員やバイト）である。前者は会社が止むを得ない場合を除き，辞めさせることができず，五険一金[157]を払う場合も多いが，後者はそう言った待遇がない。Y秋は親戚の力を借りて，工場の管理者に賄賂を渡して，5年目でようやく契約社員になり，また親戚を通して，農村地区出身の出稼ぎ労働者と見合い結婚をした。結婚後，2011年に20年のローンを組んで，40平方メートルのマンションを購入したが，大連開発区の都市戸籍を取ることができなかった。Y麗君は今働いている会社で契約社員になり，大連開発区で彼氏を作り，小さくてもいいからマンションを買い，今までより安定した生活を送りたいと思っている。

　彼女らは就職のために大連開発区へ移動してきたが，都市戸籍を獲得することができず，都市と農村の間の「暫住人口」として位置づけされる。2011年にX海燕は出身地に戻り，結婚した。2012年W月美，W威は出身地に戻り，大連開発区から去っていた。

2．女工階級の大連開発区都市戸籍の獲得

（1）　婚姻による都市戸籍の獲得

　M婷は大連開発区の都市戸籍を持つ男性と結婚し，大連開発区の都市戸籍を獲得した。大連開発区に来たばかりの時，労務工（非契約社員）であるため，月給が1000元ばかりであった。昇進したい彼女は自腹で民間学校のビジ

157）2011年7月1日施行された「中華人民共和国社会保険法」によると，養老保険，医療保険，失業保険，公傷保険，育児保険の〈五険〉と住宅積立金の〈一金〉であるが，養老保険，医療保険，失業保険は企業と個人が共同負担で，公傷保険と生育保険はすべて企業が負担すると法律的に定められている。〈一金〉は企業の経営状況に応じて発生するが，法律的に定められていない。

ネスパソコンと日本語教室に参加し、勉強をしていた。最初の2年間は休日も、安い月給もほとんど勉強のために費やした。勉強が不得意な彼女は1年をかけてようやく合同工（契約社員）になれたが、2年間も昇進できなかった。昇進するには、日本語やパソコンを身につけることだけでなく、それに相応する学歴も必要であることに気付き、班長に昇進するために、半年間の給料で偽物の「成人教育制大学卒業証書」[158]を買い、大学証明書を用意した。3年目になると6人の若者を管理する副班長まで昇進できたが、なかなか30人くらい管理する班長まで昇進することができなかった。「90年代に成立していた企業は、2005年頃になると、管理職が飽和状態になり、さらにリーマンショック以降に、日系外資企業の経営不振で管理職どころか、労務工から合同工になるのも難しくなっている状況では、なかなか昇進できない」と自ら昇進できない理由を分析していた。彼女はそれを悟った時から、知り合いを通じてお見合いをするようになった。学歴の低い彼女は相手の条件として、「ただ開発区出身で、学歴が高い人」と考えていた。2012年に彼女は、ドイツ系の外資企業でエンジニアの仕事をする大学卒の者と結婚することができ、90平方メートルのマンションを購入することができた。

（2） 政府政策による都市戸籍の獲得

　G玉潔とT玉秋は旧住民のため、P麗峰は大連開発区の都市戸籍政策により大連開発区の都市戸籍を獲得した。

　G玉潔の元出身地は大連市金州県小孤山村で、T玉秋の出身地は大連市金州県董家溝村である。1992年に国家公安部は「当地有効城居民戸籍制度の実施に関する通知」を通達し、農村・漁村地区が経済特区、経済技術開発区に吸収される場合、在住人口の農村戸籍を都市戸籍として認めたのである[159]。G玉潔は1992年に、T玉秋は1993年に大連開発区都市戸籍に変更していた。

　P麗峰の出身は国家農場であり、高校卒業後、大連開発区で設立したばか

---

158) M婷の話によると、当時、「成人教育制大学」の卒業証書はシステム化されておらず、簡易に偽物を作れたそうである。
159) 山田真美, 2008,「農村労働力の地域間移動をめぐる政策の変遷」、池上彰英編『中国農村改革と農村産業政策による農村生産構造の調査研究報告書』アジア経済研究所.

第4章　OLと女工の階級分化

りの国営企業が国家農場向けに募集をしていることを知り，1993年に1万元（約15万円）を担保にして就職しに来た。「当時の大連開発区の人口は少なく，いくつかの工場が散在していて，それ以外に何もなく，とても殺風景なところであった。在住人口を増やすためなのか就職して3カ月の試用期間が過ぎると，戸籍を手に入れられた」と言う。彼女と一緒に来た者の中には工場以外に何もないところに我慢できず，わずか1カ月で辞めていった者も続出していた。彼女も「金銭的に担保する理由があって，もし途中で実家に戻ることになると，3000元（約5万円）の解約金を支払うことになる。当時の1万元は実家の全資産であったため，簡単に実家に戻れなかった」と述べた。1995年になると，彼女は国営企業でライン長になって，3カ月試用期間の月給175元より，少し多くもらえた。国営企業も大きく発展してきて，新しい宿舎や工場が建設された。また，宿舎の近くに日常用品や食材を販売する露店市場が出来上がり，五彩城を中心にいくつかの商業施設が形成された。1995年8月P麗峰は外資企業に転職を図った。「その頃の外資企業は，国家政策から守られていないため，社会保障がなく，いつリストラされるかわからず，安定感がない。ただ国営企業より給料が高く，待遇がよかった」と言った。外資企業の工場は従業員が70人だけで，一階建ての建物であった。彼女を含め4～5人の学歴が高い者が日本へ技術を学びに行き，帰ってきて工場の若者に技術を伝えた。1996年に彼女は10人の部下を管理する副班長になった。また，彼女は会社から補助をもらい，日本語教室に通い，成人教育大学に進学し，大学卒業になった。P麗峰は常に向上心を持ち，2000年ついに係長になった。係長になる直前に彼女は結婚し，大連開発区でマンションを買った。

　上述の4人は獲得した方法はそれぞれであるが，いずれも自分の能力により大連開発区の都市戸籍が取れたわけではなかった。

3．都市戸籍を獲得するOL階級

　Z琨，Y陽，X麗氷，J琳，Z暁艶の5人は「高端人材」であるため，大連開発区の戸籍を獲得した。Z琨，Y陽，X麗氷，J琳は大学卒で管理的・事務的な就職をし，大連開発区の戸籍をもらえた。また国家資格を獲得し，

第Ⅱ部　利用者の社会階級と二類型の商業施設

開業して都市戸籍を獲得したのはZ暁艶である。2013年3月1日に施行された「大連市戸籍準入規定（大連市戸籍申請基準）」[160]の第2条によると，「引進人才落戸（高学歴人材導入）」の中に，1年以上雇用された会社を通して，社会保険を払うと，博士，留学生，大学生，専門技術者，国家職業資格技術者という「高端人材」は都市戸籍を獲得することができる。

　そのような「高端人材」は大連開発区の都市戸籍だけでなく，他都市の戸籍も取れるのである。実際にこの調査を実施した翌年，日本へ留学していたZ珉は大連市内の日系証券会社に就職することができ，その気があれば大連市内の戸籍も簡単に取れる。

　OLと女工階級分化の背後には，戸籍の問題がある。労働者として移動してきた農村出身の者は都市の「暫住者」として，婚姻などの手段の他に簡単に都市戸籍を獲得することができないが，地域移動にともない，高学歴を獲得した者は「高端人材」になれて，比較的容易に都市戸籍を獲得できる。ここで両者の相違を明言すると，前者は社会主義計画経済社会時代に温存された地域格差，戸籍制度が足枷になっているままであるのに対して，後者はそれらを越えることができたのである。

---

160) 大連市公安局ホームページ，http://www.ga.dl.gov.cn，2013年3月27日検索。

第5章 OL階級と女工階級の消費空間

　図表2－7は女子労働者が利用する主な商業施設である。これを通して見ると，OL階級と女工階級が異なる商業施設を利用している傾向が見られる。すなわち，女工階級は開発区商場，金瑪商場，大商商場，友誼商場を利用し，OL階級は安盛ショッピングセンターと麦凱楽デパートの2つの商業施設のみ利用している。女工階級の利用する長春路商店（開発区商場）は1986年，大商商場は1993年，友誼商場は1999年，金瑪商場は2001年に開業され，のち

図表2－7　階級別利用する商業施設

女工階級			OL階級		
番号	名前	主な利用商業施設	番号	名前	主な利用商業施設
1	G玉潔	開発区商場	17	J琳	安盛ショッピングセンター，麦凱楽デパート
2	T玉秋	開発区商場	18	Z暁艶	安盛ショッピングセンター，麦凱楽デパート
3	Y双	金瑪商場，大商商場	19	Y陽	安盛ショッピングセンター，麦凱楽デパート
4	W月美	金瑪商場，大商商場	20	X麗氷	安盛ショッピングセンター，麦凱楽デパート
5	W威	金瑪商場，大商商場	21	Z琨	安盛ショッピングセンター，麦凱楽デパート
6	W立波	金瑪商場，大商商場	23	L剣婕	利用しない
7	Y麗君	金瑪商場，大商商場			
8	Z時琳	金瑪商場，大商商場			
9	M婷	金瑪商場，大商商場			
10	Y秋	金瑪商場，大商商場			
11	P麗峰	友誼商場，開発区商場			
12	M艶波	開発区商場			
13	S楠	金瑪商場，大商商場			
14	K麗	金瑪商場，開発区商場			
15	T洪梅	開発区商場			
16	G玉紅	金瑪商場，開発区商場			
22	X海燕	開発区商場			

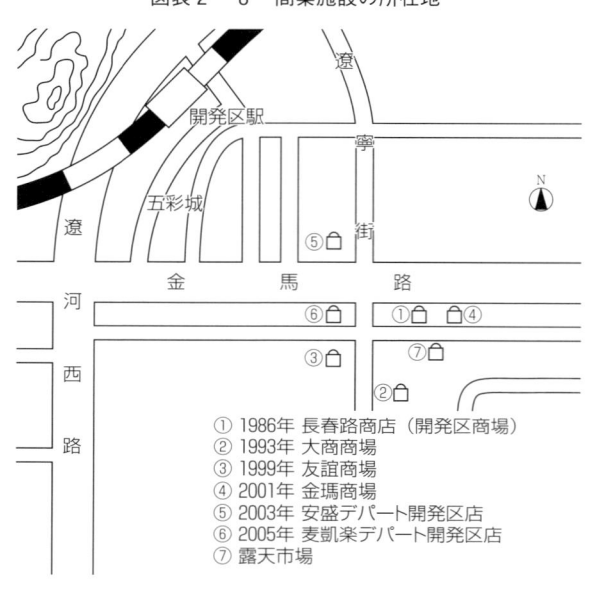

第Ⅱ部　利用者の社会階級と二類型の商業施設

図表2－8　商業施設の所在地

① 1986年　長春路商店（開発区商場）
② 1993年　大商商場
③ 1999年　友誼商場
④ 2001年　金瑪商場
⑤ 2003年　安盛デパート開発区店
⑥ 2005年　麦凱楽デパート開発区店
⑦ 露天市場

出典：星球地図出版社編，2012，『大連市実用生活地図冊』星球地図出版社，を参考に筆者作成。

に安盛ショッピングセンターは2003年，麦凱楽デパートは2005年にそれぞれ開業された。

　これらの商業施設はすべて金馬路と遼寧路の交差点周辺の商業エリアに立地している（図表2－8）が，2003年以降に開発された安盛ショッピングセンター，麦凱楽デパートと，それ以前に開発された商場と名付けられてきた商場施設とでは，規模も外観も売り場の構成も異なっている。この節では，女工階級が利用する商場と呼ばれる商業施設と，OL階級が利用する安盛ショッピングセンター，麦凱楽デパートの2つの新しい商業施設との違いを，どのような消費空間かという観点から検討していく。

140

第1節　商場型商業施設

　大商商場，開発区商場，友誼商場，金瑪商場の4つの商場と名付けられた商業施設を，ここでは商場型商業施設としてまとめることにする。これらの商場型商業施設の外観は，あまり特徴のない灰色の箱型のビルである（図表2－9）。これらの建物は大通りの道沿いに建てられて，1985年代後半から2000年までは小売業の建物の中では一番大きかった。建物のスケールが大きいので，夜市や露天市場より目立っている。立派なビルというだけで，客を引き付ける魅力があった。

　金馬路，遼寧路周辺の商業エリアでは商業施設の間の競争が繰り返されてきた。長春路商店は1986年開業の開発区最初の商店で，従業員が7名，売り場の面積が60平方メートルしかなかったが，1987年には売り場の面積が200平方メートルに拡大された。当時，三輪オートバイで仕入れを行なったため，扱われる商品の品数が少なかった。1993年にビルを新築し，1995年にリニューアルして長春路商店を改名して開発区商場とした。その後1997年，2001年の2回にわたって改装し，販売フロアのさらなる増設を実現した[161]。

　友誼商場はかつて外国人を対象として，全国の主要都市や観光都市に展開していた「友誼商店」の系列である。友誼商場は開業当時から大連開発区に赴任して生活している国内・外のエリート層をターゲットとしていた。1階には高級ジュエリー，化粧品，腕時計，地域名産の栄養食品やたばこ・酒類，2～4階は婦人服，紳士服の売り場，特にフォーマルなものが扱われていた。5階には家庭用品，工芸品の売り場がある[162]。

　大商商場は日用必需品，食品，衣料品を主に扱っている。2002年に食品スーパーを増設し，2011年にモバイル通信機器やゲーム機，デジタルカメラ，ビデオカメラなどの小型電子機器製品の売り場を増設した[163]。1階は食品スーパー，小型電子機器製品売り場の他に，靴や雑貨，文房具売り場がある。2～3階に装飾品，婦人服売り場があり，4階は寝具，インテリア，また伝

---

161) 開発区商場ホームページ，http://www.dlkaishang.cn/，2012年12月11日検索。
162) 友誼商場ホームページ，http://www.dlyy.com.cn/html/，2013年9月1日検索。
163) 大商集団ホームページ，http://www.dsjt.com/，2012年12月11日検索。

第Ⅱ部　利用者の社会階級と二類型の商業施設

図表2－9　開発区商場外観，友誼商場外観

出典：筆者撮影。

統的な仕立て屋が並置されている売り場がある。

　2001年に開業された金瑪商場の前身は，1991年に建設された金瑪オフィスビルであり，一時的に外資企業や政府部門の臨時オフィスとして使用されていた。2001年に改装して，5階建ての商業施設として開業したもので，地下1階に食品，1階に工芸品・化粧品・文房具，2階におもちゃ・婦人服・靴，3階に婦人服・紡績用品，4階に厨房用品・事務用品，5階に電設資材・オフィス用品売り場がある[164]。

　金瑪商場と大商商場の販売フロアの構成は類似していて，特にアクセサリー，雑貨，靴・カバン，衣料品を主に扱っている。2000年頃に，両商場はフロアの周辺部を小さな個室に区切り，それらのテナントに個人商店のブティックを出店させている。そのため，衣料品売り場の中央ブロックと周辺部とはまったく異なった雰囲気を醸し出している（図表2－10）。中央ブロックは，開放的で品物は一目でわかるように並べられているが，周辺部は仕切られたブティックで，のれんの内側に入らないと品物を見ることさえできない。「同行莫入（同じ業界の者は入らないでください）」の文句とともに，店で扱っている商品を見せるのではなく，それぞれの店のキャッチフレーズを掲げて，客を呼び込もうとしている。「胖猪小屋（太め小豚の部屋）」，「菲你莫属（あなただけのための店）」，「超源（みなもとを超える）」，「浪漫攻略（ロマン攻略）」，「粉色主義（ピンク主義）」，「独品（個性的な商品）」など，店の特徴を

164）金瑪商場ホームページ，http://www.dljm.cn/，2013年9月1日検索。

第 5 章　OL 階級と女工階級の消費空間

図表 2 －10　大商商場 3 階フロアの中心ブロック（左）と周辺部分（中央と右）

出典：筆者撮影

アピールするキャッチコピーで演出ている。

　安盛ショッピングセンター，麦凱楽デパートとの比較の上で注目したのは，金瑪商場，大商商場のブティック群である。これらの店の一軒一軒は極めて閉鎖的であるが，一歩中へ入れば単一の商品を大量に並べる店もあれば，一つのデザインについて 2 ～ 3 着ずつしかおかないデザイン性を重視する店もある。デザインの傾向においても流行を重視する店，伝統的な手作り感を重視する店，奇抜なほどのデザイン性を重視する店など多様であるが，それぞれの店が一見の客に入りにくいような秘密めいた雰囲気を醸し出している。そのような店を経営している Y 超は，1995年から開発区から電車で 4 時間のところにある鞍山市海城県の西柳服装市場で，いくつかの服装加工業者と契約を結び，自分の銘柄「超源」を立ちあげ，オリジナルのファッションを作りだして，販売していた。Y 超の顧客は2000年頃まで当地の農民や漁民で，丈夫で機能性のある商品を売り出したが，「当地住民の生産業への転職や機能性の衣服消費離れにより，デザイン性の商品に乗り換えて，若者に向くような商品を売り出した」。

143

第Ⅱ部　利用者の社会階級と二類型の商業施設

第2節　複合型商業施設

　ここでは2003年開業の安盛ショッピングセンター開発区店と，2005年開店の麦凱楽デパート開発区店[165]を複合型商業施設としてまとめる。複合型商業施設とは，衣類，日常必需品を扱うようなショッピングセンターだけでなく，飲食施設や映画館などの娯楽施設，規模によってはマンションやオフィスなどの複数の施設が集合した建物やエリアのことを言う。

　安盛ショッピングセンター開発区店は地下1階，地上5階建ての建物で，ファッション，食品フロア以外に，映画館，レストラン，ジム，ゲームセンター，カフェ，ネットカフェなどが設置されている。安盛ショッピングセンターは道路沿いに位置するが，入口前に駐車スペースを置き，道路から簡単に出入りできる。建物は真南ではなく，南西側に向かっている。つまり金馬路と遼寧街の交差点に向いている駐車スペースに囲まれた円形の建物で，東，西，南向きに入口が設計され，駐車場から建物のどの玄関に入っても，ショッピングを楽しめるのである（図表2-11）。こうした造りは「自家用車でショッピング」というライフスタイルの提案であり，自家用車所有者に相応しい商業施設であることをアピールしている。

　商業施設の正面に設けられたステージは，ファッションショーや各種イベントなど外側から楽しめるようになっている。曲線を描く建物の正面には，巨大スクリーンが設置され，新しい商品の広告や新発売商品の予告，さらに高層マンションや一戸建て，自家用車などの広告も流れている。そこの利用者や街行く人たちに最新のテクノロジー技術でより新しいモノ，より幸福な都市的生活スタイルについての情報を与え，関心を高めようとしている。ウインドウディスプレイやマネキン，巨大ポスターは店内で扱っている商品を見せ，客の関心を喚起する機能を持たせ，客引きの機能を果たしている。

　麦凱楽デパートの構成はどうなっているのか見ておこう。安盛ショッピングセンターと，金馬路を挟んで向かい側にある麦凱楽デパートも金馬路と遼寧路の交差点，東北側を向いている。

165）大商集団ホームページ，前掲ホームページ，2012年12月11日検索。

第5章　OL階級と女工階級の消費空間

図表2－11　安盛ショッピングセンターの外観　　図表2－12　麦凱楽デパート大連開発区店

出典：筆者撮影。　　　　　　　　　　　　　　出典：筆者撮影。

　麦凱楽デパートは道路沿いに，駐車スペースを設け，建物の北，西，南側向きに入口が造られている。また外側にマネキン，巨大ポスターが飾られている。麦凱楽デパートには2棟からなる総戸数1000戸の住宅居住施設が併設されている。この商業施設の機能は住まいの延長のように捉え，都市生活を楽しめるコンセプトとなっている。商業施設と居住施設は衣，食，住が一体化するライフスタイルを提供している（図表2－12）。麦凱楽デパートと安盛ショッピングセンターとはライバル関係でもあるが，どちらも繁盛している。ライバル関係にあるからこそ，それぞれが個性的に見えるのだろう。

　安盛ショッピングセンターの内部の構成について見ていこう。金馬路と遼寧街の交差点に面した正面入り口より1階に入ると，目の前にオープン・スペースが広がる。新商品の展示会やセール商品の販売，新型モデルの自家用車の展示，新築マンションの販売など多様な催しが行なわれるスペースで，商業施設に入る時から，モノの世界の魅力が示されている。

　ショッピングセンターのインテリアはいかにも贅沢に造られている。天井の高い広々としたスペースで，壁には褐色や茶色，白という上質な色合わせの大理石が使われ，床にタイルが敷き詰められている。ガラス張りのエレベーターに乗ると，ショッピングセンター内を見渡せるように設計されている。ここではゆっくりとした時間を過ごすよういろいろな専門店が併置されている。もっとも多いのは婦人服店であり，国内有数の銘柄品も並んでいる。高級化粧品店，美容室，映画館，ゲームセンター，ヨガ教室，インターネット

145

第Ⅱ部　利用者の社会階級と二類型の商業施設

図表2－13　安盛ショッピングセンターの内部（左）とフロア平面図（右）

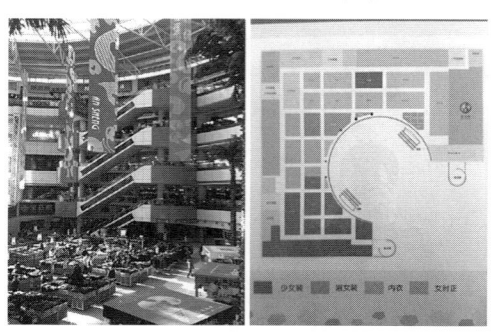

出典：筆者撮影。

Wi-Fiスポットがあり，優雅にお茶が飲めるカフェ，全国チェーンのレストラン，ファーストフード店も設置され，どれも洗練された店である。アイスクリームスタンドや家電製品，スポーツ用品店があり，女性や子供だけでなく男性も楽しめる。

　それら商業施設は，いつも快適な温度に調節されているため，夏が暑く，冬が寒い街中や商場型商業施設よりも歩き心地がよい。また，大規模で，派手さを演出するために，一日中商品の美しさを際立たせる照明が付けられている。店と店の間のスペースも，店に飾られている商品のディスプレイ方法も合理的に設計されている。それは例えば，店と店の間，2階と3階の間に明確な区切りがなく，ショッピングを楽しむ客の目線が自然に次の店の商品へと移っていくように工夫が凝らされている。こうして，客は次々に移り変わる商品を眺めながら歩けるようになっている（図表2－13左）。

　この仕掛けはフロアの配置にも反映されている。フロア平面図を見ると通路は，婦人服，少女服などの商品のカテゴリーで名付けられている。何の店がどこにあるのかというよりは，婦人服はオレンジゾーン，少女服は紫ゾーン，下着はピンクゾーンなどというように示されている（図表2－13右）。なお，婦人服のコーナーに並ぶ店には，「VEROMODA」や「ONLY」，「淑女屋」などの中国国内の有名銘柄の店，「CARTELO」，「JEEP」，「adidas」，「NIKE」などの海外のブランドショップが並んでいる。

　各階の中心部はガラス張りになり，見通しが良くなっている。1階は展示

第 5 章　OL 階級と女工階級の消費空間

場であり新商品を展示したりするが，その最終の目的は 2 〜 4 階に客を導く戦略となっている。ファッションのフロアを歩き回り，お腹がすくと，5 階にレストラン，カフェがずらりと並んでいる。それだけでなく，美容室やヨガ教室，スポーツジムまで完備されており，インターネットカフェ，ゲームセンターまである。レストランの他に，フードコートがあり，四川，湖南，広州，大連の本場料理が集められている。なお，安盛ショッピングセンターは安盛集団の傘下にあり，開発区店だけでなく，2005年庄河市，2007年に金州市，さらに2008年大連市に出店をした。それぞれの支店はファッション店以外に食品スーパー大手 TRUST-MART，ゲームセンター TOM'S WORLD，ジム Whyte Woolf などの娯楽施設，KFC，スターバックスコーヒー，吉野家，味千ラーメン，ピザハットなどの外資飲食店，国美電気店（家電量販店）を抱えている[166]。また麦凱楽デパートは日本のイオングループの傘下にある日本企業であり，麦凱楽デパートハルビン本店や大連店にはルイ・ヴィトン，コーチ，ディオール，エルメス，ブルガリなど世界的に著名なブランドショップも抱えている。

第 3 節　二類型の商業施設

　大商商場，開発区商場，友誼商場，金瑪商場の 4 つの商場型商業施設は，日常必需品，衣料品のみの販売を行なう商業施設である。また，開発区商場に見られるように地場産品を多く扱うなど，地元地域との関わりの強さが伺われる。衣料品売り場に注目すると，金瑪商場，大商商場に見られるように，個性的ではあるが，閉鎖性の強い個人経営のブティックが多いことが特徴である。

　安盛ショッピングセンター，麦凱楽デパートは，衣料品，日常必需品のショッピングセンターであるばかりではなく，美容室，映画館，ゲームセンター，ヨガ教室，フードコートなどの施設が併設された複合型商業施設である。店内は広く開放的であり，イベントスペースではさまざまな展示やショーが

---

166) 大商集団ホームページ，前掲ホームページ，2011年 9 月 1 日検索。

第Ⅱ部　利用者の社会階級と二類型の商業施設

行なわれるなど，買い物のための施設であるばかりではなく，遊び場としても楽しめる施設になっている。施設内のテナントは，KFC，スターバックス，吉野屋など外国資本の飲食チェーンも多く，地場産品の扱いが多い商場型商業施設とは対照的である。衣料品売り場に注目すると，並んでいる店は国内外のブランドショップが中心であり，店の一つ一つが開放的で明るく，商品が美しく見えるように工夫が凝らされている。このような点でも商場型商業施設とは大きく異なっている。

　ところでリッツアが『消費社会の魔術的体系』において，商業施設が複合施設化するばかりでなく，常時広場でイベントやショーを行なったり，ゆったり広場を設けたりすることによって，観光施設のような空間との差異がなくなっていく現象をスペクタクル化と呼ぶことは，前述した。安盛ショッピングセンターや麦凱楽デパートは，内部の空間がゆったり設計されており，映画館，ゲームコーナー，フードコート，さらにイベントやショーがあることによって，そこで長く時間を潰すことができる余暇空間としても設計されている。この点で大いにスペクタクル化された空間であると言える。

　なぜ，むしろ世界資本との結びつきが強い複合商業施設が，スペクタクル化され，それがOL階級の消費と結びつけられていくのかは，第6章の終わりに，合わせて論じることにする。

第6章　社会階級と消費空間

　本章では都市新聞『大連晩報』の消費記事に着目し，商業施設に並べられる商品やサービスが記号として持つ意味を考える。

第1節　『大連晩報』に見る社会階級，記号消費，商業施設

　ここでは1988年以降の『大連晩報』における「消費コーナー」に掲載された衣服・美容消費に関する記事の分析を通し，新聞記事において提唱されてきた衣服・美容に関する消費スタイルの変遷を示す。そして，2002年以降には記事の多くはホワイトカラー女性，すなわちOL女性向けの消費スタイルの提唱となっていること，および具体的にOL女性向けにどのような消費スタイルが提唱されているかを示す。その上で2つの商業施設のうち，複合型商業施設が新聞記事で提唱されるような商品の購入や余暇の使い方を実践できる空間となっていることを示す。これらを通して，2種類の消費空間，すなわち商場型商業施設と複合型商業施設の間には階級差があり，女工たちは上の階級の消費空間である複合型商業施設から排除されるとともに，その空間を舞台として行なわれる「幸福な都市消費生活」から排除されていることを示す。

　『大連晩報』は，改革開放後に都市新聞として創刊され，党と政府のために改革開放政策を宣伝する位置づけされている。他方，経営請負制の大連晩報社は新聞の論調が依然，党・政府の指導の下に置かれてはいるものの，新聞経営が独立採算制度になって，広告，販売戦略の転換や多角経営化が進行した。『大連晩報』は，政治や時事問題を取り上げる以外に，大連市の人々の生活を描写した。とりわけ注目されるのは，改革開放後には，時代の流れを敏感に捉えながら，ファッション，映画，音楽，美術，スポーツ，旅行，

第Ⅱ部　利用者の社会階級と二類型の商業施設

小説や芸能人の話題など，多様な記事を掲載するようになったこと，および豊富な写真を用いて購買意欲を刺激するような広告記事を掲載するようになったことである。それにより一般市民は，『大連晩報』が提供する情報や情緒に浸り，時にはそこから有用な知恵・知識を取捨選択して日常生活に活用してきた。

　『大連晩報』は政治や時事問題の他に，大連市の人々の生活を描写した。その中の「消費コーナー」では，写真を主題とする購買意欲を刺激するような記事を数多く掲載してきた。「消費コーナー」のタイトルは「社会生活－衣食住行」，「消費圏」，「服飾風景」など，時期によって改変しており，記事の内容もこれに沿って変化している。すなわち，衣服・美容に関する消費は，「社会生活－衣食住行」の時期には日常消費として一括して取り扱われていたのが，その後，独立して女性消費として掲載されるようになり，さらにOL層向けの消費として掲載されるようになった。このような「消費コーナー」の変化を追って，記事内容分析をする。衣服消費は「銘柄，ブランド」をめぐる記事内容の変化を追うが，美容消費は外観の消費から習慣や生活スタイルの内在的消費への記事内容の変化に注目する。また衣服消費では，そのモノの機能的消費から記号的消費になっていく傾向を読み取るために，銘柄品を分析するのが有効であると考えられる。美容消費は，病気や化粧品やエステといった顔の肌を綺麗にする消費に止まらず，美容整形やダイエット，フィットネスによる美しい身体の維持管理のための消費の浸透についても分析する。

１．日常消費から女性美消費へ

　1988年7月から1995年1月の間の「社会生活－衣食住行」という名のコーナーの中で，衣服消費に関する記事は1988年7月21日，美容に関する記事は1989年1月5日から掲載されるようになった。1989年6月24日の「社会生活－衣食住行」の1ページは，「多毛青年请莫忧愁：(顔面の毛が濃い若者よ悩まないで)」，「如何使用药物性化妆品（薬物性化粧品の使い方）」，「喝水也有学问（飲み水の学問）」，「健美裤也会惹麻烦（スライディングパンツの使用注意事項)」といった衣服と美容に関する内容が掲載されていた。また同時に「莫

第 6 章　社会階級と消費空間

将直肠癌当痔疮治（直腸がんと痔の区別）」など 3 件の他の日常生活の知識の記事も掲載されていた。これらの記事は文字や説明図を中心に構成され，一部に小さな写真だけ用いられた。この時期の「消費コーナー」は以上のように日常生活の知識を中心としていた。しかし，銘柄品，ブランド品がその品質を紹介する記事もなかったわけではない。

　品質がよい銘柄の衣服については，1988 年 7 月 28 日の「喜迎服装节，名牌厂家忙（忙しいファッション節を迎える銘柄工場）」という記事に掲載されている。ここでは大連服装工場の「金号」，「紅花」，「玉兎」といった銘柄は，大連市のファッション節に展示できるほど品質が良いご当地銘柄として紹介された。その他に，1989 年には上海の「緑葉」，「海燕」，1991 年には広州の「耐丹」，1993 年にはアメリカの CK（カルバン・クライン），1994 年には香港の「AAA」が紹介されている。また大連の「今日」，「蝙蝠」（1995 年）や「創世」（1996 年），そして「鵬運」，「虎豹」（1997 年）といった銘柄も紹介されるようになった。

　これらの銘柄品は，1994 年までは主に産地，品質について紹介されていたが，既成製品中の一般商品，手作り品とは全く別の扱いがされていた良品として扱われた。それは既成商品に関する記事を見るとよくわかる。1989 年 10 月 14 日の「羊毛衫的选购方法（ウールセーターの選び方）」の記事では，「ウールセーターを消費する際にワインレッド，真っ赤，緑，黒といった今年の流行色を選ぼう。バットウィングスリーブの流行様式を選択しよう。セータ

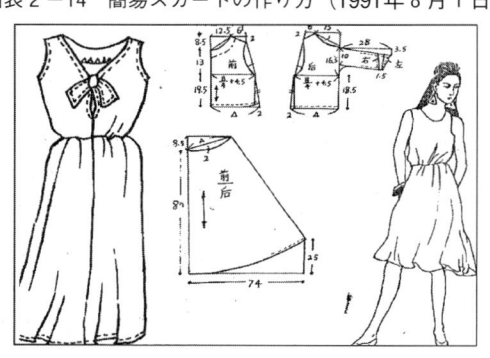

図表 2-14　簡易スカートの作り方（1991 年 8 月 1 日）

151

第Ⅱ部　利用者の社会階級と二類型の商業施設

ーを購入する際に，襟が同じ大きさになっているか，ポケットがある商品はきちんと縫製されているか，全体的に縫い付けが均質になっているか，そしてセーターの手触りがよいかどうか，と言うように品質をチェックしよう。」という記事内容が記されていた。

　手作り品については，1991年8月1日の「一种简易连衣裙的做法（簡易スカートの作り方）」は，裁断図を中心に記事が書かれていた（図表2－14）。「この簡易スカートは，盛夏にはくといい。袖と襟がないため，簡単に作れる。上品でおとなしさを感じさせるスカートである。」

　1995年1月15日の「皮大衣穿了三天就掉色，买回一周出裂纹（革コート，着て三日で色が落ち，買ってから一週間で破れた）」，1995年12月20日の「羊毛含量明明白白亮出来（ウールの成分がわかるように表示する）」などの記事から一般の既成製品は，度々品質が問題視されてきたため，銘柄品は，高価であっても，品質の保証となり，消費者に信頼や安心をもたらすものになっていたとも読み取れる。

　美容消費記事は，医療および健康の視点からの記事であった。健康の視点からの美容記事は「健康食事の歌」（1989年3月2日），「健康のために朝に水を飲む」（1989年10月5日），「免疫力とシャワー」（1990年9月1日），「化粧品と顔部化学中毒」（1995年3月23日）などの記事があげられる。医学の視点からの美容記事は「顔の傷の整形」（1989年3月2日），「毛の多い女性の悩みを解決する内分泌専門家」（1989年6月29日），「海政病院，美容科の設立」（1990年3月15日），「病気と美容両立」（1992年3月21日）などがあった。それらの具体的な記事内容を見てみよう。例えば「面部皱纹产生于防治（しわの形成と防ぐ方法）」（1991年7月18日）は以下のような内容の記事であった。

　　シワの形成と防ぐ方法：若者のシワは精神的ストレス，不良習慣，たばこ依存などの原因によるもので，日常悪癖を改善し，シワを防ぐことができる（図表2－15）。

　また，「くちびるの化粧とケア」（1995年3月30日）は次のような内容であった。

図表2－15　シワの形成と防ぐ方法（1991年7月18日）

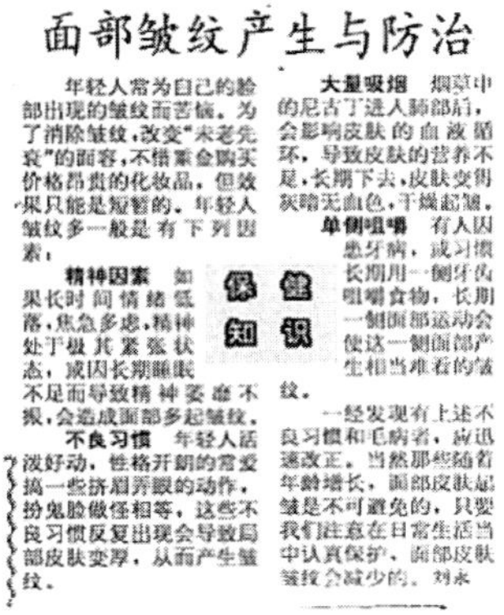

面部皱纹产生与防治

保健知识

年轻人常为自己的脸部出现的皱纹而苦恼。为了消除皱纹，改变"未老先衰"的面容，不惜重金购买价格昂贵的化妆品。但效果只能是短暂的。年轻人皱纹多一般是有下列因素：

精神因素　如果长时间情绪低落，焦急多虑，精神处于极其紧张状态，或因长期睡眠不足而导致精神萎靡不振，会造成面部多起皱纹。

不良习惯　年轻人活泼好动，性格开朗的常爱搞一些挤眉弄眼的动作，扮鬼脸做怪相等，这些不良习惯反复出现会导致局部皮肤变厚，从而产生皱纹。

大量吸烟　烟草中的尼古丁进入肺部后，会影响皮肤的血液循环，导致皮肤的营养不足，长期下去，皮肤变得灰暗无血色，干燥起皱。

单侧咀嚼　有人因患牙病，或习惯长期用一侧牙齿咀嚼食物，长期一侧面部运动会使这一侧面部产生相当难看的皱纹。

一经发现有上述不良习惯和毛病者，应迅速改正。当然那些随着年龄增长，面部皮肤起皱是不可避免的，只要我们注意在日常生活当中认真保护，面部皮肤皱纹会减少的。　刘永

> くちびるの化粧とケア：……化粧をすると同時に，衛生管理に注意すべき。食事をする前に，口紅を取り，寝る前は必ず化粧落としをするといった良い習慣を養うのが望ましい（1995年3月30日）。

これらの記事は，病院や医療専門の医者，専門家，新聞社の編集者・記者によって悪い生活習慣と化粧品の化学的成分が身体に悪影響を及ぼすので，良い生活習慣を知り，身につけようという医学，健康に関する知識として掲載されていた。

以上のように衣服消費と美容消費に関する記事は，文字や説明図を中心に掲載され，まれに小さい写真を載せている記事があるが，主に日常生活，日常消費に関わる知識やノウハウの記事であると言える。

1995年1月5日になると，「社会生活－衣食住行」は終了し，代わりに「消費圏」コーナーになり，1998年4月5日まで続いた。1995年1月19日，「消費圏」コーナーに以下の記事が掲載され始めた。それらは，「买适合自己的化妆品（自分に似合う化粧品を選択する）」，「科学食品能让人漂亮（サプリメントは人々を美しくさせる）」，「女人不用穿衬衫？（女性もワイシャツが必要である）」である。これまで衣服消費と美容消費は，日常生活の知識・ノウハウとして掲載されてきたが，この頃から女性美のための消費に関する記事が見られるようになる。「买哪种洗衣机好？（洗濯機の選び方）」，「过节送营养

第Ⅱ部　利用者の社会階級と二類型の商業施設

保健品的多了（贈り物には営養保健用品が多く選択される）」などの日常消費の知識に関する記事も同時に掲載された。

　1995年以降，銘柄の記事では，品質だけでなく，その製品コンセプトについても掲載するようになった。1996年4月17日の「北京名牌女装（「北京」という有名な銘柄のレディス服）」によれば，「北京」という名の銘柄は「職業女性（就職している女性）のための女性らしく優雅でありながらも仕事ができる大人の女性のためのスタイルであることを強調している。

　これらの銘柄品の記事に対し，高品質で高価格の商品に手が出せない女性たちは，銘柄品を消費しないという記事も掲載されるようになった。それは値段が高く，着心地が悪い銘柄の衣服より，経済的で実用性が高いジーンズのような衣服や自分らしい個性的な衣服を着ようという記事であった。その例を挙げると「穿着讲舒适，价格求适中（着心地もよく値段も高くない着方）」（1996年4月3日），「身穿'牛仔'好自在（自由自在の〈ジーンズ〉）」（1996年4月17日），「女性的另一种'服饰'（女性のもう一つの〈服飾〉）」（1996年5月29日），「自然大方避免重复（自然で，個性的な着方）」（1996年6月5日）など一般既製品の記事の中でも女性美は強調された。「女性のもう一つの〈服飾〉」の記事では，理性的で聡明な女性の美は内面的な素養によるものであり，ただ高価な衣服を身に纏うのではなく，自分らしく装うことであると述べていた。

　「买料做衣多，裁缝生意红火（布生地を買って，裁縫ビジネスが大忙）」（1996年3月27日），「夏装面料看翘（夏布生地大ヒット）」（1996年7月3日）の記事から手作りの衣服が流行していたことがわかる。品質は良いが，値段が高い銘柄既製品や一般既製品を敬遠する女性達は，自分に相応しい自然美，簡素美の女性美に飛び込んでいったからであるという。しかし1997年以降，手作り品に関する記事の減少傾向が見られた。「面料市场风光难在（衣服生地市場生き残りが難しい）」（1997年3月19日），「服装加工费离谱了（服装加工の手数料が高すぎ）」（1997年4月16日），「家用缝纫机重返百姓家（趣味としてのミシン）」（1997年8月13日）などから，手作り品は既成品の廉価性に対して生地の品種が少なく，仕立屋の加工手数料の高騰などの原因により，そのような消費は減少していると読み取れる。すなわち，手作りの衣服は，行き詰まっ

第6章　社会階級と消費空間

図表2-16　ルイ・ヴィトン広告（1997年11月5日）

ていった。

　そのような傾向の中でラグジュアリーブランドが登場した。1997年11月5日にルイ・ヴィトンに関する記事がB4サイズの紙面1ページ全面を使って掲載されていた（図表2-16）。それはルイ・ヴィトンのカバンの広告であるが，大きい写真と「一百五十年精湛的箱包工芸秘訣，優良伝統与旅游精髄的理想体現（百五十年のカバン製作の匠の秘訣，伝統と旅精神の真髄の体現）」一フレーズの文章だけが掲載されていた。

　以上のように既成商品の中の銘柄既製品，一般既製品，手作り品に関する記事では，それぞれ異なる女性美が提案された。既成商品は職業女性美，一般既製品は内面的な素養美，手作り品は自然・簡素美であった。

　「消費圏」コーナーでは美容消費について，「秋林公司化妝品専柜（秋林公司化粧品売り場）」（1995年1月19日）と「天百集団首届美容化妝節（天百集団化粧品節）」（1997年9月24日）といった記事が見られたが，美容消費の記事は主に「化粧品に関する基礎知識」や身体の「清潔」，「衛生管理」，といった近代的な医療視点や知識，ノウハウと結びつき，掲載された。

　1998年4月12日になると「消費圏」は「服飾風景」になり，衣服消費と美容消費の記事は，日常消費から独立して掲載されるようになった。1998年4月26日の記事を見ると，「99春夏運動装的流行趨勢（99年春夏スポーツウェア

第Ⅱ部　利用者の社会階級と二類型の商業施設

の流行趨勢）」,「刘莉莉加盟莱茉（デザイナーの劉麗麗が〈莱茉〉会社に加盟する）」,「适合工作場合的套装，连衣裙（仕事場に相応しいスーツとワンピース）」,「女士化妆消费特点（女性化粧品消費と特徴）」,「双眼皮造型的讲究（二重まぶたを作るポイント）」の５つの記事がある。その中で衣服消費の記事は３件,美容消費の記事は２件であった。

　「特殊体型的着装（特殊体型の衣服の着こなし）」（1998年６月21日）,「矮个女性巧装饰（背が低い女性の衣服着方）」（1998年７月12日）といった記事は,太っていたり背が低いといった体型の人に対し,女性美について提案した。「塑造自然的气质（自然な感じの衣服の着方）」（1998年12月13日）は,自然に見えるような衣服の着方を,「与异性约会如何打扮（異性とのデートでの着こなし）」（1998年８月30日）という一般既製品に関する記事は衣服のＴ（Time）,Ｐ（Place）,Ｏ（Occasion）,すなわち,時・場所・場合にふさわしい服を選択する方法について言及した。

　美容消費では,1998年４月12日から沙先生エステ・サロンが美容消費に関する広告を載せるようになった。それは「吸脂减肥,速效苗条（脂肪吸引手術,素早くダイエット）」（1998年５月３日）,「隆胸术完美你曲线（豊胸手術,あなたの曲線を完璧に）」（1998年５月10日）などである。このコーナーではこれ以降エステ・サロンの経営者,専門家が身体を「変えて,美しくなる」と宣伝するようになった。

　このように「服飾風景」のコーナーになると衣服消費も美容消費も日常消費から独立した女性美消費に関する記事となる。

２．ＯＬ型消費スタイルとしての衣服・美容消費

　1999年４月４日から2000年12月31日の間に消費コーナーは「服飾風景」から「服飾美容」へと再び改題した。衣服消費に関する記事では,職業女性の「美」について掲載されるようになり,ラグジュアリーブランドの記事の増加が見られる。その上,美容クリニックや整形,エステ・サロンなどが相次ぎ開業し,美容消費に関する記事が大量に掲載されるようになったため,コーナーのタイトルが変えられたと考えられる。

　「衣风格风格独特（〈衣服風格〉スタイル独特）」（1999年11月21日）,「大连的

第 6 章　社会階級と消費空間

名牌看过来（大連の銘柄について）」（2000年10月１日）など国内銘柄の衣服に関する記事は，地元の繊維工場の経営者や衣料品デザイナーが職業女性／男性に向けて，メッセージや広告を発信したものであった。例えば「休閑与意见钟情（カジュアルに一目惚れ）」（1999年１月31日），「职业女性的最佳服饰（職業女性の服飾）」（1999年４月４日），「女性夏日着装五忌（女性夏日着方の悪い五例）」（1999年６月12日），「自己学会组合套装（自分で服の着こなしを学べる）」（2000年１月13日），「服饰的整体美（服装の全体美）」（2000年６月４日）とった記事を挙げられる。これらの記事内容から見ると職業女性を対象者として，衣服の着こなしや衣服の「TPO」に応じた着こなしに関する記事が掲載されるようになった。

　ラグジュアリーブランドに関する記事は，1997年に掲載されたのが最初であるが，記事件数はわずか１件だけであった。1999年以降になると，ルイ・ヴィトンやグッチ，アルマーニなどのラグジュアリーブランドは，それぞれの歴史・由来・ファッションショー，その年の流行についてじっくり紹介した。1999年から2001年の間に，ポーツやカルバン・クライン，ディオール，シャネル，ドルチェ＆ガッパーナ，プラダ，アルマーニなどのラグジュアリーブランドが紙面に登場するようになったが，特にルイ・ヴィトンは自社製品についてじっくり紹介する記事をいち早く発信するようになった。「纪梵希发布1999男士秋冬时装（ルイ・ヴィトン1999男性秋ファッションの発表会）」（1999年10月３日），「迷人的2000年春夏女鞋（魅力的な春夏女性靴：ルイ・ヴィトン）」（2000年３月26日），「旅途感动与和谐（旅の鼓動と同調）」（2000年８月13日），「奢华的回归（奢侈の回帰）」（2000年８月20日）などの記事から見られる。

　以上のように「服飾美容」の衣料消費に関する記事コーナーでは職業女性の着こなし方とラグジュアリーブランドの両方が掲載されたが，ラグジュアリーブランドに関する記事内容は，専ら商品の紹介が中心であった。

　美容消費では，医療や健康の観点から美容消費を発信する医者や専門家と異なり，香港や韓国，アメリカの美容の技術やノウハウを学んで，大連周辺で開業したクリニック，エステ，整形美容院の経営者や専門家が身体を変える美容消費を発信するようになった。「服飾美容」コーナーでは新しい科学

第Ⅱ部　利用者の社会階級と二類型の商業施設

的な技法，知識，ノウハウに関する記事が掲載され，値段や場所を紹介する小さな広告が大量に掲載されるようになった。

　美容に関する科学的な技法については，以下のような記事が掲載された。

　1999年6月12日　「大型脉冲激光在美容上的应用（大型レザー機器を美容に応用する）」
　1999年6月20日　「胚胎活細胞的注射（胚胎活細胞の注射）」
　1999年8月29日　「超声波美容机治疗痤疮（超音波美容機器でニキビ肌を治療する）」
　1999年12月5日　「电脑美容引导时尚（コンピュータ美容は流行を導く）」
　2000年2月20日　「微波除皱（マイクロヴェーブによる顔のしわの解消）」
　2000年4月23日　「基因美容受到关注（遺伝子美容が注目される）」

　1999年に「香水城専用美容中心」の経営者が美容消費を促す記事を発信して以来，「瑪麗安娜整形美容院」，「欧美嵐整形美容クリニック」，「董先生美容整形院」，「香山整体エステ院」，「帰縁整形クリニック院」，「範元涛医療整形美容院」，「藤金芳医療美容院」などクリニックやエステ，整形美容院の経営者や専門家が美容消費に関する専門的なノウハウ，新しい科学的な技術を発信するようになった。

　それらの経営者や専門家は顔だけでなく，身体の至るところに美容の消費をするように促した。それは以下のような記事を通してであった。

　1999年5月30日　「怎样消除黑色素斑带来的烦恼（どのようにしてシミの悩みを解決するのか）」
　2000年4月30日　「瘦了难再肥（一度痩せたらリバウンドしない）」
　2000年8月20日　「不开刀仿真隆胸（手術をしない豊胸技術）」

　こういった記事は，美容消費についての新しい技法を紹介しながら，知識・ノウハウも提供するというものであった。また美しい女性の美容消費は顔の形から，目，目の二重・涙袋，鼻，唇，毛孔・ニキビ肌・シミ，シワな

第 6 章　社会階級と消費空間

どの肌，胸，お尻，体型に至るまで身体を美しく変えていくための消費を提唱するものであった。

　新聞社の編集者，記者も美容消費を促進している。「春季美容护肤谈（春の美容美肌方法）」（1999年3月21日），「睡眠养颜（睡眠美肌方法）」（1999年8月15日），「美容也应持之以恒（美容は根性が必要である）」（1999年10月3日），「运动休闲的化妆（スポーツする時の化粧方法）」（2000年5月7日）などの記事内容から，女性は朝から晩までの日々の日常，スポーツの際にまで常に「美」を意識して美容の消費をすべきであると促していることが読み取れる。さらに「世界名模的饮食美容法（世界有名モデルの飲食美容方法）」（1998年11月8日），「美女养颜秘方（美女の美容秘訣）」（1999年3月7日）などの記事は，世界的有名モデル，テレビスターを紹介しながら，美しい女性の美容消費が紹介された。

　以上のように「服飾美容」コーナーでは美しい女性になるための美容消費に関する記事が掲載されたが，まだOL型消費スタイルとの関係性は薄かった。

　2000年12月31日に「服飾美容」から「時尚（流行）」へ，2002年1月4日から「時尚専題」へ，さらに2003年1月3日から「大時尚」へと3回もコーナーの名称は変更される。これらの消費コーナーの改変は，女性美について，衣服消費と美容消費が統一されたOL型消費スタイルとして提言されるようになったからである。OL型消費スタイルでは，衣服消費においてはラグジュアリーブランドを，美容消費においては美の内面化を掲載し，「現代女性美」のイメージを象徴するものになっていく。

　これらの消費コーナーを詳細に見ていくと，ラグジュアリーブランドでは，それについて物語の形で書かれたり，デザイナーや流行，新商品の発売に関する情報が掲載されたりした。これにはラグジュアリーブランドストアが大連市に相次ぎ開店したこととも関連しているが，それ以上にラグジュアリーブランドを身に着けることがOLに相応しい消費スタイルとして提案されたことに関連している。なお，大連市へのラグジュアリーブランドの出店は以下のような経緯を辿った。

第Ⅱ部　利用者の社会階級と二類型の商業施設

　　2001年11月25日　　Calvin Klein Jens 大连（CK ジーンズ大連出店へ）
　　2002年 7 月26日　　2002年秋冬世界共此潮（2002年秋冬世界と共にファッショナブル）
　　2002年12月 6 日　　大牌抢滩大连（2002ラグジュアリーブランド相次ぎ出店へ）

　「2002ラグジュアリーブランド相次ぎ出店へ」（2002年12月 6 日）において「WTO の加盟と共に，ラグジュアリーブランド諸企業は大連市が地理的に日本・韓国と隣接し，国際ファッションショーを開催するなど，ファッション都市としてアピールしてきた点から，北京，上海につぐ第三のファッション中心地として注目している」と書かれた。
　さらに，ラグジュアリーブランドに関する記事においては，それぞれブランドの歴史や由来を物語るものが多く見られる。それらの記事は以下に列挙するようなものである。

　　2003年 4 月25日　　「Hermes 永不落伍的时尚（エルメス，永久不滅の流行）」
　　2003年 9 月19日　　「圣迪奥黑白精彩（ディオール：黒と白の素晴らしさ）」
　　2004年11月26日　　「大连探秘卡地亚（カルティエ：大連で秘境を探求する）」
　　2006年 4 月 7 日　　「高雅简洁 香奈儿（シャネル：エレガントで簡潔である）」
　　2006年 7 月28日　　「品牌故事－Tiffany（ティファニー，ブランド物語）」
　　2007年 2 月 9 日　　「Burberry 的经典格子（バーバリー，クラシックなチェック柄）」
　　2007年 3 月23日　　「时尚链接 PRADA（プラダ，流行との繋がり）」

　記事においてブランドの歴史や由来を語ることは，そのブランドの商品がいかに高い価値を持っているかを示すことにある。これを通して，そのブランドのロゴ＝価値があるものという認識を浸透させる。こうして，ブランドのロゴが価値のあるものという意味を与えられ，記号化されていく。この時期には，このような形で，記号消費が流布されたことがわかる。
　2002年には，ホワイトカラーの新たな現代女性，つまり OL の消費スタイルが提案された。「白领时尚消费排行榜（ホワイトカラーのファッション消費

第 6 章　社会階級と消費空間

ランキング）」（2002年1月18日），「享乐的小资（享楽のホワイトカラー）」（2002年5月3日）といった記事があるが，ホワイトカラーの消費とはどのような消費なのか「ホワイトカラーのファッション消費ランキング」の記事を通して詳しく見ていこう。

　　ホワイトカラーのファッション消費ランキング：①OL女性はファッション雑誌を購入し，自分のファッションセンスを磨く。②OL女性はラグジュアリーブランド，個性的なファッションを愛用し，自分のセンスを見せびらかす。フォーマル感の強いアルマーニにせよ，ヤッピーの味がするバーバリーにせよ，最高級のブランドを身に纏う。③東北料理，雲南料理などで名の通った店を知り，料理の味ももちろん，店の由来も把握している。④仕事帰りに，夕日を眺めながらブルジョワ的なバーでお酒を楽しむ。⑤ネットカフェでカプチーノを飲みながら，ファッショナブルなメガネをかけ，英字新聞を読んだり，ノートパソコンでインターネットをしたりして，のんびり過ごす。⑥OL女性は外国香水や化粧品が好きだが，中国の伝統の家具をより好む。⑦OL女性は高級クラブ付きのマンションエリアが好きで，交通の便のよいところを好む。というのはカードローンでラグジュアリーブランドを買ったので，車を買えるまで，何年間かかかるからである。⑧OL女性は運動をするが，ジョギングやサッカーのようなアウトドアよりは，一人でジムの中で汗を流すほうを好んでいる。たまにテニスやボウリングのような運動をしたりする程度である。⑨OL女性はその店を決めている美容室やエステがある。自分専用の美容師がいるような感覚である。⑩一年の最後，新年休みの時には，必ずロマンチックな旅行をし，体も心もリラックスさせる・絶壁，雪山，砂漠より太陽，海，ビーチの方を魅力的だと感じる。

　①と②は衣服消費に関する項目で，その中にファッションセンスとラグジュアリーブランドが結び付けられている。OLの新しい衣服の消費スタイルとされている。

161

第Ⅱ部　利用者の社会階級と二類型の商業施設

　OL女性にとって衣服を消費するのは学問であり，ラグジュアリーブランドの商品に関する知識はもちろん，常に流行や新商品，装飾品まで識別する能力を備えておく必要がある。実際，2005年7月1日の「この夏センスを磨く」の記事の中では「衣服を選ぶことは学問である。自分が好きなものが必ずしも自分に似合うとは限らない。そのためにファッションのセンスを常に学ぶことになる。自分のスタイルに相応しい雑誌とブランドを選択することで，ファッションのセンスが磨ける」と記述されている。

　またラグジュアリーブランドの紹介記事は，新聞B4サイズ1ページをかけて細かいところまで掲載されるようになる。「魅力的な初夏」の記事の中に，「細かいところに気を配り，流行を把握する」，「06夏一番の流行りの装飾品」の記事が2つ掲載された（図表2-17）。一つ目の記事はプラダやシャネルの流行ポイントやデザイン，色彩などが紹介され，二つ目の記事はプラダやシャネルの他にバーバリーなどのブランドのベルト，帽子などが紹介されている。

　ホワイトカラー・OL女性向けのファッションとしてラグジュアリーブランドの紹介が増えるにつれて，これまで職業女性を対象にして掲載されて

図表2-17　「魅力的な初夏」（2006年5月19日）

きた銘柄品に関する記事は減少していく。なおブランドの浸透はラグジュアリーブランドばかりではなく，スポーツ，カジュアルブランドにおいても見られた。それらは「例外一直被模仿（Exception：ずっと模倣されつづけている）」（2004年3月26日），「大商运动休闲（大商商場のカジュアル・スポーツ服）」（2004年4月23日），「新概念挖掘新商机（V-one は新しい商機を発掘する）」（2008年3月7日）などの記事が見られる。このように，アディダスやナイキなどのアメリカ系スポーツウェア，Exception，V-one などの香港系カジュアルウェアを中心とする銘柄の記事が掲載されるようになった。これには大連市の変化が関わっている。すなわち大連市においても香港発，アメリカ発などの若者向けのカジュアルブランド店の出店があった。これによって大連市のご当地銘柄品の記事はなくなった。

　次に OL の美容消費のスタイルを見ておこう。これは先ほどの「ホワイトカラーのファッション消費ランキング」では⑧，⑨にあたる。さて，OL は美しい現代女性の代名詞である。美しい女性であり続けるためには，日常生活を管理し，ダイエットを習慣化させなければならない。このような内容を反映する記事として以下のようなものがあった。

　　　冬こそダイエットを徹底しよう：聡明で美しい女性は冬の脂肪に注意すべき。甘味の取りすぎや早食いを止め，運動して体を鍛えるなど習慣的にダイエットをしよう。……（2002年1月25日）
　　　ホワイトカラー──仕事と共に綺麗になる：仕事の環境を利用し，仕事中は健全な飲食習慣を養う。一日三食をきちんととり，水ボトルを常に持つ。食事でストレスを発散しない，一人で食べない，腹八分目を守る……（2002年5月17日）
　　　春にはダイエット：有酸素運動，週4〜5回のジョギング。毎回30分から60分の縄跳び，自転車，ヨガ，ダンス，競走，スケートなども有効である……（2003年2月28日）
　　　初春ダイエット法：揚げものを食べない，毎日排出する習慣を養い，夜9時以降には食べない，ドリンクの代わりに水を飲む，テレビを見ながら食事をしない，無理してダイエットしない，運動をする習慣を養成

第Ⅱ部　利用者の社会階級と二類型の商業施設

する，ストレス発散のために食べない。自分の体型を忠実に認めて，自分を好きになって，正しくダイエットする。（2006年3月3日）

ダイエットだけでは完璧な美は作れない。日常生活のあらゆる場面において美のために努力することを提唱するような記事も登場する。2003年5月9日の「夏の美女の流行」の記事内容を見てみる。

　①白い歯を保つ。②ヨガをして体型を美しくする。③十分な睡眠を取り，健康な肌になる。④いい香りの香水をつける。⑤目の周りのシワを防ぐため，いい化粧品を使う。⑥たまにハイヒールを履く。⑦清潔な衣服を着る。⑧赤ちゃんより純粋な笑顔をする。⑨ネイルサロンに行き，指先まで美人になる。⑩いい化粧品を使い，常に買い替える。⑪質のいいストッキングを履く。⑫美人の写真を見て，模倣する。⑬鏡を見て，自分を磨く。⑭魅力的な女性になるために，常に美を発見し，研究する。

記事の中の「美女」は常に美を意識して行動し，自分磨きをし，美のため

図表2－18　奢侈的でレトロ的な魅惑の心身（2005年12月28日）

第 6 章　社会階級と消費空間

に良い生活スタイルを維持する内容となっている。この後の記事では美を意識した自分磨きと，良い生活スタイルの傾向がエスカレートしていく。「奢侈的でレトロな魅惑の心身」（2005年12月28日）がある（図表 2 - 18）。この記事は内部が「ヨガ：心身合体の健康運動」，「美髪：魅惑的なパーマ」，「美体：永遠に続くダイエット」，「豊胸：夢ではない完璧な胸」，「美容：奢侈的でレトロで艶美的な化粧」，「美爪：ゴージャスな指先」といった項目に分かれている。

　ヨガ教室に通い，よいヘア・サロンへ行き，よいダイエットを行ない，美容整形で，豊胸を行ない，化粧をし，ネイルサロンで爪の手入れをして，身体の隅々まで磨くことが要求されている。美とはお金が掛かることなのである。美のためには高度な消費が要求されるのである。

　美しくなるための生活スタイルをより詳しく記した記事もいくつかあった。その一つとして，2006年 3 月 3 日の記事「女性花の如く」を示しておく。この記事では，体，胸，顔，肌，目，毛髪，身体について10項目，10ページに渡り，そのためにどのような消費を行なえばよいかが紹介されている。その内訳は以下の通りになる。

① 瑜伽养生美体（ヨガ養生美体）：教你如何选择你的瑜伽私伴（ヨガコーチの選び方），瑜伽时尚速瘦（ヨガファッションブルな痩せ方法），瑜伽释放女人后背线条（ヨガで背筋を美しくする）
② 美胸20, 30, 40岁（美胸　20, 30, 40歳）：与林志玲一起美胸（リンチーリンと一緒に美胸にする）
③ 除皱颜面生辉（シワ取り，生き生きする顔）：最简单的除皱方法（簡単なしわ取り方法），午餐除皱登场（シワ取りランチコース登場）
④ 护肤掌握"春机"（春の肌手入れ）：护肤应适时应季（季節に応じた肌手入れ），呵护青春痘皮肤（青春ニキビ肌の手入れ），明星护肤心得共分享（スターの肌手入れ）
⑤ 美体与春同行（美しい体型は春と共に）
⑥ 眼护"晴"彩纷呈（瞳をカラフルに）
⑦ 走出饮食减肥误区（飲食の誤解を読み解く）：初春瘦身小贴士（初春，

165

第Ⅱ部　利用者の社会階級と二類型の商業施設

　　痩せるヒント）
　⑧绿色減肥（グリーンダイエット），痩身水果妙用（果物ダイエット）
　⑨美容的常见错误（美容の間違い常識）：预防化妆品过敏（化粧品過敏を防ぐ）
　⑩卷发流行复古（レトロパーマ大流行）：美发秘笈（美髪の秘訣），美丽制造地图（綺麗を製造する地図），王刚造型集团（王剛スタイル集団）

　「美胸」では飲食豊胸方法，マッサージ豊胸方法，生活習慣と豊胸方法，女優林志玲の豊胸方法などを載せ，豊胸の周期や日常の姿勢，蛋白質の摂取などが紹介さている。「養生美体」はヨガについての内容であり，その中には生理痛とヨガ，科学的飲食習慣とヨガ，生活スタイルとヨガ，ヨガコーチの選択法などの内容が含まれている。ヨガはダイエットの一つの方法としてだけでなく，ストレスの発散や心理的，生理的な調節ができる運動として提案されている。「美顔」は，シワを取る方法の記事であり，顔部の血液循環をよくしてシワを取る顔部のマッサージ方法や顔部の肌の呼吸をよくするために果物や米飯でマスクケアすること，睡眠習慣とコラーゲンの豊富な物を食べる食事習慣，ガムを噛んで顔の筋肉を鍛える習慣などが掲載されている。「美肌」には乾燥肌，敏感肌，脂性肌によって保湿，美白などの化粧品選択法，毎日の洗顔法と美肌についての間違った常識が紹介されている。「美瞳」は，目の周りのシワ・クマなどの手入れと化粧品の紹介である。「美髪」は世界で流行している化粧，ファッションに似合う髪型が掲載されている。「果物ダイエット」はダイエットの効果がある果物に関する説明で，「ダイエット」記事の中で紹介された。

　以上の記事は，顔の形から，目の形，目の二重，涙袋，鼻，唇，毛孔，ニキビ肌，シミ，シワ，胸，お尻などの体型だけでなく，日ごろの習慣から美に対して意識し，身体の体型管理や，季節・時間の身体リズム管理，ストレス解消のような精神管理，食事・排出など身体循環の管理など良好な習慣を養うといった美容消費の内面化を促す内容が掲載されていた。

　OLの消費スタイルはラグジュアリーブランドと美容消費の両方を取り入れるものである。2006年1月6日の「愉快な生活スタイル」は，「Celine06

第 6 章　社会階級と消費空間

春夏ファッション」，「奢侈なカバン再び」，「中国流行—古典，ロマンは主役」，「06春夏ファッション：民族の大集合—東ヨーロッパ，アジア，スペイン，フランス要素の融合」，「指先から美しく」，「くちびるの保湿秘訣」などが含まれている。愉快な生活の主題は「Easy」と「Happy」と提言され，ラグジュアリーブランド，中国服装の古典とロマン文化，欧米諸民族文化，身体の隅々までのケアが含まれている。

　2007年3月23日の「春ダイエット16式」では，「ゆっくり食べる。残したご飯を食べない。テレビを見ながら食事しない。午後3時に少しだけスナックを食べる。小さめなスナックを買う。豊富な朝食を取る。脱脂牛乳を飲む。昼寝をしない。夜早めに歯を磨く。全身の鏡を買う。綺麗なスニーカを買う。運動する時間と内容を決める。お風呂の後に30分マッサージをする。階段を登る。きつめの服を買う」といったダイエットの習慣についての注意が喚起された。また「女優張柏芝と同じ完璧曲線になる」，「流行中の十色」，「名脇役のアクセサリー」，「2007年ファッション：プラダ，コーチ」といった記事が掲載されている。

　衣服，美容消費の新聞記事においてOLの単語が出現した2002年以後になると，OLの女性像はラグジュアリーブランドを身に纏い，身体を磨き，常に美を意識して美容消費をする「現代の美しい女性」の象徴となり，そのような消費スタイルは「OL型消費スタイル」として提案された。

3．『大連晩報』に見るOL像と商業施設の社会階級性

　1～2において『大連晩報』の消費コーナーの分析から，新聞記事を通して提唱される衣服消費と美容消費がどのように変化してきたか，また現代の女性美の代名詞であるOL女性の美がどのようなものであるかを示してきた。端的にはOL女性の美は，ラグジュアリーブランドを購入すること，ヨガ教室，ヘアサロン，エステ，ネイルサロンなどの美のためのサービスを購入すること，ダイエットや美肌に有効な食品や肌質に合った化粧品，ファッションに合う化粧品を購入することによってしか得られないものである。ここでは第5章で示した2つの消費施設，すなわち商場型商業施設と複合型商業施設に立ち返り，これらがOL女性の美を手に入れるに相応しい空間であるか

第Ⅱ部　利用者の社会階級と二類型の商業施設

どうかを検討しておく。

　安盛ショッピングセンター，麦凱楽デパートの2つの複合型商業施設では，婦人服売り場は国内銘柄品か，ラグジュアリーとまではいかないにしても，海外ブランド店が出店されており，開発区内でそれなりのブランド品が入手できる場所になっている（本物のラグジュアリーブランドは大連市の中心部に行かなければ入手できない）。また，最新の技術を習得したインストラクターがいるフィットネスクラブ，エステ・サロン，ヘアサロンなど，OLが必要とする美のためのサービスを提供している。さらに，フードコートにあるレストランでは，ダイエットや美肌に有効なヘルシーなメニューを提供している。このように見ると安盛ショッピングセンター，麦凱楽デパートの2つの複合型商業施設は，OLが手に入れた美のための消費に対する欲求が満たされる空間として構築されていることがわかる。ところで，先に示した第1部第1章の『人民日報』では，幸福な都市消費生活は住宅，自家用車，高級家電製品，正規品のモバイル端末などの商品，あらゆる新型のサービス消費であるとしていた。安盛ショッピングセンター，麦凱楽デパートの2つの複合型商業施設は，内部に高級マンションのモデルハウスの模型，最新型の自家用車，高級家電製品，正規品のモバイル端末などが展示されており，幸福な都市消費生活のモデルを提供する場にもなっている。以上を合わせると，安盛ショッピングセンター，麦凱楽デパートはOLの美の消費も含めた幸福な都市消費生活を体現する空間であると言える。

　一方，商場型商業施設は，OLに象徴される現代女性美と隔絶されているかというと，決してそうではない。当然，流行商品は扱われている。閉鎖的なテナントの中では，ラグジュアリーブランドのコピー品か非正規品や廉価な家電製品も扱われている。要するに，本物の幸福な都市消費生活を体現する場ではないが，そのコピーなら実現できる空間として存在しているのである。このように，両施設間には明らかに階級差が存在しているのである。

第2節　社会階級と商業施設の選択

　商業施設は，基本的にどのような客に対しても開かれたものである。商業施設間に階級差が見られるとしても，女工が複合型商業施設を利用することは禁じられているわけではない。それにも関わらず，女工の17人は全員商場型商業施設を利用しているのに対して，OLは6人のうち5人が複合型商業施設を利用している。なぜこの傾向が出現したのかについて考察するために，女子労働者の大連開発区へ地域移動して来るまでの商業施設の利用体験を通して見ていく。

1．女工階級の商場型商業施設選択

　女工階級は17人のうち，大連開発区出身の2人を除き，10人は出身地で中学を卒業し，就職のために大連開発区に来た者で，4名は出身地で中学を卒業し，経由地で職業学校に学び，その後に大連開発区に来た者で，1名は中学を卒業し，就職のために大連開発区，日本，広州を経て大連開発区に戻ってきた者である。15歳ごろまでを出身地で過ごし，大連開発区に来た者と，15歳までを出身地，18歳までを職業学校所在地，そして開発区へ来た者ということになる。出身地と経由地における消費体験は，時代背景が関係していると考えられるので，70年代生まれと80年代以降生まれの者に分けて考察する。70年代生まれは6人，80年代以降は9人いる。

　70年代生まれの人たちが，80年代から90年代初めの小中学校に通っている頃の出身地における消費体験を語っている。当時は国全体が改革開放へ向かって動き出したばかりで，まだ子供が買い物をするとか，流行を求めて物をほしがるといったことはなかった。鎮や村にはまだ新しい商店が出現しているわけでもなく，社会主義計画経済社会時代の供銷社や単位の売店が，代わり映えのしない商品を並べているばかりであった。

　73年生まれのP麗峰は小学生の頃，国営農場の商店があったが，見慣れた日常用品があるばかりで，自分で買い物をすることはなかった。供銷社があったことを思い出す者は多いが，そこで買い物をした体験をもつ者（ケース10　Y秋）はいたが，記憶はないという者（ケース12　M艶波）もいる。いずれ

第Ⅱ部　利用者の社会階級と二類型の商業施設

にせよ，子供が特にほしがるような衣服などがおいてあることはなかったという。実際には供銷社は食品ぐらいで，商店としての機能はあまり果たしていなかった。定期市での買い物体験を語ってくれたのはケース10のY秋であった。出身地の郷の空き地で1週間か10日に一回開かれる定期市で，食品や衣類を扱っていたので，年に1～2回服を買ってもらった。しかし「ほしい服があってもサイズが限られていることも多く，買えないこともあった。友人も周りの者も同じような格好をしていた。流行や好み，似合っているといった考えはなく，出かけるのに，みっともなくなければそれでよかった」という。

　一方，近隣の県城に出かけて商場で買い物をする者もいた。合作社について話したのはケース15のT洪梅で，「出身の大連市旅順口村には合作社があったが，扱っている商品はまだ種類が少なく，商品を見せたり，選ばせたりするようなスタイルではなかったので，あまり買い物に興味を持つことはなかった。両親も何か買い物をする時には，合作社を利用せず，大連市内に出かけていった。子供は連れて行ってもらえなかったので，商店や商品，買い物自体にあまり関心を持たなかった」。

　県城の商場に年に1回ぐらい母と一緒に買い物に出かけた思い出を楽しそうに話したのは，ケース14のK麗である。「県城は自分が住んでいた鎮よりも賑やかで，露店や商店もたくさんあり，商場に興味を持った。小学生の頃はまだ，何を着るか，どんなデザインが好きかということを自分で決めてはいけない気がしていた。まだ社会主義計画経済社会時代の感じが残っていたのかもしれない。中学生の頃，ダウンのジャンパーが流行したことがあったが，同じような生活をしている近隣の人たちがまだ着ていないので，暖かく良い物で流行していることは知っていたが買ってもらうことはできなかった。自分は周囲と同じような服を着ていたが，靴工場を経営していて，村の中で一番金持ちの同世代の娘が紅い革靴を履いていたのがとても羨ましかった」。商品についての好みや流行について，子供らしい気持ちが生まれていたと言えよう。

　70年代生まれの人たちの90年代の青年時代の消費体験を見てみよう。6人のうち3人は直接大連開発区に来て，残りの3人は職業高校に進学したため，

第6章　社会階級と消費空間

経由地で3年間過ごしてから大連開発区へ来た。直接大連開発区に就職しに来た者のうち，1人は出身地で高卒になってからの地域移動，残りの2人は地元で就職し結婚してから，2000年以降の大連開発への地域移動であるため，出身地での商業施設体験となる。経由地を経過した3人は大連市内，大連市金州区，大連市瓦房店での商業施設体験である。

　90年代になっても鎮や村の商業施設に変化がないところもあった。ケース10のY秋の出身地では供銷社は閉鎖になったものの，新しい商業施設が開業されず，「定期市で衣服や日常商品を購入した。商業施設がないので，買い物をするとか，好きな衣服とかを想像することもできなかった。その上，農業をしていたので，肌がすごく黒くやけていて，衣服のことなんか考える者はいなかった」という。

　出身地では商業施設の変化がなく，買い物をする習慣がないが，都市地区で就職した親戚や周りの者が，珍しくて綺麗な物を持ち帰ってきてくれて，すごく喜んだ体験をした者がいた。ケース11のP麗峰は親戚が春節帰郷の時に紫色の生地で作られた中山装をくれたと言い，国営農場にはない物なので，大事に身に纏っていた。ケース12のM艶波も父に県城で買ってもらったジーンズが大好きであった。

　鎮や農村の中では商業施設の発展が遅れて，品揃えが悪く，消費する習慣が形成されていなかったが，90年代の都市地区は国営百貨店だけでなく，個人経営の小売店や市場が相次ぎ開店し，流行商品や銘柄商品が出回っており，商業施設の中でぶらぶらしたり，飾った新商品を見たりして，消費習慣を形成し始めたのである。商業施設を利用する回数は少ないが，一斉に街の中に流行りだした物ではなく個性的な物に関心を持ち始めたのは大連市瓦房店県で生活していたケース14のK麗である。またT洪梅は「大連市金州区に市場と百貨店があり，新発売された商品やファッションナブルなモノを見て，視野が広がるようになった。商品の種類も一気に増えてきて，選択できる余地があり，銘柄というものも知り始めたが，値段が高いので買ったことがない」という。

　「職業高校の時には商業施設があっても利用しようともしなかったが，卒業して職業高校所在地である大連市内で就職すると，オシャレに目覚め始

171

第Ⅱ部　利用者の社会階級と二類型の商業施設

た」というのはケース16のG玉紅である。「80年代後半には国営百貨店ばかりであった。そこで毎月遊んだり，消費したり，ショッピングをしたりしていた。90年代になるとお金持ちばかりが利用する大連市の天津百貨店や秋林などの商業施設が開業し，高くて買える物がなくても，商業施設の中で見物しながらぶらぶらしていた」。

　この6人は90年代に出身地での商業施設の体験と経由地での商業施設の体験の相違により，消費習慣や消費意識に相違が見られた。出身地での商業施設だけ体験したY秋，P麗峰，M艶波は消費習慣が形成されず，消費者化されていなかったが，経由地の品揃えがよく，流行商品や銘柄消費を扱う商場型商業施設を利用した体験がある。K麗，T洪梅，G玉紅は実際に消費行動を行なうまでにはなっていなかったものの，商業施設を見回ったり，新商品を見たり体験したりするようになり，消費に目覚め始めたのであった。大連開発区に移動してきた後，彼女らにどのような変化が現れたかを見てみよう。大連開発区に移動してきた時期によって商業施設の体験が異なることが見られる。その時期を見ると，90年代前半にP麗峰，90年代後半にK麗，G玉紅，2000年以降にY秋，M艶波，T洪梅が移動してきた時期となる。

　P麗峰は1993年に大連開発区に来た時，最初の春節に故郷へ帰るため大連市金州区の金州大厦商場を利用した。「その頃，大連開発区では商業施設が少なかったため，宿舎から隣町の大連市内や大連金州区の商場へは，まず30分くらい徒歩で大連開発区の行政の中心地に行き，そこから2回くらいバスを乗り継いで行った。その頃には年3～4回季節の変わり目や，帰省のために大連市で流行っていた服を買ったりしたが，主に亜麻製のコートとか，コットン製のセーター，本革の靴であった。90年代後半になると，大連開発区にも商業施設が開業し，金州や大連に行かなくてもショッピングをすることができた。たまに流行の服とかを買いたくなるが，いつも利用しようとは思わなかった。2000年以降になって，複合型商業施設が開業しても，商場型商業施設の友誼商場を利用する」という。「友誼商場は何年か前までは外国人，特に日本人がよく行くデパートで，レベルも高く，デザインもよく，品揃えがいいので，ずっとそこで消費するのに憧れていた。科長になってからそこで買い物をするのに慣れて，ショッピングしたい時には気楽に行けるように

90年代後半に大連開発区へ移動してきたK麗とG玉紅はすでに消費習慣があったため，大連開発区の商場型商業施設である金瑪商場や開発区商場を好んで利用している。「時間があったらとにかくショッピングをしたい」，「個性的で私らしい物があればすぐ買いたくなる」という。大連開発区へ移動してきた時期が異なるが，経由地で商業施設を利用することによって消費に関心を持っていたのはT洪梅である。彼女は「今ショッピングをすると衣料品だけでなく，靴や下着も見て回るため，2～3時間も使う」。
　2000年以降出身地から大連開発区へ移動してきたY秋は「出身地で利用したことがない商業施設を利用し，商場の中にはなんでもあると思ったこともあったが，最近は銘柄品も身に纏うようになり，都市的な格好をするようになった」という。以上の6人は，大連開発区で商場型商業施設を利用し，消費者化された傾向がある。大連開発区は90年代後半に商業施設の発展が見られ，2000年以降に複合型商業施設が開業したが，彼女らは出身地や生活していた地区で複合型商業施設を利用する体験がなかったため，経験上から複合型商業施設に気後れの感情を抱いていると見られる。
　次に80年代，90年代生まれの9人の商業施設利用体験を見てみよう。2005年以降直接大連開発区に移動してきたケース3のY双，ケース4のW月美，ケース5のW威，ケース6のW立波，ケース7のY麗君，ケース8のZ時琳，ケース9のM婷と，1回経由地を経て大連開発区に移動してきたケース13のS楠，4回経由地を経て大連開発区に戻ってきたケース22のX海燕である。直接大連開発区に移動してきた7人の出身地では複合型商業施設がないどころか，商場施設自体がほとんどないのであった。Y麗君，Z時琳の出身地では今でも商場施設がなく，定期市場や鎮の商場だけがあった。同じくY双，W月美，W威，W立波の出身地では商場施設がなく，県城に市場や商店，専門店があった。M婷の黒竜江省チチハル市の出身地ではバスで30分くらい離れている市内の商業中心地には市場や商場があった。彼女らは出身地にいた時はまだ10代の若さということもあって年2～3回春節や何かの記念日に親に連れて行ってもらって商業施設に出かけたが，自ら商業施設を利用する体験はなかった。また，周りの者はみな同じような格好をして清潔な服であ

第Ⅱ部　利用者の社会階級と二類型の商業施設

れば十分であったし，流行についてもよくわからなかった。そんな中でM婷だけが韓流のズボンやデニムが流行していることは知っていたが，出身地にいた頃は消費する習慣がなかった。Y麗君はテレビで流れていた，背が高く，レインコートを着てハイヒールを履いている女性に憧れていたが，自分が特にそうなるとも思わなかった。

　Y双とW月美はカジュアル系が好きで，金瑪商場，大商商場も見て回るが，地下商場や歩行者天国のような個人経営の店が好きだという。彼女らは休日には一日6〜7時間も商場施設を利用し，遊んだり見て回ったりしている。M婷は大連開発区に来たばかりの頃，仕事が終わると夜市しか営業していなかったが，そこでショッピングや歩き回ることを楽しんでいた。W威，W立波，Y麗君，Z時琳は，「休日になると友達と一緒に出かけるのが好きで，その際に，金瑪商場と大商商場を好んで利用している」という。S楠も出身地には商業施設がなかったため，年2〜3回両親と一緒に県城に行って商業施設を利用していた。流行には関心がなく，シンプルな服を着ていたが，経由地の山東省丹東市でデニムを知り，「美」について意識し始めた。大連開発区に来てから社交的になり，友達に美しくなるテクニックを教えてもらったり，セクシーな自分を保つために商業施設を利用したりするようになった。X海燕は広州市，日本へ移動し，複合型商業施設があっても利用せずにいた。大連開発区に移動しても複合型商業施設を利用しないのである。

　以上のデータから見ると商業施設の利用体験が多くなることによって，消費者化されたものの，出身地や生活していた地区に複合型商業施設がなく，当然それを利用した体験がない。彼女らは商場型商業施設を利用している。複合型商業施設があっても，これまでの消費体験から利用しようとしないのである。ここでは地域移動体験のない地元民のケース1のG玉潔，ケース2のT玉秋についてみよう。1970年代前後に生まれた2人は80年代の少女期には合作社か供銷社を利用した体験があり，90年代前半大連開発区に日常必需品だけを扱う商場があったものの，商品の種類が少なく，選択する余地がなかったため，年に数回隣街の金州市の国営百貨店や市場を利用していたが，ショッピングについて関心が薄かった。90年代後半大連開発区の商業施設が相次ぎ開業され，次第に消費に快楽を覚え，だんだんと買い物をする回数が

増え，2000年以降休日になるとショッピングをして楽しむようになった。複合型商業施設があるにも関わらず，「自分の体型，年齢に似合うものがなさそう」，「商品が高くて中へ入りにくい」と口を揃えて言い，利用しようとしない。その気後れの感情に対して，90年代からずっと利用していた金州市の商業施設は，慣れているので，今も利用している。

2．OL 階級の複合型商業施設選択

　複合型商業施設を利用する人たちは，生活していた地区，移動していた地区で複合型商業施設，あるいはそれに類似する商業施設利用体験を持ち，大連開発区に来ても複合型商業施設を利用している。それは70年代生まれのケース19のY陽，ケース20のX麗氷，80年代生まれのケース17のJ琳，ケース18のZ暁艶の4人である。

　70年代生まれのY陽は，次のように言う。「10代の頃出身地の遼寧省鞍山市には大きい商場もなく，商品も少なかった。衣服を買うところも露店の市場であった。また商品の数が少なく，いい物はほとんど売り切れであった。そのため小さい頃から母の同僚が北京に出張する際に，服や靴を頼んでいた。1990年頃にようやく商業用の建物が建てられたが，扱う商品が少なく，大人の婦人用品ばかりであった。大連市金州区に移動すると若者向けの流行商品を扱う商業施設があり，消費に対して関心を持つようになった。大連市内で生活した際にチェーン店型専門店が開業されるようになり，商場型商業施設で売られる物より品質がよく，デザインがよかったので銘柄商品を好きになった。この頃お化粧を勉強するようになり，美について目覚め始めた。若い頃には個性的な物が好きで，他人が持っていない物を買いたくなった」。

　黒竜江省鶴岡市綏濱県永利村出身のX麗氷は10代の頃，年1回くらい供銷社を利用していた。何回か県の百貨店を利用することもあった。1980年代前半はテレビも普及していない時代で，テレビスターとかスター歌手も知らず，みんな同じような物を着て，オシャレや美について興味をもつこともなかった。1980年代後半になると村から離れて県城に行った。服装市場や百貨商店はあったが，やはり周りの友達はみな同じような物を着ていた。商業施設を年5〜6回利用していたが，ショッピングすることに興味を持っていなかっ

第Ⅱ部　利用者の社会階級と二類型の商業施設

た。90年代になると天津市に移動した。天津百貨店は今でも強い印象が残っている。値段が高いので商品を買うまではいかなかったが，ぶらぶらしたりしていた。天津百貨店の近くの市場でショッピングをするようになった。市場で買った服を染めたり，形を変えたりして楽しんでいた。時間がある時に友達と買い物をするようになった。

　80年代生まれのＺ琨が10代の頃，出身地の遼寧省大連市庄河栗子房鎮では商業施設がなく，定期的な市場しかなかった。年1回しかない市場に間に合わないと，その年の春節に新しい衣服がないこともあった。90年代半ば頃彼女は大連市甘井子区に移動し，商場があったが，実用性があるものだけを買っていた。銘柄化された商品やチェーン型専門店に興味を持っていたが，買うことはなかった。しかし，2000年頃日本へ移動し，暇な時に日本の専門店やデパート，ショッピングセンターに向かい，その中をぶらぶらして遊ぶようになり，ショッピングに楽しみを感じるようになった。

　Ｚ暁艶は，出身地にいた頃に県城の百貨店を利用した経験があるが，スターがプリントされたＴシャツや，ドラマの中に現れた迷彩服の流行の商品に関心を持っていただけだったが，シンガポールで生活した後ショッピングに関心を持つようなった。彼女は，ショッピングセンターの中でのウィンドーショッピングが楽しみになった。今になって国際チェーン化された商業施設で銘柄品を買うのが好きで，好きなものに出会えて買わないと，心の中がむずむずしてたまらないという。

　90年代に大連開発区に移動してきたＸ麗氷とＹ陽はすでに消費に対して関心を持ち，大連開発区での商業施設では満足することができず，大連市内によく出かけた。2000年以降大連開発区に複合型商業施設が開業されると，大連市内や天津市での商業施設の利用体験があったので，早くに複合型商業施設に慣れ，利用するようになった。また，2000年頃にすでに日本やシンガポールで大型ショッピングセンターや国際チェーン型商業施設の利用体験を持つＺ琨とＺ暁艶は大連開発区に移動して来ると，商場型商業施設を利用することなく，複合型商業施設を利用した。

　87年生まれのＪ琳は，少女期から商業施設が発達していた大連開発区で生活していたので，早くから複合型商業施設に飛び込んでいたと考えられる。

2000年に大連開発区に移動してきた10代のJ琳は少しだけ出身地での商業施設の利用体験があった。供銷社がなくなった後に開業した2階建ての市場があった。その市場は、1階に野菜や果物などの食品売り場、2階に衣服や雑貨などの日常用品の売り場があった。春節の頃に新しい服を買ってもらえるが、普段自分が好きなものがあっても買ってもらえなかった。大連開発区に移動してくると専門店を利用するようになり、月に1回ぐらいショッピングをするようになった。銘柄品が好きになり、銘柄を通じて自分を表現するようになった。また大連市内で生活していた頃は大連市のデパートの中の商品の値段が高く、有名な「ONLY」と「淑女屋」という銘柄がすごく好きで、買うまでにはいかないが、たまに新商品を見に行った。その代わりに国内の銘柄を扱う専門店で買い物をするようになった。2010年に大連開発区で就職するようになり、大連市内と同じチェーン型の複合型商業施設だけを利用するという。

　以上の5人は、移動していた地区で複合型商業施設、または複合型商業施設ではないが、当時にしては周辺地域と比べて最新で最先端の商業施設を利用した体験がある。そのような者は大連開発区に移動して、複合型商業施設を利用する欲求が高まる。

　社会階級と二類型商業施設の利用分化は、農村出身の女子労働者達が就学や就職のために地域移動をし、大連開発区に職を求めるまでの過程において、生活していた地域や移動していた地域での複合型商業施設や進んだ商業施設の利用体験の有無に関連している。

第3節　見えない階級間の障壁としての気後れ

　第1節、第2節を通して、女工およびOLの消費習慣の形成の違いと、それによる商業施設選択の違いを示してきた。ここから女工たちの間でもOLと同様に消費習慣が形成されたが、複合型商業施設を利用した経験がないために、商場型商業施設を利用することが理解できた。この意味で、女工による商場型商業施設の利用は自らの選択によるものである。

　しかし、複合型商業施設を利用しない理由に着目すると、異なる側面も見

第Ⅱ部　利用者の社会階級と二類型の商業施設

えてくる。女工たちの語る理由は「自分の体型，年齢に似合うものがなさそう」，「商品が高くて中へ入りにくい」である。「自分の体型，年齢に似合うものがなさそう」は，体型，年齢でぼかしているが，自分に似合うもの，すなわち自分に相応しいものがないという表現である。自分には不釣り合いであるという意味でもある。また，「商品が高くて中へ入りにくい」はそのまま，高価で手が届かない商品が並んでいることを表現している。「自分には似合わない」，「商品が高い」といった気後れの表現は，女工たちが複合型商業施設の利用者から排除されていることの自覚の表現なのである。

　以上のように，2つの商業施設，商場型商業施設と複合型商業施設の間には，明らかに階級差があり，女工たちは，複合型商業施設はふさわしくないとして閉ざされているのである。このことは，女工たちは，OLの消費に象徴されるような幸福な都市消費生活から排除されていることも意味している。

第Ⅲ部　女工の体験空間

第Ⅲ部において，外資を獲得するために生産された大連開発区の空間で生活している女工階級は，「幸福な消費生活」空間から排除されているにも関わらず，大連開発区を離脱しない理由を考察するために，女工の空間体験，すなわちユーザーの空間体験に注目していく。それは，女工階級にとって都市空間が2つの意味を持っていたからではないだろうか。つまり女工階級にとって大連開発区は，希望，夢，期待の空間であると同時に厳しい現実を忘れさせ，疎外や憂鬱，苦痛，孤独の思いを和らげる逸脱，快楽，開放の空間であるのではないか。また，女工の体験空間は大連開発区の幸福な消費，都市生活空間への「抵抗する空間」であるからではないかと考えられる。

　第7章では，大連開発区の「幸福な消費生活」空間は女工に対して夢，希望，期待を抱かせていることについて論じる。たとえ今は享受することができなくても，「幸福な消費生活」空間が，農村出身の女工の眼前に現実として展開されている。

　しかし，女工は規律化された生産空間（工場）とその周辺に位置する宿舎もしくは自宅の間を往復し，疎外や憂鬱，苦痛，孤独に耐えている。休日や余暇時間を過ごす商場型商業施設は自己回復の空間であり，ここでの活動によって癒やされた女工は再び生産空間と宿舎の日常に戻っていく。また女工を排除した「幸福な消費生活」の空間と，女工を抑圧・搾取する生産空間の間に，女工が体験する娯楽空間は存在している。娯楽空間は女工の人間性，女性の性，本能を解放し，抑圧されていない状態に戻す。この2点については，第8章で述べる。

　第9章は，女工階級とOL階級のそれぞれの消費空間において，どのような行動を取っているのか，またどのような消費意識を持っているのかを明らかにする。これを通して，両者の空間が持つ特性について考察する。

第7章 「幸福な消費生活」空間

　女工は「幸福な消費生活」に憧れて，農村地区から大連開発区へ移動してきた。本章ではOLの「幸福な消費生活」とはどのようなものなのか，またそのような空間はどのように女工に夢，将来性，可能性を感じさせているのかについて述べる。

第1節　OL階級の「幸福な消費生活」

　2009年に大連開発区の「幸福な消費生活」の縮図と言える空間，紅星海世界観高級住宅地が現れた。すなわちその高級住宅地は，大連開発区の「幸福な消費生活」を描き出している。紅星海世界観高級住宅地は，大連開発区の建成区に位置し，金馬路の南側，童牛嶺の近隣，泊石湾人工ビーチの海岸線の延長上の一番南側にある（図表3-1）。そこは，大連開発区の建成区が建設されるまでは，馬橋子村，南砣子生産大隊の所在地であり，農業生産地区であった。大連開発区建設開始後も工業地区からも商業地区からも離れ，開発が遅れていたため，自然風景が残されていた。

　香港の不動産会社遠洋地産は「大連全地区の都市発展と共に，最先端の都市生活スタイル」を提供すると宣伝して紅星海世界観高級住宅地を計画し開発した。そこは700万平方メートルの山林と5000メートルの海岸線に囲まれ，一戸建て，高層マンション，商業，教育，観光，娯楽施設が併置されている。図表3-2は2011年に遠洋地産の「幸福宣言」をテーマとした広告である。「幸福宣言」の左側は「バカンスもこれほど素晴らしい」，右側は「家に帰ってから一緒にショッピングしよう」のキャッチフレーズになっている。それは，紅星海世界観には愛をテーマとした「LOVE山体公園」，健康をテー

第Ⅲ部　女工の体験空間

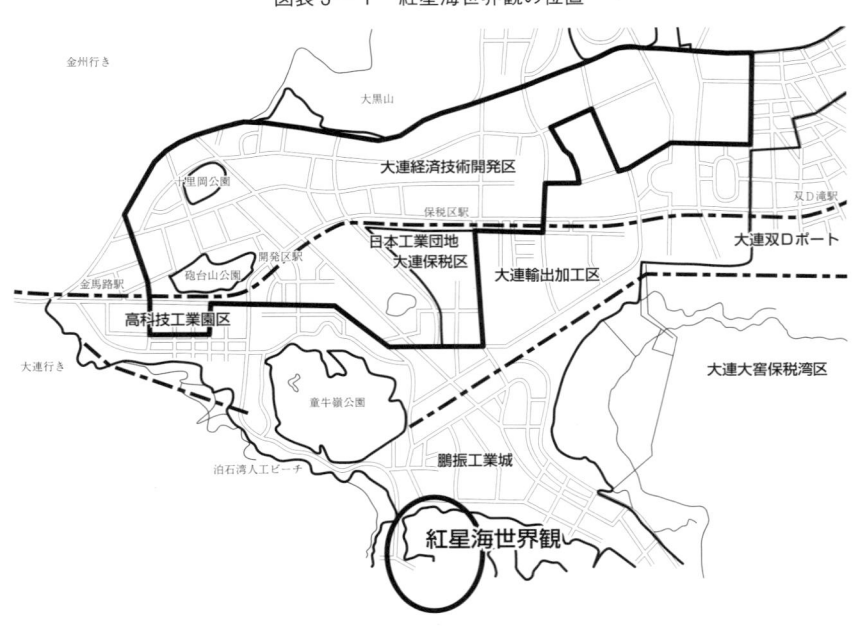

図表3−1　紅星海世界観の位置

出典：大連経済技術開発区国土資源和房屋局，大連市観察測絵研究院，を参考にし筆者作成。

とした「Health 山体公園」の2大公園，「STAR 紅星海ビーチ」，「海濱商店街」の観光，商業施設が設置されたからである。観光施設でバカンスを楽しみ，商業施設でショッピングすること，これこそが幸福であると宣伝しているのである。

また，同年に遠洋紅星世界観の公式ブログに載せられた13分14秒の長い広告は，高級住宅タウンの幸福な消費生活を描写している[167]。それは歌の形となっており，歌詞は次のようなものであった。

　　　　毎天早起打卡上班，一直忙到下班，（毎日朝から晩まで仕事をする）
　　　　没空回家吃飯没空陪老婆聊天。（女房と一緒にご飯を食べる時間すらない）

167）紅星海世界観公式ブログ，http://weibo.com/hongxinghai，2013年9月検索。

184

第 7 章 「幸福な消費生活」空間

図表 3 － 2 　「幸福宣言」広告

出典：新浪楽居，http://www.house.sian.com.cn，2013年 9 月17日検索。

辛苦赚钱每日每夜的拼命的加班，（毎日残業して一生懸命仕事をするのは）
为的就是赚钱买房赚个大点的房间。（より大きいマンションを買うためだ）
我是一个爷们儿，照顾家和妻儿，（おれは男だ，女房と子供のために頑張る）
为了家人幸福那是天下一等的大事。（家族の幸福のために頑張るのは一番大事なことだ）
攒钱买了新房，了了最大心愿，（お金を貯めて，マンションを買えば，一番の夢が叶う）
那里就是我最爱的红星海，世界观。（そのマンションは俺の一番好きな紅星海，世界観だ）
面朝着大海，春暖又花开，（海に臨み，春になると花が咲く）
打开窗帘坐在家里就能看到大海，（窓を開ければ家にいても海を一望することができる）
美丽的夕阳，映衬着沙滩，（美しい夕日，綺麗なビーチ）
温暖幸福瞬间遗忘辛苦和辛酸。（辛さを忘れさせる暖かい幸福だ）

185

第Ⅲ部　女工の体験空間

周末陪着家人去山体公园上野餐，（週末に家族と山体公園でピクニックをする）

周围有树有山空气特别的新鲜。（周りには森があり，山があり，空気は新鮮だ）

有红星海学校，还有红黄蓝幼儿园，（紅星学校があるし，紅黄青幼稚園もある）

儿子女儿开心上学我也能拿爱心上班。（子供は嬉しく登校すると，俺も楽しく出勤できる）

……

红星海，你得赶紧来到这里，（紅星海，早くおいでよ）

不管未来变化多块，幸福就在这里。（未来がどれだけ変化しても，幸せはここにある）

滨海湾，就是这里的商店街，（濱海湾，それはここでの商店街だ）

出门不用打车，溜达几步就到啦。（車を使わずに歩いて来られる）

时尚各大广场，还有美丽的步行街，（ファッション広場や，美しい歩行者天国もある）

累了你就坐下来看看美景，歇一歇。（疲れたら座ってここの景色を眺める）

饿了，这有各国餐饮和美食，（お腹が空いたら，異国のドリンクと美食がある）

渴了，去酒吧点杯美酒喝一喝，（喉が乾いたら，バーでお酒をちょっと一杯）

High 啦，哥几个去 KTV 唱唱歌，（楽しくなったら，カラオケもある）

闲啦，就去咖啡厅坐一坐，（暇があったらカフェにちょっと座る）

大型生活超市，各种商品还真多，（大型スーパーマーケットにはたくさんの商品がある）

电玩城的游戏玩的心情真不错，（ゲームセンターで遊ぶとすごく楽しい）

……

媳妇买了新衣服整个人都变样了，（女房は新しいファッションを買って美しくなった）

第 7 章 「幸福な消費生活」空間

孩子玩的开心连时间都忘记了，（子供は遊びすぎで時間も忘れた）
媳妇变的美啦，（女房がもっと美しくなった）
儿子女儿高兴啦，（子供がもっと楽しくなった）
还有什么能比这些，更让自己乐呵的……（これ以上の幸せはどこにある……）

（紅星海世界観広告の歌詞より）

　以上の遠洋地産の広告や歌詞を用いて紅星海世界観は，幸福な生活を送る生活スタイルを強調している。そのような空間が大連開発区の「幸福な消費生活」空間を具現しているのであれば，大連開発区の他諸施設はどうかを見ておこう。商業施設の安盛ショッピングセンター，麦凱楽デパートはモノの消費だけでなく，幸福な都市消費生活の消費スタイルを提供している。安盛ショッピングセンターでは自家用車でショッピングにきて，有名銘柄の衣料品やラグジュアリーブランドを消費する他に，映画館で映画を鑑賞し，レストランやカフェで飲食し，ゲームセンターやネットカフェで遊び，ジムで軽い運動をして，リラックスした時間を費やすのである。麦凱楽デパートは，商業施設の機能を日常居住施設の延長として捉えて，衣，食，住が一体化するライフスタイルを提供している。その上太陽，自然，季節をモールの中で再現しているので，何をしていても幸福感でいっぱいになる。

第 2 節　女工階級の「幸福な消費生活」

　図表 3 - 3 は，女子労働者のうち女工の名前，生年，婚姻状況，現住所，居住形態といった基本属性と利用する施設のデータを示したものである。利用する施設のうち，商場型商業施設は地下商店街，大商商場，開発区商場，金瑪商場，友誼商場であり，娯楽施設は五彩城や，K 会社社宅周辺に位置するネットカフェ，ディスコ，ビリヤード室，ゲームセンター，ローラースケート場である。20 代の若い女工は，未婚で，会社の宿舎に暫住している。年齢効果も考えられるが，商場型商業施設を利用する他に，宿舎の近くにある娯楽施設を利用している。30 代，40 代の女工は，既婚でマンションを購入し

第Ⅲ部　女工の体験空間

図表3－3　女工の利用する施設

番号	名前	生年	婚姻	現住所	居住形態	利用する施設
1	Y双	1993	未婚	宿舎	作業員寮	商場型商業施設, 娯楽施設
2	W月美	1991	未婚	宿舎	作業員寮	商場型商業施設, 娯楽施設
3	W威	1991	未婚	宿舎	作業員寮	商場型商業施設, 娯楽施設
4	W立波	1990	未婚	宿舎	作業員寮	商場型商業施設, 娯楽施設
5	Y麗君	1990	未婚	宿舎	作業員寮	商場型商業施設, 娯楽施設
6	S楠	1988	未婚	宿舎	作業員寮	商場型商業施設, 娯楽施設, 観光施設
7	Z時琳	1988	未婚	宿舎	作業員寮	商場型商業施設, 娯楽施設
8	M婷	1985	既婚	大連開発区倚山里小区	持家, 低層マンション	商場型商業施設
9	Y秋	1979	既婚	大連開発区小孤山小区	持家, 低層マンション	商場型商業施設
10	K麗	1978	既婚	大連市金州区金紡小区	持家, 低層マンション	商場型商業施設
11	X海燕	1976	未婚	大連開発区倚山里小区	暫住, 親戚の家	商場型商業施設
12	P麗峰	1973	既婚	大連開発区倚山里小区	持家, 低層マンション	商場型商業施設
13	T洪梅	1973	既婚	大連開発区環宇品閣小区	持家, 低層マンション	商場型商業施設
14	M艶波	1970	既婚	大連開発区翠竹小区	持家, 低層マンション	商場型商業施設
15	G玉紅	1970	既婚	大連開発区高城山小区	持家, 低層マンション	商場型商業施設
16	G玉潔	1970	離別	大連開発区小孤山	地元出身	商場型商業施設
17	T玉秋	1968	既婚	大連開発区小孤山	地元出身	商場型商業施設

た者が多く，商場型商業施設を利用している。

　女工にとって大連開発区は夢，可能性，将来性がある空間なので彼女らはこの街から離脱しないのである。大連開発区では2000社あまりの企業があり，そのほとんどが外資企業であり，生産業だけでなく，サービス業も充実しているので，希望する仕事に就職できる可能性もあり，自己実現することができる。宿舎に暫住している未婚女工は事務的，サービス的仕事に従事することが夢である。例えばW威は出身地に居た時，秘書やホワイトカラーになりたくて，大連開発区に移動してきた。Y双は，上司の機嫌がいい時なら気楽に生産労働をすることができるが，そうでない時にはほんとにすべて投げ出して辞めたいと思う。工場労働より楽な気がするし，儲かると思っているので，もし機会があったら，お化粧の技法を教える教室に通い，化粧や化粧品に関連する仕事をしてみたい。Z時琳は化粧品専門店を，W威はできればファッションショップを経営したいと思っている。S楠はアメリカ系S工場で

第 7 章 「幸福な消費生活」空間

４年間働いたが，会社の経営不振で，会社にいても仕事がなくインターネットゲームばかりしていたという。その会社を辞めて，麦凱楽デパートや友誼商場，安盛ショッピングセンターの中でそれぞれ２日間ぐらい働いたが，接客の仕事に慣れなくて，結局日系Ｋ工場に再々就職をした。Ｙ麗君は大連開発区では（就職口が多いため）簡単に転職することができるが，全部電子部品工場で，転職しても仕事の内容が大体同じであるとはわかっていた。彼女は仕事の内容というより今の会社で契約社員になり，五険一金をもらいたいと思っている。Ｙ双も「これから，合同工（契約社員）になれる仕事を探して，五険一金をもらえる楽な仕事を探したい」と述べた。Ｓ楠は「仕事で充実感が味わえて，自分の価値を確かめたい」と言う。30代，40代の既婚者Ｋ麗，Ｔ洪梅，Ｇ玉紅は高卒ではあるが，彼女らの出身地では一番の高学歴で，頭がよいと思われている。彼女らは都市の外資工場で働けることに誇りを持っている。

大連開発区には愛してくれる男性と出会い，子供を作り幸せな家庭を築くことを夢見ている女工もいる。宿舎に暫住しているＹ双は「安定した仕事に従事し，家庭向きの彼氏を探して，大連開発区でマンションを持てれば，ふらふらと居場所のない自分も安定できるね」という。Ｙ麗君も「面倒見がよい彼氏と出会えて，マンションを買えて，仕事が安定していれば，十分である」。自分の家を持っているＹ秋は結婚したばかりだが，マンションのローンを返済しているので，そのために残業シフトを組んでもらうようにしている。これから子供を作り，幸せな家庭を築こうとしている。大連開発区に来て長い間宿舎生活をしていたＭ婷は地元出身の者と結婚して，住宅ローンを組んで持家を買うことができた。Ｍ婷の住居は大連開発区の保税区周辺に位置している90年代に建てられた中古マンションではあるが，居住面積が70平方メートルもあり，ちょっと広めである。間取りは寝室が二部屋，トイレ，24時間の給湯設備があり，50インチ大画面テレビ，エコ冷蔵庫，パソコンを所有しているし，2012年には車も買った。Ｍ婷の主人のＤ純真は，有名大学卒で，大連開発区のドイツ系企業で営業の仕事に従事し，月収１万元（2011年現時点約16万円）を稼いでいる。Ｄ純真とＭ婷の出会いはお見合いであった。自由恋愛の時代だが，見合い結婚も増えている。信頼のおける友達を通

第Ⅲ部　女工の体験空間

して見合いをするのが互いの素生を調べる時間が省ける。M婷は女工であるが，大連開発区の戸籍を持つ男性と結婚することができたことにより，会社の宿舎から出て，マンションも買えた。仕事上の出世ではないが，大連開発区の戸籍を獲得したことについて誇りを感じている。

　結婚をしてマンションを購入し，子供が生まれたら教育に熱を入れる者もいる。T洪梅は，良い大学に受かるように子供に頑張ってほしいと思っている。子供をピアノ教室や空手教室に通わせ，出世できるようにと教育に力を入れているP麗峰もそうである。彼女らは子供をよりよい大学に進学させ，自分より出世できるようにと望んでいる。

　大連開発区には就職口がたくさんあり，女工はいつか自分の就きたい仕事に従事する夢を持っている。大連開発区は夢を叶え，自分の価値を確かめ，自己実現を達成することが可能な空間である。また結婚して持家を購入し，幸せな家庭を築く可能性もある。そのような生活は，外資工場や外資企業が進出し，都市的な居住，教育施設が整っている大連開発区でしか享受することができないのである。

第8章　女工階級の癒し空間

第1節　労働力再生産のための商業施設

　大連開発区は，女工にとって夢と希望の空間である。しかし，女工として労働に明け暮れる現実は辛い。

　女工は規律化された生産空間（工場）と工場の周辺に位置する宿舎（自宅）の間を往復し，疎外や憂鬱，苦痛，孤独に耐えている。最底辺のライン生産の工場労働に従事している女工はなかなか管理的・事務的，サービス的仕事に転職することはできない。結婚しマンションを購入した者は持家と言っても住宅ローンを抱え，返済するためにますます仕事の量を増やさなければならない。その上，子供の教育費に苦しめられている者もいる。また宿舎に暫住している女工は，なかなか好きな男性に出会えない。彼女らは大連開発区で幸福な生活を手に入れたい夢と宿舎生活との現実の差を思い知らされている。「一日2食付きだけど，ほとんどお肉がないので，空腹を満たせない」，「洗面所がいつも込んでいて，朝トイレの奪い合いに苦労する」，「運が悪いと，8人くらいの部屋の中で生活習慣の悪い者と同室になれば，いつも部屋が汚い。最悪の場合は貴重品を狙う者もいる。また誰かが夜勤のシフトになれば，夜中に宿舎に戻ってくるとよく寝られない」，「テレビもコンピュータもなく，たとえ持ったとしても電気を使用する時間が決められていて，使えない」，「冬でも部屋に暖房がなく，電気もないから電気絨毯も使えないのでとても寒い」等々が挙げられる。Y双は工場を辞め，宿舎を出て，街で友達と一緒に部屋を借り，個人経営の靴売り場の店員に転職したが，「今の仕事はライン生産よりある程度自由はあるが，社会保障がない。契約社員にもなれないので，すごく不安だ」と述べている。

第Ⅲ部　女工の体験空間

　Y双は，ショッピングをして仕事の疲れを取るようにしている。W威はショッピングに休日丸一日を使う。M婷は休日には特に買いたい物がなくても，ショッピングをする。ショッピングをすると精神的に安定する。機嫌が悪い時に消費すると気分転換になり，嫌なことを忘れると言う。W月美は休日には宿舎にいてもつまらないので，特に何かを買いたいと思わなくても，ショッピングで一日中ぶらぶらしていれば楽しいのである。T洪梅やT玉秋はショッピングをすることで快楽を感じる。ほしいものがあれば，買いたくてたまらない。G玉潔は暇な時はとにかくショッピングし，気に入った物があればすぐ購入する。買い物をするのは快楽なので，自分の買いたい物がない場合，とてもがっかりする。

　　Z時琳：「仕事と比べると，消費の方が好きだ。消費は快楽で，ぶらぶらするだけで楽しく感じる」
　　S楠：「仕事と消費には矛盾している点がないと思う。なぜならば遊んだり，オシャレをしたり，消費したり，自分の気持ちを満足させるのに仕事をしなければならないからである」
　　Y秋：「ショッピングをするのが好きだけど，仕事をしないとお金がないので消費することができない」
　　K玉紅：「仕事をして金儲けをすれば，ショッピングをすることができる」
　　P麗峰：「仕事は生活のため，お金があって自由に消費できれば仕事なんかしないよ」
　　T玉秋：「生活のために仕事をしなければならないが，時間があるとショッピングをする。ショッピングは楽しい」
　　G玉潔：「仕事をするのは好きである。金儲けをすることができるから。お金があれば消費できる。新しい商品が発売されると買いたくなる。誰だってそのような欲望があるよ」
　　T洪梅：「まったく仕事をしないより適当に仕事をする方がいいです。消費のほうが断然楽しい」

　以上のように女工にとってショッピングは大切な気晴らしである。商場型

第8章　女工階級の癒し空間

商業施設は，彼女らにとって工場労働と宿舎での暮らしという日常の苦痛を和らげ癒す非日常の場となっているのである。また，このような非日常の場があるからこそ，彼女らは工場での仕事を続けることができる。商場型商業施設は女工を対象とした労働力再生産の装置であるとも言える。

第2節　抑圧から解放されるための娯楽施設

　大連開発区の多くの宿舎が集中するエリアの中に，1カ所だけ労働者がよく集まる賑やかな場所がある。大連開発区建成区の東側，東北六街に位置しているK工場の金光宿舎の周辺である。図表3－4はその周辺写真である。市場や数軒のレストラン，食品商店，美容室，多数の旅館があり，また診療所1軒，携帯売り場2軒，その他に，娯楽施設のビリヤード室1軒，ゲームセンター1軒，ローラースケート場1軒，インターネットカフェ4軒，ディスコ4軒がある。写真で示した工場の外観とよく似た建物の中には，いくつもの娯楽施設や日常用品店が集中している。建物は，工場と区別するために壁にピンクのペ

図表3－4　金光宿舎周辺

出典：筆者撮影。

第Ⅲ部　女工の体験空間

ンキを塗り，ガラス張りにしたりしているだけである。娯楽施設と言っても，1つ1つは決して大きく造られたり，豪華に造られたりしているわけではない。周辺に居住する労働者に対してサービスを提供し，友人や仲間同士が集まる場所としてだけ提供しているような感じさえもする。娯楽施設や日常商品店のテナントは出入りが激しい。新しいレストランが開店すると，人気のないレストランはすぐ閉店になったり，ディスコが流行ると，あっという間に新しいディスコが開店したりしている。このような娯楽施設が存在しているので，K工場の労働者宿舎の周辺がいつも賑やかである。

　ディスコやバー，インターネットカフェ，カラオケなどの娯楽施設を利用する20代の女工はオシャレに気を配っている。Y双はディスコやバーで遊ぶ時はいつも可愛くて，淑女的な格好をして，髪の毛を整え，綺麗にお化粧もする。W立波はインターネットカフェ，カラオケ，ディスコのようなところには，いつもセクシーな格好をして行く。S楠はローラースケートやディスコ，バーで遊ぶ時は仕事をする時よりも，ショッピングをする時よりもオシャレをする。

　Y麗君は休日になると商業施設の利用の他に，宿舎周辺のインターネットカフェを利用している。よくファッション関係のサイトをみたり，映画や動画をみたりするけれど，一番よく使っているのが，テンセントQQというインターネットのインスタント・メッセンジャーである。「QQではだらしない男性もいて，知り合ってすぐセックスしないかと誘うのだ。そのような男性を見抜いて誠実そうな男性と出会うのは難しいが，愛してくれる男性に出会える一つの手段でもある」と述べた。

　2007年に「QQ愛」という曲が流行りだした。以下はその歌詞の抜粋である。

　　　好想谈恋爱，越想越难耐，不知到底谁才适合我的爱。收索QQ上，有些留言很奇怪，男人不坏女人不爱。有位自称人很帅，心地善良小乖乖，问今年你几岁，有过几次 one night，吓得我发呆。……QQ爱，说不定对方是杰伦，既然分不清好坏，也没有胜利失败，自己享受自己的精彩。
　　　（恋愛をしたくてたまらないけど，誰が私に相応しいのかはわからない。

第 8 章　女工階級の癒し空間

　　QQチャットで検索してみたら，ユーモアがあって，ロマンチックで，オシャレで今風な男でなきゃ愛する女は見つからないと，変なメッセージばかり流れ込んでいる。たまに格好がよく，やさしいと自称する男が現れても，「何歳？一夜の恋は何回かした事がありますか」としか聞かれないことに呆れた。……QQ愛，相手はスター歌手の潔倫さんかもしれないので，良いも悪いも，成功も失敗も分別せずに，とにかく自分の素晴らしさを楽しもう

　恋愛したい女性が，QQを通して本物の愛を探そうとしても，なかなか出会えないという内容である。自分の素晴らしさを楽しもうとアピールしている。Y麗君の場合はインターネット上で自分のことを女工としてではなく，オシャレで目が大きい美女で，性格が明るく，趣味が多い女性として演じている。実際彼女は二重まぶたのプチ整形手術をして，ショッピング以外に趣味がないのである。彼女はインターネットの世界で自分に好意を持っている男性からのアプローチを受け，異性にもてている自分の素晴らしさを楽しんでいるという。
　女工がディスコやバーを好んで利用する理由は，社交的になり，異性からもてるように感じるからである。K光宿舎周辺のディスコでは毎日異なるサービスを提供している。

　　月曜日　赤ワインの日（一杯購買，一杯サービス）
　　火曜日　カラオケデー（好きな女性相手に歌で告白しよう）
　　水曜日　レディスデー（シングル女性　飲み物サービス）
　　木曜日　シングルの日（男女見合いの日）
　　毎晩9時前，送迎無料サービス

　工業開発区の中に位置するK光宿舎は大連開発区の商業の中心地より離れており，客層は宿舎で生活する者に限定されている。その宿舎の外の男性は美しい女工らを狙いにわざわざ足を運んでくるのである。そこでは，女工が一番底辺で機械の一部である工場労働者の自分から，セクシーで美しい自分に変身し，異性に認められている自分を取り戻すことができる。

195

第Ⅲ部　女工の体験空間

　K光宿舎周辺の娯楽空間は，女工たちにとって一種の祝祭空間である。そこで女工達は，日常の自分と異なるセクシーな自分や淑女然とした自分，多くの趣味を持つ現代女性らしい自分など，思い思いに憧れの自分を演じてみせる。労働の空間では彼女たちは，機械の一部のように働くことを望まれ，実際にそのように振る舞うのであるが，この娯楽空間では一時的であれ，魅力的で美しい女性として振舞い，楽しい時間を過ごすことができる。彼女たちにとっては，まさに女工であるという抑圧から解放される自由な時間であり，それを可能にする空間である。それはディスコのさまざまなサービスやQQのインスタント・メッセンジャーにアクセスできるインターネットカフェなどの装置によって可能になるのであるが，ある種の価値の転倒を出現させるという意味で十分に祝祭空間であると言える。

　なお，娯楽空間で過ごす時間は，日常生活の間のちょっとした非日常として組み込まれるショッピングの時間よりも，より非日常性が強い時間である。ショッピングの時間は，この祝祭の時間で表現したい自分を準備するための時間であると言えるだろう。

第9章　ユーザーによって生きられる空間

　この章では，リッツアの「無」の消費と「存在」の消費の議論を借りながら，大連開発区のユーザーについて考えていく。それは，政策的には，戸籍が与えられ優遇されるOL階級こそが，大連開発区のユーザーと見なし得る層となるが，この地に定住することを望み，実際にこの地に自分達のコミュニティを形成しつつあるのは女工層であるというある種の捻れを明らかにすることである。また，女工層が利用し，また彼女らのコミュニティの結節点ともなっている商場型商業施設は，大連政府によって構想され，政府がユーザーであるOL層の利用空間，すなわち複合型商業施設に対して，抵抗の空間と位置づけられるものになっていることを示す。

第1節　「無」の消費と「存在」の消費から見る二類型商業施設

　序章で示したリッツアの無と存在について，あらためて確認しておく。無とは「一般的なもの（交換可能なもの），地元地域とむすびついていないもの，無－時間的なもの，人間関係が乏しいもの，幻滅させるもの（魔法を解除する）」[168]であり，存在とは「存在は独自性なもの（唯一のもの），地元地域と結びついているもの，時間特定的なもの，人間関係が豊かなもの，魅惑させるもの（魔法をかけられた）」[169]である。そして消費に視点を当てると，「無の消費は非場所，非モノ，非ヒト，非サービスを享受するもの」[170]であり，存在の消費は「モノを販売または提供する場所，およびモノを取り扱い，販売

---

168) Ritzer, 2004, 前掲書, 38ページ。
169) Ritzer, 2004, 前掲書, 38ページ。
170) Ritzer, 2004, xvi-xviiページ。

第Ⅲ部　女工の体験空間

し，モノを購入しようとする消費者に，一連のサービスを提供する機能と高度な知識を持ったヒトの消費である」[171]とされる。

　第5章第2節で示してきたように，複合型商業施設である安盛ショッピングセンター，麦凱楽デパートは，中国国内の巨大資本，および外資資本の傘下にある施設である。そこで扱われる商品は中国国内の有名銘柄，外国ブランドなどの所謂ブランド品である。これに対して，商場型商業施設は，地元の施設であり，内部のテナントには個人経営者が多く，地場産品も食品から衣料品に至るまで広く扱われている。さらに言えば，安盛ショッピングセンターや麦凱楽デパートのような巨大資本によってチェーン化された商業施設は，どの地域に造られたものも外観も，内部の造りも，ほぼ同じである。

　要するに，安盛ショッピングセンターおよび麦凱楽デパートは交換可能であり，地元地域とは結び付いていないものである。これに対して商場型商業施設は，それぞれ独自の特色を持ち，かつ地元地域と強い結びつきがある。また商品や，人間関係に注目するならば，複合型商業施設では，多くのブランド品が扱われており，そのモノよりもブランドの記号を消費させるという特質を持っており，非モノ性が高い。接客についても，開放的で，丁寧であっても，マニュアル化され訓練された接客であり，客との間に親密な人間関係を構築していこうとするものではない。一方，商場型商業施設でも，偽ブランド品や横流し品など，一見非モノめいた商品が扱われているが，それらは親密な関係のもと，秘密めいた店内で取引されるものである。この意味で商場型商業施設は，逆説的ではあるが，売り手と買い手の信頼関係の上に，高度な専門知識の供与やサービスが行なわれている空間になっているのである。

　以上のように見ていくと，複合型商業施設が無の消費のための空間であり，商場型商業施設が存在の消費のための空間であることが読み取れる。

　そこで，次にそれぞれの空間において，OLおよび女工がどのような行動を取っているのかを確認しておく。

---

171) Ritzer, 2004, 前掲書, 129-130ページ。

第9章　ユーザーによって生きられる空間

第2節　OL階級と女工階級の消費行動

1．OL階級の消費行動

まず複合型商業施設を利用するOL階級の消費行動を示す。

J琳は休日に商業施設の中の銘柄品を買い回り，疲れたら食事をして，最後にジムでヨガをしたり，映画を見たりして，過ごしている。

> 外資企業の企画課に勤務する20代のJ琳：安盛ショッピングセンター，麦凱楽デパートの中の「ONLY」や「淑女屋」などの有名な銘柄を扱っている専門店を利用する。そこを利用するのは私みたいな20〜30代で，OLの仕事に従事し，経済力がある者に相応しいと思っている。私はその商品を熟知する上に消費するようになる。例えばMENGOという銘柄のジーンズが好きで，このシーズンに国外の一番売れたモノを調べて，その上に国内では入手困難なモノを探して，買う。ショッピングすることは楽しいと思い，特に期待に添うモノに出会えるともっと楽しくなる。休日になると，一日を使いショッピングをするが，お腹が空くとピザハットやスターバックスを利用する。ピザハットの「午後ティーセットランチ」は肌，花と果物，野菜，魚など体によい素材で作られたお茶やピザ，サラダがあるので，とても気に入っている。またスターバックスでのんびりしながらカフェオレを飲み，野菜がたくさん挟まったサンドイッチを食べるのが好きである。のんびりし終わったらジムでヨガをして体を動かすが，たまに見たい映画を見ているともう夜の8時頃になってしまう。

未婚の20代のJ琳は複合型商業施設だけでなく，文化施設である大連開発区大劇場で音楽会を聴くのも好きである。たまに外国の有名な指揮者やオーケストラが開いた音楽会に参加すると，その後は何日間も美しい音楽が頭の中で響いている。絵や芸術のセンスがある彼女にとってはクラシック音楽を聴くことが至福な時間である。

30代既婚の元銀行員X麗氷は，銘柄品を消費するのが好きで，趣味で衣料

199

品を着こなす教室に通っている。「大連市内のグッチやルイ・ヴィトンなどのブランドを扱う旗艦店も魅力的ではあるが，偽物が多い中国では本物を持っていてもわかってくれる人も少ない，流行のモノが好きな私にとって安盛ショッピングセンターと麦快楽デパートで十分である。ショッピングをするのは楽しいが，時間つぶしだとは思っていない。合理的に時間を使い，ショッピングするのが好きである。そのために私は自分に相応しい衣服の色彩を勉強している。安盛ショッピングセンターではたまに色彩教室の宣伝があり，その教室は個々人に相応しい色彩を教えるだけでなく，講師の付き添いで安盛ショッピングセンターや麦凱楽デパートでショッピングをする。それを通して，自分に相応しい選択する能力を養い，効率よくショッピングを楽しむことができる」。

　30代既婚の大学教師Y陽は銘柄品を消費するのが好きで，その衣料品を綺麗に着るために美容室に通っている。「麦凱楽デパートのONLY，VEROMODAという専門店を利用するのが好きだ。そこの服はすべてイタリアのデザイナーがデザインしているので，週1回にショッピングし，少なくとも1着を購入する。それらの銘柄は，私の職業に相応しいと思っている。結婚し，子供も産んだので，美しさを保つために定期的に美容院に通い始めた。きれいな衣服を着て，美しい体型を維持することは人に自信をもたらすが，それに加えて文化的素質とそれをもたらす気質も重要である」。

　以上のようにOL階級は複合型商業施設を利用する際に，一人で行くケースが多く，複合型商業施設の中のブランドの店を利用し，店員との会話も商品の特徴や値段，流行だけである。買い物以外に，複合型商業施設の中のレストラン，フィットネス，エステサロンなどのサービスを利用し，衣料品の消費のみならず，多様なサービスを消費していることが見られる。

2．女工階級の消費行動

　商場型商業施設を利用する女工のケースを示す。Y麗君は「来たばかりの時は寂しくて，何度も実家に戻りたいと思った」という。そんな時，会社で知り合った新しい友達とショッピングに出かけたり，商場型商業施設の個人経営者のところに足を運んだりするようになった。Y麗君は，日本OL風の

店，友達L翠翠は，韓国お嬢さん風の店に通い始めた。これらの店では彼女らと似た格好をしている店員がいる。彼女らはそこで扱われているモノも好きで，そこの店員とモノの扱い方や着こなし方などのコミュニケーションをとることも好きである。テレビのない宿舎生活の彼女らにとって最新流行のファッションの情報が得られる手段の一つが店の個人経営者とのコミュニケーションである。

　K麗は，金瑪商場ブティックの店主が自分のスタイルや好みを考えて広州から仕入れしてくれて，またその店で扱うモノは一点モノが多いから，自分が身に纏うと大連開発区では同じモノを見かけないのが自慢である。店主はたまには着たことがない色を仕入れてくれるが，痩せ体型の自分が買わないと絶対売れないと思ったが，買って身に纏ったら周りの者が似合うと言うので，よく自分のことを見てくれていると思ったりしてまた行きたくなる。

　M婷は，地下商場の化粧品店「姿彩堂」で扱われているマレーシア産の植物性化粧品が好きで，荒れていた皮膚も治ってきたという。彼女は「名品屋」というカバン屋でよく買い物をしている。そこは広州から仕入れてきた偽物のブランドカバンを扱っている。ルイ・ヴィトンを始め，コーチ，グッチ，シャネル，プラダ，バーバリーなどがあり，品揃えは本物を扱うブランドの専門店と比べても劣っていない。彼女は，結婚式を挙げる日のために紅色の偽物のプラダを購入した。M婷は最近流行り出したアメリカのブランド，セリーヌを購入した。ハリウッドスターが，私服でセリーヌを身に纏っている写真が「名品屋」に飾られているので，それを見て買おうと思った。彼女はPaul Frank（中国名：大嘴猴）のファッションとUCCのムーンブーツが好きで，金瑪商場でその似せモノを購入した。今同じ形のムーンブーツを三足も持っている。気分転換のために色違いのモノを使っているのだという。

　M婷と一緒にショッピングにでかけた時は，何かを買うというより店のオーナーの顔を見に行くというような感じであった。彼女は地下商場の化粧品店「姿彩堂」の個人経営者が新しいマンションを購入して最近その内部の仕上げ工事に追われていることや，カバン店の「名品屋」の経営者の出身地が吉林省でこの業界で13年も働いていること，靴下を販売している若い女の子が外資企業に就職した後，日本で３年間研修生として働き，日本で稼いだ資

第Ⅲ部　女工の体験空間

金で地下商場で雑貨を出品していることなどよく知っている。彼女は，大商商場4階にある韓国スタイルのファッション店「蜜雪児（ミシュール）」の店主に女工達の好き嫌いを教えたり，金瑪商場の一階でアクセサリーを売っている廃業寸前の経営者に仕事を紹介してあげようとしたりしている。

　M婷と店主・店員の間の会話も面白い。彼女は「蜜雪児」を利用する際に，店主はM婷に嬉しげに「最近見ていないね」と言うと，M婷は「先日わざわざ来たのに，留守だから，どこに行っちゃったの？」と言い返した。店主はニコッと笑い，「あら，そう，仕入れに行ったのかしら」，「今日は何を見に来たの？」と尋ね，次に私を見ると「あら，いつもの友達と違うね，誰ですか」と聞かれて，M婷は「その方は私の付き人で，私はジーンズを見に来た」と言うと，店主は2～3着のジーンズを次々と出してあげた。M婷は試着してみると，店主に「このようなジーンズは私のような者は穿かないよ，前も言ったのに，腰低めが冬じゃ不向きでしょう。それに小さいサイズでは売れ残るわよ。前のも全部売れ残ったでしょう。こんなもんを仕入れてきてどうするの？」と文句を言いながらアドバイスをしていた。店主は「はいはい，また来る時に，必ずあなたが似合うのを仕入れてくるよ」と言っていた。

　M婷はショートヘアなので，アクセサリーや髪飾りのようなものとは無縁だと思っているが，アクセサリーの店主は親切にM婷に挨拶した。「最近見ないね，何をしているの？」，M婷は帽子をはずして，「ほら，最近思い切ってショートヘアにしたので，髪飾りはしばらくの間使えないんだ」と言い，「このショートヘアはどう？　前の髪型より私に似合う？」と店主に聞くと，「とてもいいよ，今のはとても似合うよ」と褒めてあげると，M婷はとても上機嫌になった。2人の話しの中で，このあまり儲からない商売はやる気がなくなり，そろそろ止めると言い始めたら，M婷は真剣に自分の働いている外資企業を勧めたが，店主はその気にならないという。彼女らの長話が終わると，結局，M婷は，スリッパ売り場にいくつもりであったことを忘れてしまい，家に戻った。

　商業施設を利用することによって，彼女らは友達やブティックの店主とコミュニケーションを取り合い，友達と同じモノを使用し，同じ店を見て歩き，遊び，楽しむことによって工場労働と異なる個人的な深い連帯関係を生み出

している。そのような彼女らは転職して，異なる工場で働くようになっても休日になるとまた商業施設に集まり，同じ楽しい時間を過ごすようになる。ブティックの店主，店員と個人的な深い関係を築く女工らは店主，店員にとって友達でありながらお客様の存在である。店主・店員は，女工らの趣味嗜好を把握することによって金儲けできる点もあるが，女工らにとって店主・店員が，一番底辺の工場生産労働者でもなく，機械生産の一部でない自分の感情，自分らしさを理解し，よくわかってくれるのである。女工たちがショッピングに出かける時には，必ず2人以上の友達と一緒に出かけている。

3．「無」の世界と「存在」の世界

　OLの語りの中で目を引くのはブランド名である。ONLY，MENGO，VEROMODA，淑女屋，グッチ，ルイ・ヴィトンなどが「経済力のある者にはふさわしい」，「私の職業にふさわしい」という話とともに語られる。この語りは，それぞれのブランドが，いかに価値があるかを語っているのであり，自分が行っていることが記号消費であることを表明していると言える。また「肌によいティーセットランチ」，ヨガ，自分にふさわしい衣服の色彩の勉強，美しい体型の維持など，7章1節の記事分析において見出された美のための消費に熱心であることがわかる。このような定式化された美のための消費もまたOLが享受するのにふさわしいサービスの記号である。このようにOLの語りは記号の消費についてのものである。

　一方，女工の語りでは「店主が自分の好みを考えて広州から仕入れてくれて」，「店主に女工たちの好き嫌いを教えたり，……廃業寸前の経営者に仕事を紹介してあげようとしたり」と，モノよりも店主とのコミュニケーションが前面に出てくる。それと同時に，彼女らが消費するのは，店主とのコミュニケーションの中で選び出した，特別な一点であることもわかる。

　以上のように，OLは無の消費空間において記号消費を行ない，女工は存在の消費空間において自分にとって特別なモノを消費しているのである。なお，スペクタクル化はその空間の滞在時間を長くし，消費を促す手段であるが，OLは記号消費のスペクタクル化などを通して，より高度な消費を要請される存在でもある。

第Ⅲ部　女工の体験空間

第3節　OLと女工，どちらが本当のユーザーか

　再度，第2節で示した女工の語りに注目すると，商場型商業施設にはさらに興味深い点がある。すなわち，「転職して異なる場で働くようになっても，休日になるとまた商業施設に集まり，同じ楽しい時間を過ごすようになる」という点である。商場型商業施設で作られた関係は，女工間，女工・店主間の両方において，長く継続されている。言わば大連開発区で暮らす時間内，継続される深い個人的な人間関係のようなものである。

　第7章において示したように，女工たちは，夢や希望を抱いて大連開発区にやってきた。そしてできれば，大連開発区に定住したいと考えている者が多く，年配の女工の中には，マンション購入によってそれを果たした者も多い。そうしてみると，商場型商業施設において見られるこの関係は，女工を中心とした移民コミュニティがすでに存在することを示すものとなる。商場型商業施設は，そのコミュニティの重要な結節点なのである。

　一方，OLについてみると，OL階級の多くの者は，大連開発区に定着を目指す女工に比べると移動回数が多い。彼女らは移動を重ね，その地位と収入の上昇を図っている。彼女らはさらに移動を重ね，さらによいポジションを目指すことも可能である。そういう意味では，大連開発区の都市戸籍を持つOL階級の方が大連開発区に対する定着指向は薄い。ケース17のJ琳は，2010年のインタビューの時，彼女は麦凱楽デパート開発区店内の値段300〜400元（4000〜5000円）レベルの「ONLY」と「淑女屋」という専門店を好んでいた。その時J琳は麦凱楽デパートで消費するのが「私のような若いホワイトカラーの社会的地位と一致しています」という。2012年のインタビューの時には，彼女は麦凱楽デパート開発区店より麦凱楽デパート大連店や，H&MとZARAの大連店を利用するようになっていた。J琳はそれについて「ヒトの社会はピラミッド型になっていて，ピラミッドの上になっている者は大連開発区の外に行って，もっと高級感があり，品揃えがよく，より流行的な麦凱楽デパート大連店に行って消費するほうがふさわしい」という。彼女の言葉から，OL階級の者は常にその象徴であるOL型スタイル消費をしなければならないのだということが読み取れる。OL階級は，常によ

第9章　ユーザーによって生きられる空間

り新しく、より上のOL型スタイル消費から降りれば、OL階級にふさわしくなくなるという消費意識下で行動するので、決して楽なものではない。また、このような消費意識化で行動している彼女は、常に上の階級を目指さなければならない。2013年の夏頃に彼女は4年も勤務した会社を辞め、上海で転職した。しかし彼女は上海でも留まる意思を示していなかった。同年の年末に日本留学やアメリカで就職することを考え始めた。このように彼女はさらなる上の階段へ上るのに、特定の地域に根ざす意思を示していない。

　OL階級の消費から離脱を図り、むしろ地域に根差した生活を選択しようとするものもいるが、それも楽なことではない。ケース23のL剣婕は商業施設を利用せず、消費に対して関心を持たずにいられた。「本当の豊かさは〈真〉の自我にあり、それは拝金主義や物質主義ではなく、本当の素のままの自分である。自我でいられたら苦悩も欲望もなくなり、すべてを見透かしたかのように感じる」という仏教の教えに傾倒している。しかし、「オフィスの中に一人だけ〈地味〉に〈簡素〉になった私を理解してくれる者がいない。それでもいいが、私は、本当の幸せを味わっていることを誰かに伝えたい」という。そのために定期的に大黒山へ行って、仏教を信仰している者が集まる会に参加している。「この会にそこに通う者は会社経営をして社会的地位を得た者もいれば、軍人や農民、無職者もいる。そのような者たちは社会や金銭、仕事、人間関係に関して、みんなそれぞれの悩みを持っているが、そこで仏教を勉強したり、〈真〉の自分に戻って話し合ったりしている」。「みなは年齢、性別、社会的地位を問わず、友達であり、家族のような感じがする」。そうすることでL剣婕は、地元地域に根差した生活を選択することができた。

　こうしてみると、政府の意図に反して、新興工業都市大連開発区のユーザーは本当の意味では女工たちであり、彼女らを中心とした移民コミュニティがすでに形成されていることが見て取れるのである。

第Ⅲ部　女工の体験空間

第4節　抵抗の空間としての商場型商業施設

　第9章第2節に示したM婷のケースには，商場型商業施設における偽ブランドショップの様子がリアルに描かれている。また，OLたちでさえなかなか手が届かないようなラグジュアリーブランドも，コピー品ならば安価で購入できる。次々にそういったモノを購入し，楽しんでいる女工の姿も伺われる。商場型商業施設の各テナントの閉鎖性は，各店舗の商品のこのような事情によるとろこが大きいこと，またこういった商品を扱うためには客との間の親密な関係も重要であることが伺われる。

　ここでは，商場型商業施設における偽ブランド品のもつ意味についても考察し，商場型商業施設が女工たちの抵抗の空間であることを指摘する。

　偽ブランド品は，ブランド品のシミュラークルであり，女工たちもまたOL階級の消費スタイルを模倣していることは事実である。しかし偽ブランド品はブランド品のパスティーシュ，パロディでもある。女工たちにとって，ブランド品は手が届かないものである。また女工たちはOLたちにとってもラグジュアリーブランドを買うことが，たやすくないことも知っている。だからこそ，女工たちはOLたちの手が届かないラグジュアリーブランドを偽ブランドとして購入し，次々に身につけて見せるのである。女工たちの行為の根底には，OLを揶揄するような遊びが組み込まれているのである。

　商場型商業施設は，このような女工たちの抵抗を可能にする空間であり，だからこそ偽ブランドに満ちた一種独特の怪しい魅力を持つ空間になっているのである。

終　章

　中国の改革開放政策は，社会主義計画経済から社会主義市場経済への転換を意味しており，その発展戦略の中心は，都市化，工業化であった。発展戦略の基礎となる党の「消費観」の変遷は激しく変わり，消費を否定する論調が肯定へ，さらに推奨へと変化していった。その上，経済発展戦略は，工業発展推進を主眼として，新たに工業都市の建設を行なったが，大連開発区のような新興工業都市を開発して，外国企業，工場などを誘致し，外貨を獲得するというものであった。主として日本企業の工業移転を受け入れ，価値生産の場としての価値生産空間を建設していく一方で，消費の場としての価値実現空間でもある諸々の商業施設や消費施設などを開業していった。

　価値生産空間で働く労働者，価値実現空間で消費する消費者（労働者）とは，2つの階級に分割されていた。新興工業都市で働く労働者たちの階級分化には，社会主義時期以来の戸籍制度や農村における人民公社の解体から請負制などの制度的変化，諸々の政策的な影響があったが，その上に女子労働者たちの地域移動の回数および移動目的と戸籍獲得状況が深く関わっていた。本研究で名付けたOL階級と女工階級，それぞれが利用する消費空間が，二類型の商業施設に分かれていたことが発見された。この発見，つまりOL階級は複合型商業施設を利用し，女工階級は商場型商業施設を利用していることの理由が次に答えるべき課題である。それは二類型の商業施設の特徴の比較と，そこに提示された消費の性格によって回答が与えられる。

　『大連晩報』の衣服・美容消費記事分析と商業施設とを照らし合わせすると，複合型商業施設は「OL消費スタイル」を提供する「幸福な消費生活」空間であり，つまり記号化された消費空間である。「幸福な消費生活」空間は，OL階級層をユーザーとして中国政府や国際資本の意向を受けた計画家

たちや諸企業の経営者たちによって構想された。OL階級は，戸籍を与えられ，優遇されて，常により「幸福な消費生活」，より良い都市生活，より上の階級の消費スタイルを目指して行動を取り，OL階級らしく振舞わなければならないという思いから，政治的・経済的・支配的権力を持つ支配者の構想通りに消費，生活を行っている。しかしこのようなOL階級が利用する「幸福な消費生活」空間から女工階級は，排除された。労働を基礎とした階級格差は，消費の性格にも，消費空間においても影響力を持っていたのである。

　最後の問い，そのような状態で女工階級はなぜ大連開発区を離脱しないのかに対して「消費空間」が存在しているからという回答がなされた。商場型商業施設あるいは女工階級が利用する消費空間は，労働の場（価値生産空間）における労働疎外を癒すためにも，都市生活がもたらす文化抑圧に対する祝祭としても，機能を果たしていたのである。加えて，女工たちに対して排除的であるOL階級の消費スタイルや「幸福な消費生活」空間，大連開発区という都市への抵抗の場としても，女工階級が利用する消費空間は，役割を果たしていた。

　OL階級が利用する複合型商業施設のような「幸福な消費生活」空間は，「無」の消費であり，対照的に女工が利用する商場型商業施設のような消費空間は「存在」の消費であるとみることもできる。すなわち，OL階級は，ルーティン化された従業員が提供するマニュアル化されたサービスを受け，ブランド化，ロゴ化されたモノを消費するといった「無」の消費を行なっているので，「無」の消費があればどこに行っても良いようになっている。逆説的ではあるが，OL階級にとっては一つの地域，同じポジションに留まる意識を持つ必要はない。なぜならば，一つの地域に留まることは，常に上を目指すOL階級から降りることになり，ふさわしくなくなるからなのである。換言すれば，大連開発区の構想者は，OL階級をユーザーとして想定していたが，OL階級のほうは定着意識が薄いのである。

　それに対して女工階級が利用する消費空間は，「存在の消費」で，特独なモノを消費し，地元地域の密着度が高く，個人的な人間関係が豊かな場所で，自分のコミュニティの結節点として「自分流」にして，自分の人生を築いて

終章

いる場である。彼女らによって利用され，繁栄している商場型商業施設などの空間は，新しい都市にふさわしくなくなってきても，党・政府や資本家，開発業者，投資家による再開発は容易ではない。また，グローバル経済が浸透してきた大連開発区では，ラグジュアリーブランドの消費記号は，OL階級に消費させるように促進し，OL階級もそのような奢侈的なモノを手に入れるように絶えず努力しているが，女工階級は，偽物ラグジュアリーブランドの記号，輸出専用の世界最先端で，一番流行している廉価な横流し品を気楽に消費している。すなわち女工階級こそ，そういった「幸福な消費」が所詮，記号的消費だと知っていて，OL階級を揶揄しているかのように次から次へ新しい偽物のラグジュアリーブランドなどの記号を消費している。こうして女工の体験空間は大連開発区の都市空間や「幸福な消費生活」空間に抵抗しているのである。

　さらにいうと，中国消費社会の「存在」の消費空間は，西欧諸国，アメリカ，日本などの先進諸国のように「無」の消費空間が一方的に強く発展することで，消滅していくのではなく，女工階級のようなユーザーによって維持されている。つまり女工階級のようなユーザーが利用する空間は，「無」の消費空間，さらにグローバル経済の発展の社会空間に抵抗する力を持っている。

　私は，最初に消費社会学を勉強しようとしたのも，商業施設を利用しているうちに，消費者化された自分の存在に気付き始めたからであった。19歳（2002年）の時に日本へ来て，イオンモール成田店などの商業施設の利用体験から消費に魅力を感じ，今思えばその頃から消費者化されたと言えるが，その当時は，ただショッピングをするのが楽しくてたまらないとしか考えられなかった。こうして私のことを他人事のように語れるのは，モノに対する欲求をなくし，消費者から脱したからではない。私は今になってもショッピングが好きで，特に大型ショッピングセンターや複合商業施設を見て回るのが大好きである。私は，そういった場所で消費して本当の快楽，幸福を獲得しているとは思わないが，休日やすることがない時間にショッピングモールを利用し，モノやサービスを消費する以外に何をすればいいかわからないのだ。私は特に記号化されたモノに興味を持っている。常にラグジュアリー

ブランドの新商品や限定品，ハリウッドスターの愛用品などに惹かれている。香港や台湾，広州，北京などよく知らない大都市へ旅行にいっても，とにかく，ショッピングモール，ラグジュアリーブランドショップを見て回って消費するのだ。ショッピングモールにいるだけで，そこに馴染んでいる自分がいて，一人ぼっちになっても落ち着く自分がいる。友達や家族と一緒にいるより，一人でショッピングモールで消費するほうが楽である。消費社会の論理や仕組みを勉強し，研究してきた私は，今になっても消費に対して反抗することができない。

　私はバザールや不定期市場，商場型商業施設に対して，魅力を感じない。品揃えが悪く，商標も値札もついていない商品にどれほどの価値があるのかわからず，品質にも不安を感じる。いつも騒々しくて環境が悪い上，常連客だけ優遇するサービスにも不慣れなのだ。もっとも困っているのがブティックの店主や店員と交流することが，もっと料金を取るためのサービスではないかと疑い，信頼することができない。このような消費空間は何を意味するのか，大連開発区の女工たちに出会うまで知らなかった。私の中国の地方都市から移民者として日本で生活している経歴と似て，女工たちは農村出身地から移民者として大連開発区に辿り着いたが，彼女たちは，商場型商業施設の利用を通して，「自分流」の空間の創出を主張している。それに対して，私は日本の地域に対し，定着感もなく，個人的な深い人間関係も少なく，商品の世界に留まり，脱出することができない。このような私は，今でもただ外の世界に身をおいて彼女たちの人生を眺めているだけでないか，彼女たちの生の人生を伝えられるか，彼女たちのために何ができるのかという不安や後ろめたい複雑な感情を持っている。

　本書では大連開発区における女子労働者の消費，社会階級，空間の研究を通して，現代中国消費社会の特徴を実証的に示した。最終的に女工たちの体験空間に辿り着いたが，彼女らによって利用されている「抵抗の空間」は，私のような消費者を造り出した消費社会，さらにいうと現代社会空間を覆し，新たな社会空間を造り出す力を秘めているのでないかと期待している。とは言え，本研究では女工たちの体験空間について消費空間に限定され，「抵抗の空間」，「ユーザーによって生きられる空間」の議論には程遠い。今後，本

　　　　　　　　　　　　　　　　　　　　　　終　章

研究に先立って行なったインタビュー調査を含め，逐次データを整理し，分析を充実させていきたいと考えている。

あとがき

　私は，大学院生であった2006年頃に消費社会学に出会ったが，その4年後に一度，消費社会学だけでなく，学業まで諦めようとしていた。消費社会学を学べば学ぶほど社会学研究者としての問題を発見する意識を持てず，研究する意義すらわからなくなっていた。私は，様々な欲望を満たす大量生産の上に組織・制御された消費社会に，あまりにも身に馴染んでいるからである。その窮地から救ってくださったのは，根橋正一教授であった。2010年，根橋教授は，私を連れて調査地である大連開発区の隅々まで歩き回り，現地調査を行ない，「空間，消費，階級」という新たな研究課題に導いてくれた。

　1985年から改革開放政策の中で急成長した大連開発区は，中国の経済発展を牽引してきた新興工業都市の一つとなった。それは，先進諸国の産業構造の転換を前提とする「脱産業化社会」の発展にともなう大量生産工場の全世界中への，特に新興国への移転に一要因と見られる。あえて強調する必要がないが，2000年まで大連市内から遠く離れた大連開発区は，外資の企業や資本の誘致によって形成された。すなわち，グローバリゼーションに則した工業団地の延長であるとも考えられる。しかしそこには，中国の特徴が見られる。この特徴と言うのは，相対的である。これまで多くの先進諸国での都市では，大量生産工場の没落や，消費・金融・住宅の再中心化，そして農村との境界の消滅が見られる。大連開発区を見ると，最初に誘致してきた外資企業や資本のほとんどは，大規模かつ垂直に統合された組立ラインからなる大量生産工場となった。一方，2000年以降そこは，大規模な大量生産工場と再集積された住宅地，巨大な消費・娯楽などの施設が併存した。言い換えると大連開発区は，大連市内の都市圏から離れた縁辺に工業団地としてではなく，脱中心化する遠心的な新興工業都市になったのである。

また大連開発区の大量生産工場は，大量の農村出身で農村戸籍の労働者に依存している。結果として大量生産工場に搾取された農村戸籍の労働者は，労働市場の所得規模の最低部の下層階級となった。つまり戸籍は，階級と強い関連を持っているのである。そのような戸籍は，建国して以来温存された戸籍制度，都市と農村の境界によって分類される。すなわち，その大量生産工場は，中国の都市と農村の確固とした分割が土台となっている。

　上述の中国の特徴を通して，大連開発区のような年々増えつつある新興工業都市では，全地球規模で進行する近代資本主義生産様式に対抗する可能性があると主張したい。近代資本主義生産様式は，過剰生産に起因する恐慌を回避するために，常に地球規模で拡大再生産する必要がある。中国は改革開放やWTOの加入によってグローバルな資本主義生産様式に則した新たな開拓地となった。本書では，空間，消費，階級の社会学的研究から調査地である大連開発区の空間は，グローバルな近代資本主義生産様式に則して生産されたとも考えられる。そこでは人々が日常消費を目的とする空間でも，その生産様式の飛び地となった。消費空間に限定して，労働上に分類した下層階級が利用する空間は，グローバルな近代資本主義生産様式に則して生産された空間の形成を抵抗することができる力が秘めている。この力を記録し，社会全体に発信することは本書の使命であると私は考えている。

　本書を上梓するにあたり，博士論文を執筆し完成に至るまでお世話になった方々に感謝の意を記しておきたい。本研究に関わるすべての人のおかげで完成したといっても過言ではない。いつもお世話いただいた間々田孝夫教授（立教大学社会学部），大橋純一教授（流通経済大学社会学部），都築一治教授（流通経済大学社会学部）に感謝したい。

　本書は，学位論文『中国の新興工業都市における女子労働者の消費空間に関する社会学的研究：大連経済技術開発区の利用商業施設を事例として』に若干の修正を加えたものであるが，論文の執筆にあたっては主査と副査4名の先生にご指導いただいた。根橋正一教授（流通経済大学社会学部），副査，駒井洋教授（筑波大学名誉教授），佐藤克繁教授（流通経済大学社会学部），東美晴教授（流通経済大学社会学部）に感謝の意を捧げたい。駒井先生には，ソジャをはじめとして理論的な部分に関して的確なアドバイスをいただいた。

あとがき

　佐藤先生には，空間論に関する有益なコメントをいただいた。そして，東先生には，調査方法やデータの分析方法，まとめ方など手取り足取りご指導いただき，本論文の完成にまで導いていただいた。根橋先生には，温かいご指導をうけ，研究者としてのいろはから，人間観，人生観まで教えていただいた。根橋先生に出会えたことは，私の人生の一番の宝物である。

　長年，私の学業を温かく見守ってくれた両親，主人，社会調査に協力してくれた大連開発区の女子労働者，丁寧に日本語を訂正してくれた私の日本語の先生で友人である濱口誠綱・ふき子ご夫婦にも，感謝したい。研究室の先輩，能丸知也氏には，文章のチェックだけでなく，全体的に的確なアドバイスをもらった。また流通経済大学出版会の齊藤哲三郎氏には，本書出版のすべての過程で親身になってご尽力いただいた。ご指導いただいたすべての方々にお礼を申し上げる次第である。

参考文献

Anderson, Perry, 1998, *The Origin of Postmodernity*, Verso.（＝2002, 角田史幸・浅見政江・田中人訳,『ポストモダニティの起源』こぶし書房。）

Appadurai, Aqqaudurai, 1996, *Modernity at Large: Cultural Dimensions of Globaliztion*, University of Minesota Press.（＝2004, 門田健一訳,『さまよえる近代——グローバル化の文化研究』平凡社。）

浅野慎一, 2000,「マルクス・エンゲルスの〈都市——農村〉論に関する考察」(『行政社会論集』第12巻第4号。)

浅田彰, 1983,『構造と力——記号論を超えて』勁草書房。

東伸一, 2007,『消費社会とマーケティング：ブランド・広告・ファッション・産業クラスター』嵯峨野書院。

阿部勘一, 2011,「消費社会の〈特殊性〉に関する批判的考察」(『成城・経済研究』第191号。)

Bataille, Geprges, 1949, *La Part maudite*. Les Éditions de Minuit（＝1973, 生田耕作,『呪われた部分』二見書房。）

Barthes, Roland, 1957, *Mythologies*, Éditions du Seuil.（＝1967, 篠沢秀夫訳,『神話作用』現代思潮社。）

Baudrillard, Jean, 1968, *Le système des Objets*, Editions Gallimard.（＝1980, 宇波彰訳,『物の体系——記号の消費』法政大学出版局。）

―――, 1970, *La Société de Consommation: Ses Mythes, Ses Structures*, Editions Denoël.（＝1979, 今村仁司・塚原史訳,『消費社会の神話と構造』紀伊国屋書店。）

―――, 1972, *Pour une Critique de L'Economie Politique du signe*, Editions Gallimard.（＝1982, 今村仁司・宇波彰・桜井哲夫訳,『記号の経済学批判』法政大学出局。）

―――, 1976, *L'Échange Symbolique et La Mort*, Editions Gallimard.（＝1992, 今村仁司・塚原史訳,『象徴交換と死』筑摩書房。）

―――, 1981, *Simulacres et Simulation*, Editions Galilée.（＝1984, 竹原あき子訳,『シミュラークルとシミュレーション』法政大学出版局。）

Bauman, Ulrich, 1997, *Was ist Globalisierung?: Irrtumer des Globalismus-Antworten auf Globalisierung*, Surkamp.（＝2005, 木前利秋・中村健吾監訳,『グローバル化の社会学——グローバリズムの誤謬・グローバル化への応答』国文社。）

Bell, Daniel, 1973, *The coming of Post-Industrial Society*, Basic Books.（＝1975, 内田忠夫他訳,『脱工業社会の到来』(上・下) ダイヤモンド社。）

―――, 1976, *The Cultural Contradiction of Capitalism*, Basic Books. (=1976, 林雄二郎訳, 『資本主義の文化的矛盾』(上・中・下)講談社。)
Bryman, Alan, 2004, *The Disneyization of society*, Sage. (=2008, 能登路雅子監訳, 森岡洋二訳, 『ディズニー化する社会：文化・消費・労働とグローバリゼーション』明石書店。)
Bourdieu, Pierre, 1979, *La distinction: critique sociale du jugement*, Éditions de Minuit (=1990, 石井洋二郎訳, 『ディスタンクシオン：社会的判断力批判ⅠⅡ』藤原書店。)
Castells, Manuel, 1972, *City, Class and Power*, The Macmillan Press. (=1989, 石川淳志監訳, 『都市・階級・権力』法政大学出版局。)
Cohen, Robin, & Kennedy, Paul, 2000, *Global Sociology*, Palgrave. (=2003, 山之内靖監訳, 『グローバル・ソシオロジー』(Ⅰ・Ⅱ)平凡社。)
Coyle, Diane, 1998, *The Weightless World*, MIT Press. (=2001, 室田泰弘他訳, 『脱物質化社会』東洋経済新報社。)
Chang, T. Leslie, 2008, *Factory Girls: From Village to City in a Changing China*, Srerling Lord Literisticm (=2010, 栗原泉訳, 『現代中国女工哀史』白水社／=2013, 张坤, 吴怡瑶訳, 『工厂女工：在变迁的中国，从农村走向城市』上海译文出版社。)
Debord, Guy, 1969, *La Société du Spectacle*, Editions Gallimard. (=2003, 木下城訳, 『スペクタクルの社会』筑摩書房。)
Dougals, Mary, 1921, *The world of goods: Towards an Anthropogy of Consumption*, Allen Lane, (=1984, 浅田彰・佐和隆光訳, 『儀礼としての消費――財と消費の経済人類学』新曜社。)
Eagleton, Terry, 1996, *The Illusions of Postmodernism*, Blackwell. (=1998, 森田典正訳, 『ポストモダニズムの幻想』大月書店。)
Entwistle, Joanne, 2000, *The Fashioned Body First Edition*, Polity Press. (=2005, 鈴木信雄監訳, 『ファッションと身体』日本経済評論社。)
Featherstone, Mike, 1991, *Consumer Culture and Postmodernism*, Sage. (=1999(上)・2003(下), 川崎賢一・小川葉子編訳, 『消費文化とポストモダニズム』(上・下)恒星社厚生閣。)
Fiske, John, 1989, *Reading the Popular*, Unwin Hyman. (=1998, 山本雄二訳, 『抵抗の快楽』世界思想社。)
Foucault, Michel, 1963, *Naissance de la clinique: Une archéologie du regard médical*, Presses Universtiatites de France. (=1969, 神谷美恵子訳, 『臨床医学の誕生』みすず書房。)
―――, 1972, *Histoire de la folie à l'âge classique*, Gallimard. (=1975, 田村俶訳, 『狂気の歴史：古典主義時代における』新潮社。)
―――, 1975, *Surveiller et Punir: Naissance de la Prison*, Éditions Gallimard. (=1977, 田村俶訳, 『監獄の誕生：監視と処罰』新潮社。)
福田光弘, 2003, 「空間論的転回について：時間表象の単一性と空間表象の複数性に則して」(『社会学研究科紀要』第56号。)
厳善平, 2007, 「流動する社会，分断する都市労働市場」(『桃山学院大学総合研究所紀要』

参考文献

　　　　　　第31巻第2号。）
　　　　──，2009,「農民昊の就業と権利保障：2008年珠江デルタ9市農民工アンケート調査に基づく」（『大原社会問題研究所雑誌』No.614。）
　　　　──，2008,「新しい農政下の農村，農業と農民：江蘇省J市，安徽省A県の農村調査ノート」（『現代中国研究』第23号。）
　　　　──，2006,「中国における農業，農村，農民および農民工：四農問題の実態と政策転換のプロセス」（『日本記者クラブ研究会〈中国経済〉』。）
　　　　──，2006,「20世紀中国における地域間人工移動」（『桃山大学経済経営論集』第48巻第3号。）
　　　　──，2003,「中国経済の発展と構造転換」（『比較経済体制学会年報』Vol.40, No.1。）
　　　　──，2003,「中国における経済格差の実態と要因」（『桃山学院大学経済経営論集』，第44巻第4号。）
Giddens, Anthony, 1990, *The Consequences of Modernity*, Poltiy Press.（＝1993, 松尾精文・小幡正敏訳，『近代とはいかなる時代か──モダニティの帰結』而立書房。）
　　　　──，1999, *Runaway World*, Profile books.（＝2001, 佐和隆光訳，『暴走する世界──グローバリゼーションは何をどう変えるのか』ダイヤモンド社。）
初田亨，2004,『繁華街の近代──都市・東京の消費空間』東京大学出版会。
浜野安広，1984,『人があそぶ──ポスト・モダンデザイン論』講談社。
浜日出夫，2002,「他者の場所：ヘテロトピアとしての博物館」（『三田社会学』第7号。）
Harvey, David, 1990, *The Condition of Postmodernity: An Enquiry into the Origins of Cultural Change*, Blackwell.（＝1999, 吉原直樹監訳，『ポストモダニティの条件』青木書店。）
廣瀬毅士，2013,「消費水準と社会階級：購買力に対する社会地位変数の効果」，（『ポスト・グローバル消費社会の動態分析：脱物質主義化を中心として』2010－2012年度科学研究補助金研究成果報告書。）
広瀬浩司，1997,「ヘテロトピアのまなざし制度の身体」（『言語文化論集』第44号。）
Horkheimer, Max and Adorno, W. Theodor, 1847, *Dialektik der Aufklarung: Philosophische Fragmente*, Querido verlag, Amsterdam（＝1990, 徳永恂訳，『啓蒙の弁証法：哲学的思想』岩波書店。）
Huizinga, Johan, 1938, *Homo Ludens*, Rowohlt Verlag.（＝1973, 高橋英夫訳，『ホモ・ルーデンス』中公文庫。）
星野克美，1984,『消費人類学：欲望を解く記号』講談社。
　　　　──，1985,『消費の記号論：文化の逆転現象を解く』講談社。
堀内圭子，2004,『「快楽消費」する社会：消費者が求めているのはなにか』中央公論新社。
本多光雄，2007,『産業集積と新しい国際分業：グローバル化が進む中国経済の新たな分析視点』文眞堂。
飯島渉他，2009,『グローバル化と中国』東京大学出版会。
犬田充，1986,『欲望社会：人にやさしい消費社会の到来』中央経済社。
　　　　──，1996,『「超」消費社会：戦後50年のさまよう欲望と行動』中央経済社。
石井健一，2001,『東アジアの大衆消費文化』蒼蒼社。

219

―――――, 2008, 『グローバル化における中国のメディアと産業――情報社会の形成と企業改革』明石書店.
石塚道子, 2010, 「終わらない〈問い〉:〈空間・場所・ジェンダー関係〉」(『お茶の水地理』Vol.50.)
岩田勝雄, 陳建編, 2006, 『グローバル化と中国経済政策』晃洋書房.
岩間一弘, 2009, 「都市中間層の形成と大衆の時代」(『シリーズ20世紀中国史2 近代性の構造』第7章, 東京大学出版社.)
神山進, 2004, 『性の消費行動:現代社会における性の商品化と商品価値』滋賀大学経済学部.
川崎賢子, 1999, 『宝塚:消費社会のスペクタクル』講談社.
加藤政洋, 2009, 「ストリートの空間論の系譜と現在:都市地理学を中心にして」(『ストリートの人類学』上巻国立民族学博物館調査報告.)
―――――, 1998, 「〈他なる空間〉のあわいに:ミシェル・フーコーの〈ヘテロトピア〉をめぐって」(『空間・社会・地理思想』第3号.)
―――――, 2004, 「エドワード・ソジャとポストモダンの転回」(『都市文化研究』3号.)
―――――, 2007, 「都市編成と〈植民地なき植民地主義〉」(『立命館言語文化研究』19巻1号.)
―――――, 2011, 「アンリ・ルフェーブルの中枢性概念に関するノート」(『空間・社会・地理思想』14号.)
―――――, 2012, 「浄化される空間:丹羽弘一〈支配-監視の空間, 排除の風景〉論に寄せて」(『空間・社会・地理思想』15号.)
―――――, 2004, 「大阪最初のスラムクリアランスとその帰結:〈木賃宿的長屋〉地区の形成をめぐって」(『立命館大学人文科学研究所紀要』83号.)
加藤弘之, 1997, 『中国の経済発展と市場化』名古屋大学出版社.
喜多村和之, 1990, 『大学淘汰の時代:消費社会の高等教育』中央公論社.
木村忠正, 2004, 『ネットワーク・リアリティ:ポスト高度消費社会を読み解く』岩波書店.
金泳鎬, 1988, 『東アジア工業化と世界資本主義』東洋経済新報社.
厚東洋輔, 2006, 『モダニティの社会学:ポストモダンからグローバリゼーションへ』ミネルヴァ書房.
黒石晋, 2009, 『欲望するシステム』ミネルヴァ書房.
駒井洋, 1989, 『国際社会学研究』日本評論社.
興梠一郎, 2002, 『現代中国:グローバル化のなかで』岩波書店.
高瑞泉・山口久和, 2005, 『中国における都市型知識人の諸相:近世・近代知識階層の観念と生活空間』大阪市立大学大学院文学研究科都市文化研究センター.
黄磷, 2003, 『新興市場戦略論:グローバル・ネットワークとマーケティング・イノベーション』千倉書房.
菅野拓, 2011, 「都市空間をいかに記述するか:〈見る者〉か〈遊歩者〉か, それとも?」(『都市文化研究』Vol.13.)
Leslie, Sklair, 1991, *The Culture-Ideology of Consumerism in the Third World*, Baltimore, Johns Hopkins University Press (=1995, 野沢慎司, 『グローバル・システムの社会

学』玉川大学出版部。)
Lefebvre, Henri, 1991, *La Production de L'espace*, Éditions Anthropos. (=2000, 斉藤日出治訳, 『空間の生産』青木書店。)
李海峰, 2004, 『中国の大衆消費社会:市場経済化と消費者行動』ミネルヴァ書房。
李強, 2004, 『中国の社会階層と貧富の格差』ハーベスト社。
劉綺莉, 2008, 「農民工の子どもの教育問題に関する研究」(『人間社会研究第15号』。)
Lyon, David, 1994, *Post Modernity*, Open University Press. (=1996, 合庭惇訳, 『ポストモダニティ』せりか書房。)
―――, 2001, *Surveillance Society: Monitoring Everyday Life*, Open University Press. (=2002, 河村一郎訳, 『監視社会』青土社。)
Lyotard, Jean-Francois, 1979, *La Condition Post moderne*, Éditions de Minuit. (=1986, 小林康夫訳, 『ポストモダンの条件』水声社。)
前川啓治, 2004, 『グローカリゼーションの人類学:国際文化・開発・移民』新曜社。
間々田孝夫, 2000, 『消費社会論』有斐閣。
―――, 2005, 『消費社会のゆくえ―記号消費と脱物質主義』有斐閣。
―――, 2007, 『第三の消費文化論:モダンでもポストモダンでもなく』ミネルヴァ書房。
Marx, Karl, 1932, *Ökonomisch-philosophische Manuskripte*. (=城塚登, 田中吉六訳, 1964, 『経済学・哲学草稿』岩波書店。)
―――, 1953, *Grundrisse der Kritik der politischen Ökonomie*(高木幸二郎監訳, 1961, 『経済学批判要綱』第3冊 大月書店。)
Marcuse, Herbert, 1956, *Eros and Civilization*, The Beacon Press. (=南博, 1958, 『エロス的文明』紀伊国屋書店。)
McCracken, Grant, 1988, *Culture and Consumption: New Approaches to the Symbolic Character of Consumer Goods and Activities*, Indiana University Press. (=1980, 小池和子訳, 『文化と消費とシンボルと』勁草書房。)
Mill, Charles Wright, 1954, *White collar: the American middle classes*, Oxford Univ Pron Demand. (=1971, 杉政孝訳, 『ホワイト・カラー:中流階級の生活探究』東京創元社。)
見田宗介, 1996, 『現代社会の理論:情報, 消費化社会の現在と未来』岩波書店。
三浦展, 2006, 『「自由な時代」の「不安な自分」:消費社会の脱神話化』晶文社。
三浦展・上野千鶴子, 2007, 『消費社会から格差社会へ:中流団塊と下流ジュニアの未来』河出書房新社。
宮脇幸生, 2002, 「外部の馴化と公共空間の成立:エチオピア西南部クシ系農牧民ホールの首長制をめぐる象徴空間についての考察」(『アジア・アフリカ言語文化研究』64。)
中村孝士, 1981, 『銀座商店街の研究』東洋経済新報社。
南進亮・牧野文夫, 『流れてゆく大河:中国農村労働の移動』日本評論社。
Negri, Antonio, 2000, *Empire*, Harvard University Press. (=2003, 水島一憲他訳, 『帝国:グローバル化の世界秩序とマルチチュードの可能性』以文社。)
―――, 2004, *Multitude: War and democracy in the Age of Empire*, Penguin Press. (=2005, 幾島幸子他訳, 『マルチチュード:「帝国」時代の戦争と民主主義』上下, 日本

放送出版協会。)
根橋正一, 1999『上海：開放性と公共性』流通経済大学出版会。
根橋正一・井上寛, 2005,『漂泊と自立：障害者旅行の社会学』流通経済大学出版会。
根橋正一・東美晴, 2009,『移動する人々と中国にみる多元的社会：史的展開と問題状況』明石書店。
中野謙二, 1997,『中国の社会構造：近代化による変容』大修館書店。
中江剛毅・夏占友, 1993,『中国の経済と経営：動き出した巨大な生産力・消費力』ダイヤモンド社。
中村則弘, 2005,『台頭する私営企業主と変動する中国社会』ミネルヴァ書房。
成田龍一他, 2000,『故郷の喪失と再生』青弓社。
野村シティック国際経済諮詢有限会社編, 1996,『中国：10年後の巨大消費市場』日経BP社.
大城宜武, 1987,『漫画の文化記号論』弘文堂。
大城直樹, 2001,「〈場所の力〉の理解へむけて：方法論的整理の試み」(『南太平洋海域調査研究報告』No.35。)
大塚英司, 1989,『物語消費論』新曜社。
奥村哲, 2004,『中国の資本主義と社会主義：近現代史像の再構成』桜井書店。
岡村徹也, 2009,「観光のまなざしへの空間論的アプローチ：愛知万博におけるアンケート調査の結果を手掛かりとして」(『日本国際観光学会論文集』第16号。)
潘志仁, 2001,『生産システムの海外転移：中国の事例を中心として』白桃書房。
Ritzer, George, 1993, *The McDonaldization of Society*, Pine Forge Press.（＝1999, 正岡寛司訳,『マクドナルド化する社会』早稲田大学出版部。)
―――, 2004, *The Globalization of Nothing*, Pine Forge Press.（＝2005, 正岡寛司監訳,『無のグローバル化』明石書店。)
―――, 2005, *Enchanting a disenchanted world: revolutionizing the means of consumption*, Pine Forge Press.（＝2009, 山本徹夫・坂田恵美訳,『消費社会の魔術的体系：ディズニーワールドからサイバーモールまで』明石書店。)
Rostow, 1960, *The Stages of Economic Growth: A non-Communist Manifesto*, Cambridge University Press.（＝1961, 木村健康・久保まち子・村上泰亮訳,『経済成長の諸段階：一つの非共産主義宣言』ダイヤモンド社。)
佐々木雅幸, 2001,『創造都市への挑戦：産業と文化の息づく街へ』岩波書店。
佐々木信彰, 2009,『中国の改革開放30年の明暗：とける国境, ゆらぐ国内』世界思想社。
Sassen, Saskia, *The Mobility of Labor and Capital: a Study in International Investment Labor Flow*, Cambridge University Press.（＝1992, 森田桐郎他訳,『労働と資本の国際移動：世界都市と移民労働者』岩波書店。)
―――, 2003, *Globalization and Its Discontents*, Penguin.（＝2004, 田淵太一他訳,『グローバル空間の政治経済学：都市, 移民, 情報化』岩波書店。)
―――, 1992, *The Global City: New York, London, Tokyo*. Princeton Univ Pr.（＝2008, 大井由紀他訳,『グローバル・シティ：ニューヨーク, ロンドン, 東京から世界を読む』筑摩書房。)
座間紘一, 1984,「中国における農村過剰人口の流出と戸籍管理」(『山口経済雑誌』第37

参考文献

巻，第5・6号。）
――――，2010，「20世紀中国における地域間人口移動」（『歴史的視野からみた現代中国経済』ミネルヴァ書房。）
貞包英之，2012，「近代における消費の変容：勧工場から百貨店へ」（『山形大学紀要〈人文科学〉』第17巻第3号。）
石暁紅，2003，「中国における農民出稼ぎ労働者の社会・経済背景と出稼ぎ労働者の構造的特徴」（『現代社会文化研究 No.28』。）
沙銀華，2000，「中国保険制度の現状と問題」（海外社会保険研究 Autumn 2000, No.132。）
蔡林海，2006，『巨大市場と民族主義：中国中産階層のマーケティング戦略』日本経済評論社。
坂井素思，1998，『経済社会の現代：消費社会と趣味の貨幣文化』放送大学教育振興会。
――――，2003，『産業社会と消費社会の現代：貨幣経済と不確実な社会変動』放送大学教育振興会。
Schor, Juliet, 1998, *The Overspent American: Why We Want What We Don't Need*, Basic Books.（＝2000，森岡孝二監訳，『浪費するアメリカ人：なぜ要らないものまで欲しがるか』岩波書店。）
堺屋太一，2004，『どうして売れるルイ・ヴィトン』講談社。
関口英里，2004，『現代日本の消費空間：文化の仕掛けを読み解く』世界思想社。
――――，2011，「戦後日本のメディアイベントにおける消費文化の＜語り＞：東京オリンピックと日本万博を通じて」（『立命館言語文化研究』23巻1号。）
関嘉寛，2004，「博物館という空間：記憶の伝承に関する一考察」（『大阪大学大学院人間科学研究紀要』第30巻。）
Sennett, Richard, *The Culture of the New Capitalism*, Yale University Press.（＝2008，森田典正訳，『不安な経済／漂流する個人：新しい資本主義の労働・消費文化』大月書店。）
薛進軍，2008，『中国的不平等：収入分配差研究』中国社会科学文献出版社。
Sim, Stuart, 1998, *The Routledge Critical Dictionary of Postmodern Thought*, Icon Books.（＝2002，杉野健太郎他訳，『ポストモダニズムは何か』（原著 Part I の訳）松柏社。）
白石善章他，2003，『現代フランスの流通と社会：流通構造・都市・消費の背景分析』ミネルヴァ書房。
柴彦威，劉志林，2003，「中国都市における単位制度の変化と生活活動および都市構造への影響」（『東京大学人文地理学研究16』。）
曾寅初，2002，『中国農村経済の改革と経済成長』財団法人農業統計協会。
塩田静雄，1985，『消費の社会学』文眞堂。
――――，2008，『現代社会の消費とマーケティング』税務経理協会。
斯波義信，2002，『中国都市史』東京大学出版会。
園田茂人，2001，『現代中国の階層移動』中央大学出版部。
――――，2005，『東アジアの階層比較』中央大学出版部。
――――，2008，『不平等国家中国：自己否定した社会主義のゆくえ』中央公論新社。
――――，2008，『中国はどこへ行くか：中国人社会学者の発言』岩波書店。

Soja, Edward, 1989, *Postmodern Geographies: the Reassertion of Space in Critical Social Theory*, Verso.（＝2003, 加藤政洋訳,『ポストモダン地理学：批判的社会理論における空間の位相』青土社。）

―――, 1996, *Thirdspace: Journeys to Los Angeles and Other Real-and-lmagined Places*, Wiley-Blackwell.（＝2005, 加藤政洋訳,『第三空間：ポストモダンの空間論的回転』青土社。）

朱家麟, 1995年,『現代中国のジャーナリズム』田畑書店。

鍾家新, 1999,『中国民主の欲望のゆくえ：消費の動態と家族の変動』新曜社。

張玉茵, 2011,「中国都市部における出稼ぎ労働者の社会保障」(『人文社会科学研究』第23号。)

張玉琴, 1999,「中国成人高度教育と職業教育・訓練：1980年代以降の経済改革・開放政策との関連において」(『東北大学教育学部研究年報第47集』。)

高橋英博, 2007,『都市と消費社会との出会い：再魔術化する仙台』御茶の水書房。

高橋伸彰, 2003,『優しい経済学――ゼロ成長を豊かに生きる』筑摩書房。

高村雅彦, 2000,『中国の都市空間を読む』出川出版社。

富沢芳亜, 2009,「近代的企業の発展」(『シリーズ20世紀中国史3 グローバルと中国』第7章, 東京大学出版社。)

田暁利, 2005,『現代中国の経済発展と社会変動：「禁欲」的統制性格から「利益」誘導政策への転換：1949－2003』明石書店。

竹村和及, 2000,『消費行動の社会心理学』北大路書房。

董志正編集, 味岡徹訳, 1988,『大連・解放四十年史』新評論。

Toffler, Alvin, 1980, *The Third Wave*, HarperCollins Publishers Ltd.（＝1982, 徳岡孝夫監訳,『第三の波』中央公論者。）

Tomlinson, John, 1991, *Cultural Imperialism: A Critical Introduction*, Pinter Publishers.（＝1997, 片岡信訳,『文化帝国主義』青土社。）

―――, 1999, *Globalization and Culture*, Polity Press.（＝2000, 片岡信訳,『グローバリゼーション：文化帝国主義を超えて』青土社。）

寺島拓幸, 2010,「消費主義と環境配慮：買い物好きは環境問題に関心があるか？」(『文京学院大学人間研究紀要』。)

陳立行, 1994,『中国の都市空間と社会的ネットワーク』国際書院。

陳蕭蕭, 2008,「日中消費の比較社会論：ブランドにおける消費文化について」(『流通経済大学大学院社会学研究科論集第15号』。)

―――, 2010,「衣服に見る中国国民意識の形成に関する考察」(『流通経済大学大学院社会学研究科論集第17号』。)

―――, 2011,「現代中国における衣服の意味に関する研究：衣服の記号に着目して」(『流通経済大学大学院社会学研究科論集第18号』。)

―――, 2012,「現代日本における消費・娯楽空間と社会階層に関する研究」(『流通経済大学大学院社会学研究科論集第19号』。)

―――, 2013,「現代日本における商店街の利用者に関する研究：多様化する消費生活に関する調査を通して」(『経済社会学会年報XXXV』。)

参考文献

――――，2013，「商店街と脱物主義消費」(『ポストグローバル消費社会の動態研究成果報告書』。)
大門一樹，1965，『地位の象徴：日本上流人の消費と行動』光文社。
辻井喬，上野千鶴子，2008，『ポスト消費社会のゆくえ』文藝春秋。
常松洋，1997，『大衆消費社会の登場』出川出版社。
常松洋，松本悠子，2005，『消費とアメリカ社会：消費大国の社会史』出川出版社。
内田隆三，1987，『消費社会と権力』岩波書店。
Polanyi, Karl, 2001, *The Great Transformation: The Political and Economic Origins of Our Time*, Beacon Press.（＝2009，野口建彦・栖原学訳，『大転換：市場経済の形成と崩壊』東洋経済新報社。)
Uuderhill, Paco, 2005, *Call of the Mall*, Perfection Learning.（＝2004，鈴木主税訳，『なぜ人はショッピングモールが大好きなのか――ショッピングモールの科学ふたたび』早川書房。)
Urry, John, 1990, *The Tourist Gaze: Leisure and Travel in Contemporary Societies*, SAGE Pubilications Ltd.（＝1995，加太宏邦訳，『観光のまなざし――現代社会におけるレジャーと旅行』法政大学出版局。)
――――，1995，*Consuming Places*, Routledge.（＝2003，吉原直樹・大澤善信訳，『場所を消費する』法政大学出版局。)
――――，2000，*Sociology Beyond Societies: Mobilities for the Twenty-First Century*, Routlege.（＝2006，吉原直樹監訳，『社会を越える社会学――移動・環境・シチズンシップ』法政大学出版。)
Veblen, Thorstein, 1899, *The Theory of Leisure Class: An Economic Study in the Evolution of Institutions*, Modern Library.（＝1993，高哲男訳，『有閑階級の理論』筑摩書房。)
王曙光，2004，『現代中国の経済』明石書店。
渡辺裕，1996，『聴衆の誕生：ポスト・モダン時代の音楽文化』春秋社。
和泉浩，2010，「近代の都市と美術館における空間と場所：テオドール・W・アドルノ〈ヴァレリープルースト美術館〉をもとに」(『秋田大学教育文化学部研究紀要』人文科学・社会科学部門65。)
Wallerstein, Immanuel Maurice, 1980, *The Modern World-System II: Mercantilism and the Consolidation of the European World-Economy*, University of California Press.（＝1993，川北稔訳，『近代世界システム――重商主義と「ヨーロッパ世界経済」の凝集』名古屋大学出版会。)
Wallerstein, Immanuel Maurice, 1989, *The Modern World-System III: the Second Era of Great Expansion of the Capitalist World-Economy*, University of California Press.（＝1997，川北稔訳，『近代世界システム――太西洋革命の時代』名古屋大学出版社。)
Weber, Max, 1920, *Die Protestantische Ethik und der Geist des Kapitalismus*, Anaconda Verlag.（＝1989，大塚久雄，『プロテスタンティズムの倫理と資本主義の精神』岩波書店。)
Williams, Rpsalind, *Dream Worlds*, Univ of Californis Pr on Demand.（＝1996，吉田典子・田村真理訳，『夢の消費革命：パリ万博と大衆消費の興隆』工作舎。)

吉見俊哉，1996，『リアリティ・トランジット：情報消費社会の現在』紀伊国屋書店．
山田登世子，2006，『ブランドの条件』岩波書店．
山田真美，2008，「農村労働力の地域間移動をめぐる政策の変遷」（池上彰英編『中国農村改革と農村産業政策による農村生産構造の調査研究報告書』アジア経済研究所．）
山田朋子，2003，「石川栄輝の盛り場論と名古屋における実践」（『人文地理』第55巻第5号．）
山口晋，2008，「ストリートの地理：研究動向の整理と今後の研究課題」（『信州大学経済学論集』59．）

中国語文献：

陳景輝，2010，『中国開発区産業集聚研究―基于跨国公司嵌入視角』人民出版社．
程箐，2008，『消費鏡像――20世紀90年代女性都市小説与消費主義文化研究』中国社会科学出版社．
陸学芸，2002，『当代中国社会階層研究報告書』社会学文献出版社．
呂鵬，2011，『性属，媒介与権力再生産――消費社会背景下電視対男性気質的表徴研究（Gender, Media and Reproduction of Power: A Study on the Representation of Masculinities on TV in the Context of Consumer Society）』北京理工大学出版社．
羅遐，2011，『流動与定居：定居農民工都市適応研究（Mobility and Settlement: An Empirical Research on the Adaptability of the City-settled off-Farm Wofkers）』社会科学文献出版社．
王国棟，2009，『馬橋子，1984』大連出版社．
―――，2011，『踏歌而行25年―大連開発区1984－2009』大連出版社．
王寧，2009，『从苦者社会到消費者社会――中国都市消費制度，労働激励与主体結構転型（From the Ascetic Society to the Consumer Society: Transformations of the Institutions of Consumption, Incentives to Labor and the Structures of Subjectivity in Urban China）』中山大学社会学文庫．
王建平，2007，『中国城市中間階層消費行為』中国大百科全書出版社．
魏永征，1999年，『中国新聞伝播法綱要』中国上海社会科学院出版社．
徐新，2009，『現代社会的消費倫理』人民出版社．
姚華松，2012，『流動人口的空間透視』中央編訳出版社．
鄭杭生，2011，『漂白与尋根：流動人口的社会認同研究（Drifting and Seeking Roots: Study on Transient Population's Social Identity）』中国人民大学出版社．
星球地図出版社編，2012，『大連市実用生活地図冊』星球地図出版社．
李相潔，2004年6月，「大連開発区五彩城商業観光区都市形態変遷研究」豆丁ネット http://www.docin.com/p-200237202.html．
新浪ニュースホームページ，2013，「大連医科大付属第一病院金州新区医療中心起動」http://news.dl.soufun.com/

参考文献

白書:

『大連経済技術開発区志』編集委員会編, 2006, 『大連経済技術開発区志1984－2004』遼寧人民出版社。

大連経済技術開発区志編集委員会編, 2006, 『大連経済技術開発区志』遼寧人民出版社。

金州区地方志編集委員会編, 1989, 『金縣志』大連出版社。

金州新区人口普査事務室編, 2012, 『金州新区2010年人口普査資料』金州新区人口普査事務室。

ホームページ:

北方企業配套中心ホームページ, http://www.detainvestment.com/business.aspx
大連開発区ホームページ, http://www.dda.gov.cn/zwgk/index.vm?did=92509&nid=10
大連金州新区政府ホームページ, http://japanese.dda.gov.cn/2013/01/24/13745.shtml
大連天健ネット, http://www.runsky.com
大連人材市場ホームページ, www.ddahr.com
大連市公安局ホームページ, http://www.ga.dl.gov.cn
大連金港企業配套園区ホームページ, http://www.qalex.com
開発区商場ホームページ, http://www.dlkaishang.cn
友誼商場ホームページ, http://www.dlyy.com.cn/html
大商集団ホームページ, http://www.dsjt.com
金瑪商場ホームページ, http://www.dljm.cn
麦凱楽デパートホームページ, http://qc.runsky.com
金港企業配套園区ホームページ, http://www.qalex.com/zt/jingang
法律教育ホームページ, http://www.chinalawedu.com/news
紅星海世界観公式ブログ, http://weibo.com/hongxinghai
国家林業局ホームページ, http://www.forestry.gov.cn/portal/main/zhuanti/ztzy/index.htm
グーグルマップ, https://maps.google.co.jp
信邦技術有限公司ホームページ, http://www.sibon.com.cn/index.asp
新浪不動産ホームページ, http://data.house.sina.com.cn
新浪楽居, http://www.house.sian.com.cn
紅葉教育集団ホームページ, http://www.mapleleaf.cn
人民網ホームページ, http://www.people.com.cn
チチハル車輛工場ホームページ, http://www.qrrs.chinacnr.com45-1041-m.aspx
中華人民共和文化部, http://www.ccnt.gov.cn
中華人民共和国中央人民政府ホームページ, http://www.gov.cn
中国行政区画ホームページ, http://www.xzqh.org/html/list/10100.html
中国投資指南, http://www.fdi.gov.cn/pub/FDI/wztj/kfqtj/default.jsp

索　引

あ

遊び　　7, 34, 35, 36, 37, 148, 187, 203, 206
エロス　　34, 37
OL　　26, 29, 32, 44, 123, 126, 128, 137, 138, 139, 149, 150, 156, 159, 160, 161, 162, 163, 166, 167, 168, 169, 177, 178, 183, 197, 198, 199, 200, 203, 204, 205, 206, 207
OL階級　　12, 13, 26, 27, 29, 30, 32, 41, 42, 121, 124, 125, 126, 128, 134, 137, 140, 148, 175, 181, 197, 199, 200, 204, 205, 206, 207, 208, 210

か

記号的消費　　18, 19, 20, 30, 32, 117, 150, 209
享楽　　35, 36, 37, 163
空間　　1, 12, 13, 22, 24, 25, 26, 31, 32, 33, 34, 35, 36, 37, 38, 39, 40, 41, 42, 43, 47, 48, 49, 71, 73, 78, 81, 82, 86, 94, 99, 100, 102, 113, 115, 116, 117, 121, 148, 149, 168, 181, 183, 187, 188, 190, 191, 196, 197, 199, 203, 206, 207, 208, 209, 210
空間的実践　　38
空間の表象　　38
顕示的消費　　23, 24, 63
交換　　15, 16, 40, 48, 53, 54, 56, 115, 116, 197, 198
戸籍制度　　27, 28, 110, 136, 138, 207

さ

サービス階級　　23, 24, 29, 30
再分配　　15, 49, 66
再魔術化　　30, 31, 32
市場　　4, 7, 8, 11, 15, 16, 17, 48, 64, 65, 70, 82, 85, 91, 94, 95, 96, 97, 98, 116, 137, 141, 143, 154, 171, 173, 174, 175, 176, 177, 193, 210
消費空間　　12, 16, 18, 20, 30, 32, 33, 34, 37, 41, 42, 43, 44, 47, 48, 71, 74, 78, 99, 102, 115, 117, 121, 139, 140, 149, 181, 203, 207, 208, 209, 210
消費社会　　1, 12, 13, 14, 16, 17, 18, 19, 20, 22, 23, 25, 30, 43, 47, 64, 68, 209, 210
消費手段　　16, 24, 25, 30, 31, 32, 71
消費者化　　1, 11, 12, 13, 18, 19, 20, 23, 115, 117, 172, 173, 174, 209, 210
集合的消費　　23, 24, 71, 99, 105, 110, 115
祝祭　　32, 34, 35, 36, 37, 196, 208
商場型商業施設　　32, 33, 34, 37, 41, 44, 121, 141, 146, 147, 148, 149, 167, 168, 169, 172, 173, 174, 175, 176, 177, 178, 181, 187, 188, 193, 197, 198, 200, 204, 206, 207, 208, 209, 210
社会階級／階級　　1, 5, 6, 23, 24, 25, 26, 27, 29, 42, 43, 53, 58, 66, 67, 70, 125, 126, 128, 129, 130, 131, 132, 133, 134, 148, 167, 169, 177, 210
社会主義計画経済社会　　1, 11, 14, 15,

229

27, 28, 47, 49, 108, 138, 169, 170
社会主義市場経済社会　　1, 14, 15, 28, 49, 50, 53
社会空間　　38, 209, 210
女工　　26, 30, 32, 33, 34, 37, 38, 40, 41, 42, 43, 44, 123, 124, 126, 149, 169, 177, 178, 181, 183, 187, 188, 189, 190, 191, 193, 194, 195, 196, 197, 198, 202, 203, 204, 205, 206, 208, 209, 210
女工階級　　12, 13, 26, 27, 28, 29, 30, 32, 40, 41, 42, 121, 124, 125, 126, 134, 135, 138, 139, 140, 169, 181, 199, 200, 207, 208, 209
スペクタクル　　31, 32, 123, 150, 203
生産様式　　15, 38, 57
生産手段　　16, 27, 38
生産空間　　16, 20, 33, 34, 41, 42, 43, 47, 71, 73, 74, 82, 90, 91, 98, 99, 102, 105, 115, 181, 191, 207, 208
疎外　　32, 33, 37, 181, 191, 208
存在　　14, 15, 17, 18, 27, 33, 34, 36, 38, 40, 41, 53, 84, 102, 116, 168, 181, 194, 197, 198, 203, 204, 208, 209

た

脱工業化　　17, 18
脱魔術化　　30
第三次産業　　16, 18, 26
地域格差　　27, 28, 140
抵抗　　32, 37, 38, 39, 40, 42, 181, 197, 206, 208, 209, 210

な

内破　　31, 32
日常生活　　23, 33, 34, 35, 43, 48, 91, 115, 116, 150, 151, 153, 163, 164, 196

は

排除　　13, 20, 25, 32, 42, 117, 121, 149, 178, 181, 208
表象の空間　　38

複合型商業施設　　32, 41, 42, 71, 121, 144, 147, 149, 168, 169, 172, 173, 174, 175, 176, 177, 178, 197, 198, 199, 200, 207, 208
文化抑圧　　32, 34, 37, 208

ま

祭り　　36
無　　37, 39, 40, 41, 197, 198, 203, 208, 209

ら

流通様式　　14, 15, 49
ルシクラージュ　　19, 20
ロマン主義的まなざし　　23, 24

付　録

ファッションに関する消費社会調査

1 属性
氏名：
性別：
年齢：
出身地：
現住所：
家族構成：
小学校：
中学校：
高校：
大学：
卒業後仕事歴：
職業：
職位：
就職年月：
月給：

2 現在あなたの衣服に関する意識及び行動について伺います
□あなたは最近服やアクセサリーなどを買いましたか。
_____
□何を買いましたか。
_____
□それはいつですか。
_____
□どこで買いましたか。いつもそこで買い物をしますか。
_____
□高かったですか、安かったですか。クレジットカードで服を買ったことがありますか。
_____
□質はどうですか。デザインがいいですか。生産地はどこですか。
_____
□どんな理由で買いましたか。
_____
□周りの方もそのような服を買いましたか。
_____
□買ったモノで一番気に入っているものはどんな服ですか。
_____

□お気に入りの服はいつ着ますか。仕事着は何ですか。趣味などをする時、どのような服を着ますか。

□服を買った後、後悔したことがありましたか。どうしてですか。

□買おうとした服は買えなくなることがありましたか。そのようことになったらどうしましたか。

3 過去あなたのファッション意識及び行動に伺います
あなたが小学生の時、中学生の時、高校生の時、大学生の時、はじめて仕事をした時
□どのような服装をしていましたか。

□買う/作るならどこで買い/作りましたか。

□値段はどのくらいでしたか。

□一年に何着ぐらい新調をしますか。

□新調する際どのような状況でしたか。古い服はどうしましたか。

□一番気に入りの服はありましたか。

□その服が好きな理由は何ですか。

□テレビで出た主人公の服、流行の服、雑誌に載っている服を見て着る気になりましたか。

□周りの方は同じ服を買いましたか。

□前と比べてどのような変化がありましたか。

4 最後に
□あなたはいつ自分で服を買うようになりましたか。

□自分で服を買うようになった時といまを比べて衣服のセンスが変わりましたか。

□あなたは自分の服装について周りの方に評価されることが気になりますか

□お化粧をしますか。いつからですか。どのような場合お化粧をしますか。

□アクセサリーを持ちますか。どのようなものを持ちましたか。どのような状況で買い、また、もらいましたか。

□美しい服はどのような服だと思いますか。

□毎日服を選択する時何か決まりがありますか。

□あなたはブランドを買おうとしますか。

□あなたはショッピングをする時、専門店・個人経営・デパートの内どっちがよく行きますか。

□あなたは暇の時、いつもショッピングをしますか。

□お金がありましたら、外国ブランドは買おうとしますか。

□最後に、仕事についてどう思うのかを教えてください。

□あなたの夢は何ですか。

□いつも出勤する前にお化粧をしますか。

【著者紹介】

陳　蕭蕭（ちん　しょうしょう）

中華人民共和国黒龍江省斉斉哈爾市生まれ。1990年代後半，遼寧省大連市に移住し，日本語学校を卒業後，来日。

2006年3月，流通経済大学社会学部国際観光学科卒業後，同大学大学院社会学研究科修士課程に進学。2014年3月，流通経済大学大学院社会学研究科博士後期課程修了，博士（社会学）取得。

主論文に「現代日本における消費・娯楽空間と社会階層に関する研究」『流通経済大学大学院社会学研究科論集第19号』（2012年），「現代日本における商店街の利用者に関する研究：多様化する消費生活に関する調査を通して」『経済社会学年報XXXV』（2013年），「商店街と脱物主義消費」『ポストグローバル消費社会の動態研究成果報告書』（2013年）などがある。

現在，千葉県柏市在住。最近は，1歳の息子のためにミキハウスやボーネルンドの子供用品に注目している。趣味は，ビリヤードのほか，アメリカのドラマ，日本のマンガ，イギリスやフランスのブランドにも夢中。

中国女子労働者の階級と消費空間

発行日	2015年10月27日　初版発行
著　者	陳　蕭蕭
発行者	佐伯　弘治
発行所	流通経済大学出版会
	〒301-8555　茨城県龍ヶ崎市120
	電話　0297-64-0001　FAX　0297-64-0011

Ⓒ X. Chen, 2015　　　　　　　　　　　Printed in Japan/ アベル社
ISBN978-4-947553-68-3 C3036 ¥3300E